監査品質の指標
AQI

町田祥弘 編著
Machida Yoshihiro

AUDIT QUALITY INDICATORS

同文舘出版

はしがき

　わが国を代表するリーディング・カンパニーにおける粉飾決算事件の発覚と，その後の監査人に対する行政処分等を受けて，「監査の品質」が改めて問い直されている。

　監査論研究の領域では，以前から，「監査の品質」は外からみることができないものであり，企業が破綻するなど何らかの事由で粉飾決算が明らかになったときに初めて，「監査の品質は低かった」ということが明らかになるに過ぎない，と言われている。それは被監査企業の監査受入部署であっても同様であり，ときに監査人自身においても自らの監査の品質を把握していないかもしれない。

　しかしながら，監査の品質それ自体を捕捉できなくとも，監査の品質に影響を与える要因は想定しうるし，監査の品質の代理変数となる各種の指標（たとえば，監査時間やその更なる代理変数である監査報酬，監査法人の規模，監査訴訟の件数，監査人の経験年数や専門知識等々）も識別されている。たとえば監査の品質に影響を与える要因を扱った国際監査基準の領域では，監査法人における品質管理のフレームワークのなかで，監査業務へのインプット，監査プロセス，および監査業務からのアウトプットの3つの側面から捉えて，影響要因を識別しようという動向がみられる。一方，監査の品質の代理変数については，アメリカをはじめ世界各国において，監査品質の指標（Audit Quality Indicators: AQI）を監査事務所ごと，および監査業務ごとに報告または開示させようという提案がなされている。

　監査の品質を何とか間接的にでも把握して，その把握された指標を前提に監査の品質の向上に繋げたり，あるいは，監査の品質にかかる適切な情報に基づいて監査人を選任したりしたいという企図は，わが国だけでなく，グローバルにも今まさに取り組まれている問題なのである。

　本書は，そうしたAQIについて，制度，研究および実態の各側面から検討を行った研究書である。

　本書では，第1章において，AQIがなぜ現在，俎上に載せられている

のかについて，AQIの意義を検討したうえで，第2章において，アメリカにおけるAQIの提案の動向，第3章において，アメリカ以外の諸外国におけるAQIの提案の動向を整理している。

続いて，第4章から第6章では，現在提案されているAQIのうち最も詳細かつ広範である，アメリカの公開会社会計監督委員会（Public Company Accounting Oversight Board: PCAOB）が提案した28項目のAQIを取り上げて，28のAQIごとに，詳細に検討している。AQIは，単に監査規制機関の思い付きで提案されているものではなく，各国の制度や学術的な先行研究・調査を踏まえて検討され，選別されて提案されているのである。本書では，それらのAQIを，PCAOBの提案内容，先行研究・調査，当該AQIに関連する現行のわが国および海外の制度，さらには，仮に当該AQIを適用する場合の課題等について検討している。

一連の個別のAQIの検討の後，第7章においては，実際に，AQIを開示する場合の方法について，諸外国の例も踏まえつつ，総括的に検討している。

また，第8章では，わが国の会社法のもとでは，監査役等が会計監査人の選任議案の決定権を有することに鑑みて，わが国の監査役等，および英米における監査委員会における監査人の選任にあたって，AQIがいかなる意味を有するのかについて検討している。

さらに，第9章においては，英国，アメリカおよび日本において実際に公表されている監査事務所の透明性報告書において，AQIがいかなる取扱いをされているのかを一定の実態調査に基づいて検討している。

最後に，最終章である第10章では，AQIの利用に向けて，いかなる可能性があるかを述べるとともに，AQIに対する懸念について若干の付言を行っている。

本書の内容は，編著者を代表とする，日本監査研究学会課題別研究部会「監査の品質に関する研究会」の中間報告書として，2017年9月14日に日本監査研究学会第40回全国大会（於 北海道大学）にて報告した内容の一

部である。研究部会の研究の進展に鑑みて，またAQIに関するわが国における公的または自主規制としての取組みに資することを企図して，中間報告書の一部を切り出して本書を上梓することとしたものである。

したがって，本書の執筆メンバーは，上記の課題別研究部会のメンバーの一部である。同部会における研究分担の仕方によって，本書の執筆に関わっていないメンバーもいるが，部会の研究会において行われた議論を通じて，執筆分担をしていないメンバーの知見も本書の記載内容に大いに反映されている。このため，巻末に記載した本書の執筆者一覧とは別に，敢えて同研究部会のメンバー一覧を次頁に掲載している。

本書は，AQIを体系的に検討したおそらく初めての書籍ではないかと思われる。本書における検討が，AQIに関する制度上，実務上および研究上の検討の基礎となれば何よりである。

また，本書の第4章から第6章までの3章からなるAQIの検討は，AQIの検討であると同時に，AQIを用いた監査品質に関する先行研究・調査のレビューを提供している。本書を契機として，さらなる監査の品質に関する研究が進展することを期待している。

最後に，出版事情の厳しいなか，本書のテーマの重要性に鑑みて出版をお引き受け下さった同文舘出版株式会社 代表取締役 中島治久氏，ならびに，本書の編集作業に多大なご尽力をくださった同社 青柳裕之氏および有村知記氏に，心より感謝申し上げます。

2017年11月

　　　　監査人の選任と評価が，自発的なAQIに基づいて行われることを願って

　　　　　　　　　　　　　　　　　　　　　　　　編著者　町田　祥弘

日本監査研究学会課題別研究部会
「監査の品質に関する研究会」メンバー　（50音順）

會田　将之	（新日本有限責任監査法人）
浅野　信博	（大阪市立大学大学院経営学研究科）
井野　貴章	（PwCあらた有限責任監査法人）
小澤　義昭	（桃山学院大学経営学部）
佐久間義浩	（東北学院大学経営学部）
柴谷　哲朗	（太陽有限責任監査法人）
髙田　知実	（神戸大学大学院経営学研究科）
田村　威文	（中央大学経済学部）
永山　晴子	（有限責任監査法人トーマツ）
那須　伸裕	（PwCあらた有限責任監査法人）
林　　隆敏	（関西学院大学商学部）
町田　祥弘	（青山学院大学大学院会計プロフェッション研究科）　※部会長
松本　祥尚	（関西大学大学院会計研究科）
宮本　京子	（関西大学商学部）
和久　友子	（有限責任あずさ監査法人）

監査品質の指標(AQI)●もくじ

第1章 監査品質の指標(AQI)の意義　*3*

1 監査品質の指標(AQI)への言及 ─── *4*

2 PCAOBとCAQの提案 ─── *5*

3 わが国および諸外国におけるAQI ─── *9*

4 AQIの意義 ─── *13*

第2章 監査品質の指標(AQI)の背景(アメリカ)　*17*

1 PCAOB ─── *18*

2 CAQ ─── *32*

3 小括 ─── *38*

第3章 各国における監査品質の指標(AQI)の提案　45

1 AQIに関する議論の概要 ———————————————— *46*

2 国際機関による提案 ———————————————————— *47*

3 各国主体による議論 ———————————————————— *52*

4 AQIに関する議論のまとめ ————————————————— *66*

第4章 監査品質の指標(AQI)の検討(1) 監査人　69

0 本書での検討事項について ————————————————— *70*

1 スタッフの比率
AQI 1: Staffing Leverage ——————————————————— *73*

2 パートナーの作業負担
AQI 2: Partner Workload ——————————————————— *78*

3 マネージャー及びスタッフの作業負担
AQI 3: Manager and Staff Workload ————————————— *84*

4 専門的な会計及び監査のリソース
AQI 4: Technical Accounting and Auditing Resources ————— *89*

5 専門的な技術及び知識を有する者
AQI 5: Persons with Specialized Skill or Knowledge —————— *95*

6 監査専門要員の経験
AQI 6: Experience of Audit Personnel ————————————— *100*

7	監査専門要員の業種に関する専門的知識 AQI 7: Industry Expertise of Audit Personnel	105
8	監査専門要員の交代・離職 AQI 8: Turnover of Audit Personnel	111
9	サービスセンターで集約化される監査作業の量 AQI 9: Amount of Audit Work Centralized at Service Centers	115
10	監査専門要員1人当たりの研修時間 AQI 10: Training Hours per Audit Professional	118
11	監査時間とリスク領域 AQI 11: Audit Hours and Risk Areas	123
12	監査の実施段階ごとの監査時間の配分 AQI 12: Allocation of Audit Hours to Phases of the Audit	128

第5章 監査品質の指標（AQI）の検討(2) 監査プロセス　131

13	監査専門要員に対する独立的な調査の結果 AQI 13: Results of Independent Survey of Firm Personal	132
14	監査品質の評価と個人の報酬・給与 AQI 14: Quality Ratings and Compensation	138
15	監査報酬,監査労力,クライアントのリスク AQI 15: Audit Fees, Effort, and Client Risk	144
16	独立性に関する要求事項の遵守 AQI 16: Compliance with Independence Requirements	150
17	監査の質を支えるインフラストラクチャーへの投資 AQI 17: Investment in Infrastructure Supporting Quality Auditing	156
18	監査事務所による内部の品質管理レビューの結果 AQI 18: Audit Firms Internal Quality Review Results	162
19	PCAOBによる検査結果 AQI 19: PCAOB Inspection Results	167

| 20 | 専門能力のテスト
AQI 20: Technical Competency Testing | 174 |

第6章 監査品質の指標（AQI）の検討(3) 監査結果等 — 179

21	虚偽表示による財務諸表の修正再表示の頻度と影響 AQI 21: Frequency and Impact of Financial Statement Restatements for Errors	180
22	不正及びその他の財務報告の不祥事 AQI 22: Fraud and other Financial Reporting Misconduct	187
23	財務報告品質の測定指標を利用した監査品質の測定 AQI 23: Inferring Audit Quality from Measures of Financial Reporting Quality	193
24	内部統制の重要な不備の適時の報告 AQI 24: Timely Reporting of Internal Control Weaknesses	199
25	継続企業問題の適時の報告 AQI 25: Timely Reporting of Going Concern Issues	206
26	監査委員会メンバーに対する独立的調査結果：RISAC AQI 26: Results of Independent Surveys of Audit Committee Members	214
27	PCAOB及びSECによる執行活動の傾向 AQI 27: Trends in PCAOB and SEC Enforcement Proceedings	219
28	民事訴訟の傾向 AQI 28: Trends in Private Litigation	225
29	重要性 補: Materiality	230

第7章 監査品質の指標（AQI）の開示・保証の方向性 — 239

| 1 | 概要 | 240 |

2 PCAOBの提案 —————————————————— *241*

3 AQI開示の枠組み —————————————————— *246*

4 AQI情報の保証 ——————————————————— *251*

5 小括 ———————————————————————— *253*

第8章 監査人の評価と監査品質の指標（AQI） *255*

1 監査人評価のためのAQI ———————————————— *256*

2 わが国における監査役等による監査人の評価 ——————— *256*

3 アメリカにおける監査委員会による監査人の評価 ————— *269*

4 英国における監査委員会による監査人の評価 ——————— *274*

5 わが国におけるAQI導入にあたっての課題 ———————— *283*

第9章 英米日における透明性報告書と監査品質の指標（AQI） *287*

1 監査品質に関する報告とAQI ————————————— *288*

2 英国におけるTRの内容とAQI ————————————— *289*

3 アメリカにおけるTRの内容とAQI ———— 295

4 日本における監査品質に対する取組みを説明する報告書の内容とAQI — 300

5 監査品質に対する取組みを説明する報告書とステークホルダーとの対話 — 309

 監査品質の指標（AQI）の利用に向けて　313

凡　例

略　称	原　語	日本語表記
ACRA	Accounting and Corporate Regulatorysupe Authority	会計企業規制機関［シンガポール］
AQI	Audit Quality Indicators	監査品質の指標
CAANZ	Chartered Accountants of Australia and New Zealand	オーストラリア・ニュージーランド勅許会計士協会
CAQ	The Center for Audit Quality	監査品質センター［アメリカ］
CPAB	Canadian Public Accounting Board	カナダ公共会計責任委員会
FAOA	Federal Audit Oversight Authority	連邦監査監督機構［スイス］
FEE	Federation of European Accountants	ヨーロッパ会計士連盟
FRC	Financial Reporting Council	財務報告評議会［英国］
IAASB	International Auditing and Assurance Standards Board	国際監査・保証基準審議会
IOSCO	International Organization of Securities Commissions	証券監督者国際機構
NBA	Koninklijke Nederlandse Beroepsorganisatie van Accountants	オランダ勅許会計士協会
PCAOB	U.S. Public Company Accounting Oversight Board	アメリカ公開会社会計監督委員会
SAG	Standing Advisory Group	常設諮問会議［アメリカ］
SEC	U.S. Securities and Exchange Commission	アメリカ証券取引委員会
SOX法	Sarbanes-Oxley Act of 2002	2002年サーベインズ・オックスリー法［アメリカ］

本書における各論稿は，各執筆者の個人の責任により，執筆および掲載しているものであり，各論稿中の個人の判断や見解に該当する部分は，各執筆者が所属する機関等とは一切関連ありません。

監査品質の指標
(AQI)

第1章

監査品質の指標(AQI)の意義

1 監査品質の指標（AQI）への言及

近年，「監査品質の指標」（Audit Quality Indicators: AQI）について，各国の監査監督機関等が言及するようになってきている。

わが国においても，同様である。監査法人の強制的交代制や監査報告書改革の文脈において，金融庁から公表される文書には，AQIについての言及が見受けられる。

まず，金融庁が2016年3月8日に公表した，会計監査の在り方に関する懇談会による提言「会計監査の信頼性確保のために」（以下，提言という）では，「監査報告書の透明化」に関連する脚注において，以下のように述べられていた[1]。

「このほか，会計監査の透明性を向上させる観点からは，アメリカを中心に，監査の品質を測定する指標（Audit Quality Indicators）の策定に向けた取組みも進んでいる。このような指標をめぐっては，共通の基準に基づく客観的な監査品質の評価を可能とすることが期待される一方，そのような指標の実現可能性や指標を念頭に業務を行う形式主義への懸念なども示されているところである。このため，まずは諸外国における指標をめぐる動向等をフォローしていくことが考えられる。」

また，同じく金融庁が2017年7月20日に公表した「監査法人のローテーション制度に関する調査報告（第一次報告）」（以下，金融庁レポートという）では，アメリカの公開会社会計監督委員会（Public Company Accounting Oversight Board: PCAOB）における動向を説明するなかで，以下のような記述がある[2]。

「監査法人を監視する責任を有する監査委員会が適切に会計監査の品質を評価し監査法人を選任できるようにするため，AQI（Audit Quality

---

1．Ⅱ．会計監査の信頼性確保のための取組み・2．会計監査に関する情報の株主等への提供の充実・② 監査報告書の透明化等。

2．（参考）欧州以外の諸外国における監査法人の強制ローテーション制度をめぐる状況・(1)アメリカ。

Indicators: 監査品質の指標）の導入について現在検討が行われている。AQIを実施しその内容を会計監査のステークホルダーに開示することは監査法人の独立性の確保や会計監査の品質向上を図ることにつながると考えられている。なお，PCAOBは2017年6月に，監査報告書の一項目として監査法人の長期間の関与（Audit firm tenure）について記載することを含む監査基準の改訂案を公表した。」

これらの記述からわかることは，次のような点であろう。

- アメリカをはじめ諸外国では，AQIの導入が検討されている一方で，わが国においては，「まずは諸外国における指標をめぐる動向等をフォローしていくこと」が方針とされていること
- AQIは，会計監査の透明性向上に資する可能性がある一方で，実現可能性に問題がある場合もあること
- AQIは，監査報告書での開示も考えられ，その1つとして，監査法人の長期間の関与（audit firm tenure）があること

以上のことを念頭に置きつつ，本章では，AQIの意義について検討してみることとしたい。AQIの検討は，アメリカだけで行われているものではなく，また，監査法人の強制的交代制の導入の可否を検討しているわが国において，近い将来の制度オプションの1つである公開入札制度との関連で，重要な意義を有していると解されるのである。

2 PCAOBとCAQの提案

(1) PCAOBの提案

アメリカでは，PCAOBが，2011年8月16日に監査事務所の強制的交代制に関連するコンセプト・リリース（PCAOB, 2011）を公表した。同コンセプト・リリースによれば，PCAOBは，監査人の強制的交代制のメリットとデメリットを比較検討して，大規模公開会社に限定して強制的交代制を導入することを有力な案として提示しており，また，その強制的交代

を行う際の期間としては，10年間が1つの目安とされていた。

　PCAOBは，コンセプト・リリースに対するコメント募集だけでなく，2012年3月にコンセプト・リリースに関する一般公開のラウンドテーブルを開催したが，そこでは，圧倒的多数の参加者から，強制的交代制の導入への懸念が表明される結果となった。

　また，アメリカ会計士協会（American Institute of Certified Public Accountants: AICPA）や大手会計事務所は連邦議会に働きかけ，PCAOBによる監査事務所の強制的交代の制度化を禁じる内容のSOX法（*Sarbanes-Oxley Act of 2002*）改正案（US. House of Representatives, 2013）が下院で決議されたのである。本法案は，上院の銀行，住宅および都市問題委員会に付託されたが，民主党が多数を占める上院では決議されることなく，失効するに至った。しかしながら，かかる下院における決議の重み，および，共和党が多数を占める現在の連邦議会の状況では，当面，PCAOBが監査事務所の強制的交代を導入することはできないのではないかと見込まれている。

　続いて，PCAOBは，先のコンセプト・リリースに対する反対意見の1つに，強制的交代制は，監査報酬による価格競争に陥ってしまうとの意見が数多く示されたことを踏まえて，2013年11月に，新たに，企業の監査委員会が監査事務所との契約に当たって監査事務所の品質評価を行うためのAQIを提案する討議資料（PCAOB, 2013）を公表した。さらに，2015年7月に，コンセプト・リリース「監査品質の指標」（PCAOB, 2015）が公表され，28件の具体的な監査品質指標が提案され，2015年9月29日までのコメント募集が行われた[3]。

　本AQIの経緯については，次章以降に譲ることとするが，これらの指標は，監査事務所ごとだけでなく，監査契約ごとに公表されることもあわせて提案されており，監査委員会が監査事務所との契約を検討する際に利用することができるとされている。かかる指標が公表されれば，監査事務所の強制的交代を実施するための基盤が整うこととなり，強制的交代を義

3．これらについては，甲斐（2015）において解説が示されている。

務付けなくとも，監査委員会に対して，これらの監査品質指標に基づく検討を要求することを通じて，実質的に監査事務所の交代を促す効果があるものとも解されるのである。

こうしたPCAOBの動向に対して，AICPAと提携関係にある民間の独立研究機関である監査品質センター（The Center for Audit Quality：CAQ）では，PCAOBのコンセプト・リリースに先駆けて，独自のAQIとその利用方法についての提案を行うとともに，フィールド・スタディを進めている（CAQ, 2014）。

次章（第2章）では，PCAOBの提案とCAQとの対比を行っているが，それに見られるように，CAQの提案は，PCAOBが「監査人」および「監査プロセス」と区分している領域に集中していて，「監査結果」に関しては限定的であることが特徴的である。また，その内容も，CAQの提案は，数値によるものよりも，定性的な説明を重視していることから，AQIというよりも，一般公表ではなく，監査委員会宛の説明事項として捉えられるものが多いといえよう。

(2) PCAOBの提案に対する反応と今後の予定

PCAOBでは，2015年11月12日および13日に，コンセプト・リリースに対してそのときまでに寄せられた47件のコメントについて，常設諮問会議（Standing Advisory Group: SAG）において検討を行った（PCAOB, 2015b）[4]。

それによれば，「AQIの概念を支持する」という回答は，回答者の74％（35通）に上り，「支持しない」（13％：6通）を大きく上回った。特に，投資家からのコメント5件のうち，監査事務所レベルのAQIのみ開示すべきとする回答が1件，監査契約ごとのAQIも含めて開示すべきとする回答が4件であった。一方，監査プロフェッションからの回答22件のなかでは，それぞれ，8件と9件，取締役会メンバーからの回答8件のなかでは，それぞれ2件と4件であった。

4．当該資料についても，甲斐（2016）において解説が行われている。

また，AQIの公表を義務付けるべきかどうかについても，投資家からは，義務付けるべきとする回答が4件，任意とすべきが1件であったのに対して，取締役会メンバーの回答8件では，それぞれ4件と4件であり，監査プロフェッションでは，それぞれ2件と14件であった。
　他方で，AQIの開示が予期せぬ影響を及ぼすとするコメントも，70％（33通）あった。それによれば，たとえば，文脈を欠いた情報が公表されることによる誤解が生じる可能性，AQIの作成および開示にかかるコストがベネフィットを上回ること，あるいは，チェックリスト型の考え方を生むこと，監査事務所による数値の操作の可能性等があるという。
　こうしたAQIについて，PCAOBでは，今後，28件あるAQIのうち，高い品質の監査と関連性のあるAQIを検討し，10件以下に絞り込むことを考えており，そのために，検査プロセス等を通じて，情報収集と分析を継続するとしている（Hanson, 2015）。そのうえでPCAOBでは，「数年後に，AQIの利用，討議，又は開示を強制するための規則を設定する必要があるかどうかを，再度検討する」としているのである。すなわち，AQIが拙速に導入されることはないものの，今後数年間にわたって，AQIの絞込みのプロセスが進められていくというのである。
　とはいえ，冒頭のわが国の金融庁による監査法人の強制的ローテーションに関するレポートにおいても述べられていたように，PCAOBが2017年6月に公表した，監査報告書の記載内容の拡充を含む監査基準では，記載項目の1つとして監査事務所の長期間の関与（audit firm tenure）についての記載が求められているなど，先行的な取組みも見られる。AQIは，監査報告書，監査事務所の公表する透明性報告書，監査委員会宛の説明文書，さらには，監査監督当局宛の提出書類等のさまざまな媒体，局面において，報告が求められる可能性がある。AQIが一組の開示項目として導入される状況のみを想定することは適切ではないのである。

3 わが国および諸外国におけるAQI

(1) わが国の場合

　他の国々において，AQIはどのように取り扱われているのであろうか。
　まず，わが国の場合である。わが国においても，すでにAQIに該当する事項の報告が行われている。
　第1に，有価証券報告書および事業報告において公表されている監査報酬がある。上場会社についていえば，2004年3月期以降に提出された有価証券報告書から，「提出会社の企業統治に関する事項」に監査報酬の内容（監査契約に基づく監査証明に係る報酬とそれ以外の報酬に区分した内容）を開示することが求められている。当初は任意開示であったが，その後，2008年3月期以降に提出された有価証券報告書からは，「コーポレート・ガバナンスの状況」の区分において，監査証明報酬と非監査証明報酬を提出会社と連結子会社に区分した統一様式によって記載することが義務付けられ，現在に至っている。
　その他に，有価証券報告書では，業務執行社員の氏名，監査業務にかかる補助者の構成として公認会計士の人数と補助者の人数等が記載されている。
　第2に，監査役等とのコミュニケーションの問題がある。会社計算規則131条1号および3号では，監査人は，独立性，監査人の適正な職務遂行を確保する体制に関するその他の事項を監査役等に通知する義務を負うものとされている。
　また，日本監査役協会と日本公認会計士協会による共同研究報告（日本監査役協会・日本公認会計士協会，2013）では，監査事務所に対する審査会検査関連情報として，以下の情報を監査役等に開示することが求められている。
- 審査会検査の受検の有無
- 当該被監査会社が審査会検査対象となったか否か

● 当該被監査会社に係る監査手続についての指摘の有無，内容

監査基準委員会報告書260（日本公認会計士協会，2015）においても，以下のような規定がある。

「15-2．監査人は，少なくとも以下のいずれかに該当する監査の場合は，監査事務所の品質管理のシステムの整備・運用状況の概要を監査役等に書面で伝達しなければならない。これには，監査事務所の品質管理のシステムの外部のレビュー又は検査の結果が含まれる。

・公認会計士法上の大会社等の監査
・会計監査人設置会社の監査
・信用金庫，信用協同組合及び労働金庫の監査」

これらは，一般公表されている情報ではないが，監査役等，すなわち会計監査人の選任議案の決定権を有する機関であり，国際監査基準においては「ガバナンスに責任を有する者（Those Charged with Governance: TCG）」と称される当事者に向けて報告される監査品質に関する情報であるといえよう。

第3は，日本公認会計士協会が実施している上場会社監査事務所登録制度である。これは，AICPAにおける証券取引委員会（Securities and Exchange Commission: SEC）業務部会（SEC登録会社の監査を実施する監査事務所によって構成されていた部門）への登録制度を範とする自主規制である。日本公認会計士協会のウェブサイトでは，上場会社監査事務所名簿が掲載されており，そのなかで，「品質管理システムに関する概要書」や「業務及び財産の状況に関する説明書」等の文書が，監査事務所ごとに掲載されている。

これらの文書には，定性的な情報も定量的な情報も含めて記載されているものの，総じて監査品質に関する情報ということができよう。

なお，この名簿に登録されている事務所数は，2017年9月末現在で，上場会社監査事務所126事務所，および準登録事務所9事務所である。また，東京証券取引所では，この名簿に掲載されていない監査事務所による監査を認めないとしていることから，当該名簿の運用次第では，実質的にかな

り効果的な自主規制機能が発揮できるものと解される。

(2) 諸外国の場合

日本以外の諸外国におけるAQIの動向であるが，これについては，ヨーロッパ会計士連盟（Federation of European Accountants: FEE．なお，現在は，改称して，Accountancy Europeとなっている）が公表した情報文書（information paper）（FEE, 2016）が参考になる。

そこでは，アメリカのPCAOBおよびCAQのほか，オランダ勅許会計士協会（Koninklijke Nederlandse Beroepsorganisatie van Accountants: NBA），スイス連邦監査監督機構，英国の財務報告評議会（Financial Reporting Council: FRC）および6大監査事務所，カナダ公共会計責任審議会，オーストラリアおよびニュージーランド勅許会計士協会，シンガポールの会計および企業規制当局（Accounting and Corporate Regulatory Authority: ACRA），ならびに，証券監督者国際機構（International Organization of Securities Commissions: IOSCO）の7つの機関等の動向を扱っている。

これらの詳細については，第3章において，PCAOBの提案との対比も含めて，詳細に分析している。ここでは，わが国に先んじて監査事務所のガバナンス・コードを導入している英国とオランダ，AQIの開示を任意とはいえ制度化しているシンガポール，および国際的なAQIへの取組みとしてIOSCOの提案の概要について紹介したい。

まず，英国であるが，2008年にFRCが「監査品質の枠組み」（FRC, 2008）を公表し，それに関連して6大監査事務所が開示項目を調整するなどして，監査事務所が透明性報告書においてAQIを自主的に開示する実務が行われている。そこで開示されるAQIは，(1)監査事務所の文化，(2)監査パートナーおよびスタッフの知識と能力，(3)監査プロセスの効率性，(4)監査報告の信頼性および有用性，および(5)監査人にとって管理できない要因の5つからなるもので，多くは定性的な情報となっている。また，2015年5月には，FRCから，監査委員会が監査事務所の監査の品質を評

価するための指針を提供する文書（FRC, 2015）が公表されている。

　次にオランダは，英国と同様に，監査事務所のガバナンス・コードを制定している国であるが，そこでは，会計士協会が，公共の利益に関する事業体（Public Interest Entity: PIE）にかかる監査を行う監査事務所を対象として，2016年3月に「実務指針　監査品質要因の開示」（NBA, 2016）を公表している。そこでは，1）インプット，2）プロセス，および3）アウトプットの3領域からなる合計14項目のAQIが示されており，その多くは，定量的なものである。対象となる監査事務所は，comply or explain原則の下での開示ながらも，かかるAQIの開示が義務付けられている。

　シンガポールでは，ACRA が2015 年10月に「AQIの開示の枠組み」（ACRA, 2015）を公表している。そこでは，ACRAが実施してきた検査結果に基づいて，①監査時間，②経験，③研修，④検査の結果，⑤独立性，⑥品質管理，⑦スタッフの監督，⑧離職率の8項目のAQIを求め，このうち，①と②については，個別の監査契約ごとの開示項目，③，④および⑤については，監査事務所ごとの開示項目，⑦と⑧については，個別の監査契約と監査事務所の双方の開示項目となっている。これらの開示項目は，上場企業における監査委員会の自主的な実施に任されている。

　最後にIOSCOであるが，2009年にコンサルティング・レポート（IOSCO, 2009）を公表し，このなかで，透明性報告書（transparency report）における開示項目の1つとしてAQIを取り上げ，特に，監査事務所の記載内容に関わらない定量的なAQIの重要性が強調されていたが，2015年に公表された最終報告書（IOSCO, 2015）では，「監査品質を向上させる監査事務所の測度に関する情報」，「監査品質に関する監査事務所内の指標に関する情報」，および「外部機関の作業によって作成される監査事務所の監査品質の指標に関する情報」の3つに分けて，定量的な情報とともに，定性的な情報の記載も含めた開示項目が示されている。

　以上のように，諸外国，特に監査事務所のガバナンス・コードを策定している国や，透明性報告書の開示に関わる文書において，すでにAQIは

制度的な取組みが図られていることが指摘できるであろう。

4 AQIの意義

　AQIについては，アメリカをはじめ各国とも，まだ試行を繰り返している段階にあるともいえる。その意味では，わが国が，金融庁レポートにあるように，「まずは諸外国における指標をめぐる動向等をフォローしていくこと」を方針としても違和感はない。しかしながら，ここでは3つの問題を指摘しておきたい。

　第1に，AQIは，PCAOBの提案にしても，他の国々における取組みにしても，これらは，単に当局の思い付きで提案されたり，実施されたりしているわけではない。実は，その背景には，さまざまな実態調査（意識調査を含む）や学術研究の裏付けがあるのである。

　先に挙げたPCAOBのAQIの提案は，議論の過程で，70を超える指標の提案のなかから絞り込まれたものである。それらの背景には，一定の学術的な研究がある。詳論は第4章から第6章に譲るが，たとえば，DeFond and Zhang (2014) におけるAQIに関する研究の文献調査研究を見れば，AQIがアーカイバル・データの研究成果を背景として展開されていることが明らかであろう。

　問題の焦点は，それらの研究の多くが，アメリカの監査市場をベースとしたものであることにある。わが国においてAQIの開示を検討するためには，わが国の監査市場の特性を識別する研究成果や実態調査がいっそう必要となると思われる。

　本書では，次の第2章において，アメリカにおけるAQIの議論の経緯を整理し，第3章において，FEE (2016) を主な手掛かりとして，アメリカ以外の諸外国におけるAQIの取組みを検討する。

　そのうえで，第4章から第6章において，PCAOBの提案する28件のAQI等に関して，その背景となる先行研究・調査や制度等の状況，ならびに，それぞれのAQIを適用する場合の課題について識別している。

第2には，AQIが，アメリカ以外の国々では，透明性報告書における記載内容として議論されているという問題がある。

　わが国では，監査法人のガバナンス・コードが公表され，そのなかで透明性報告書の記載内容についての規定が置かれているが，その内容はかなり限定的なものである。一律に，多数の定量的なAQIを公表することが望ましいとは思われないが，定量的なAQIと定性的な情報の双方を含めた開示内容を識別し，その後の対応は，comply or explain原則に基づいて，実務に委ねればよいのではなかろうか。

　IOSCOがAQIに関する考え方を示し，ガバナンス・コードを策定している英国やオランダがAQIの開示に取り組んでいるなかで，わが国のガバナンス・コードやその所産である透明性報告書についても，それに準じた取組みが行われてもよいのではないか，と思われるのである。

　最後に，第3の点として，監査法人の強制的交代制の問題がある。

　今般の金融庁レポートに見られるように，監査法人の強制的交代制の導入に向けての検討はまだ続いていると解される。一般に誤解が多い点であるが，監査法人の強制的交代制は，必ずしも公認会計士法等の改正が必須なわけではない。上場企業のガバナンス・コードにおいて，原則または補助原則の1つとして，たとえば，「上場企業においては，監査法人の継続監査期間の上限を〇年とする」と記載すれば足りるのである。その後の対応は，各上場企業において，comply or explain原則に基づいて対応してもらえばよい。

　仮に，かかる制度の導入は時期尚早だと判断されたとしても，監査契約に一定期間ごとの公開入札を導入するという案もある。たとえば，「上場企業においては，〇年ごとに，監査契約を公開入札によって決めることが望ましい」という原則または補助原則を設けるという方法である。実際に，英国では，EUの規制によって監査事務所の強制的ローテーションが導入されるまでの数年間，公開入札制度が導入されていた実績がある。

　つまり，制度導入のオプションとしては，以下の5つが考えられるのではなかろうか。

①　法改正によって，監査法人の強制的交代制を導入する
②　上場企業のガバナンス・コードによって，監査法人の強制的交代制を実質的に導入する
③　上場企業のガバナンス・コードによって，監査契約の一定期間ごとの公開入札制度を実質的に導入する
④　なんらかの効果的な代替案がとられ，監査法人の強制的ローテーションの導入を見送る
⑤　なにもせず，監査法人の強制的ローテーションを見送る

　このうち，たとえば，①から③のいずれかのオプションが採られる場合には，監査法人の選任に当たって，なんらかの判断材料が必要となる。前述のような，わが国で現在開示されている，または監査役等に示されている監査報酬をはじめとした一連の情報では，監査人の選任のための資料として，また，監査の品質を説明する資料として，必ずしも十分なものとはいえないであろう。

　こうした点からも，わが国においてもAQIの検討が喫緊の課題であると思われるのである。

〈参考文献〉

Accounting and Corporate Regulatory Authority (ACRA) (2015), Audit Quality Indicators (AQIs) Disclosure Framework, October.

The Center for Audit Quality (CAQ) (2014), CAQ Approach to Audit Quality Indicators, April 24.

DeFond, Mark and Jieying Zhang (2014), A Review of Archival Auditing Research, *Journal of Accounting and Economics* 58.

Federation of European Accountants (FEE) (2016), Information Paper: Overview of Audit Quality Indicators Initiatives Update to December 2015 edition.

Financial Reporting Council (FRC) (2008), The Audit Quality Framework, February.

FRC (2015), Audit Quality: Practice Aid for Audit Committees, May.

Hanson, Jay D. (2015), PCAOB Standard-Setting Update, Speech at the AICPA Conference on Current SEC and PCAOB Developments, December10th.

〈https://pcaobus.org/News/Speech/Pages/Hanson-AICPA-2015-standards-update.aspx.〉.

International Organization of Securities Commissions (IOSCO) (2009), Consultation Report: Transparency of Firms that Audit Public Companies, September.

IOSCO (2015), Report: Transparency of Firms that Audit Public Companies, November.

Nederlandse Beroepsorganisatie van Accountants (NBA) (2016), Practice Note: Disclosure of Audit Quality Factors, March.

Public Company Accounting Oversight Board (PCAOB) (2011), Rulemaking Docket Matter No. 37: Concept Release on Auditor Independence and Audit Firm Rotation,16th August.

PCAOB (2013), Discussion—Audit Quality Indicators, November 14.

PCAOB (2015a), Concept Release: Audit Quality Indicators, PCAOB Release No. 2015-005, July 1.

PCAOB (2015b), SAG, Audit Quality Indicators: Update and Discussion, November12th and 13th.

The United States House of Representatives (2013), To amend the Sarbanes-Oxley Act of 2002 to prohibit the Public Company Accounting Oversight Board from requiring public companies to use specific auditors or require the use of different auditors on a rotating basis (a.k.a. The Audit Integrity and Job Protection Act), H.R.1564, July 8.

甲斐幸子 (2015),「米国公開会社企業会計監視委員会『監査品質の指標に関するコンセプト・リリース』①,②」『会計・監査ジャーナル』724, 725号。

甲斐幸子 (2016),「米国公開企業会計監視委員会『監査品質の指標に関するコンセプト・リリース』③―コメントレターの概要と関連する議論の動向」『会計・監査ジャーナル』728号。

金融庁・会計監査の在り方に関する懇談会 (2016),「提言　会計監査の信頼性確保のために」。

金融庁 (2017),「監査法人のローテーション制度に関する調査報告 (第一次報告)」。

日本監査役協会・日本公認会計士協会 (2005),「監査役等と監査人との連携に関する共同研究報告」, 2013年11月7日最終改正。

日本公認会計士協会 (2011),「監査基準委員会報告書260　監査役等とのコミュニケーション」, 2015年5月29日最終改正。

第2章

監査品質の指標(AQI)の背景(アメリカ)

近年，監査の品質，とりわけAQIについて，世界各地で議論が行われ，各国・各団体で検討したAQIが次々と公表されるようになった[1]。同様の取り組みは，日本においても行われ，その成果として，日本公認会計士協会監査基準委員会（2015）が公表されている。

　本章では，アメリカにおけるAQIの背景，そのなかでも本書の第4章から第6章で具体的なAQIとして採り上げたPCAOBおよびCAQに関して，それぞれの団体がAQIとして公表するまでの取組みと公表後の動向について概説する[2]。

1 PCAOB

(1) PCAOBの提案以前の状況

　2008年10月，アメリカ財務省は，公開企業の監査プロフェッションのサステナビリティの改善のため，The U.S. Department of the Treasury（2008）を公表した。The U.S. Department of the Treasury（2008）では，「会計教育の改善と人材の強化」，「監査事務所のガバナンス，透明性，責任，コミュニケーション，監査の品質強化」，「監査市場の競争と監査人の選択肢の強化」の3つに重点をおいている。この文書のなかで，AQIに関して，PCAOBに対し，以下のような勧告を行っている（Ⅷ：14）。

　「勧告3　監査の品質の主要な指標の開発，有効性，監査事務所がこれらの指標の公開を要求するという実行可能性について，監査人，投資家，公開会社，監査委員会，取締役，学者，その他の関係者と相談することを，PCAOBに勧告する。AQIの開発や開示が行われれば，

1．詳細については，本書第3章参照。
2．今回は採り上げなかったが，AICPAにおいても，継続的に監査の品質を高める検討が行われている。2014年5月，AICPAは，監査の品質を高めるべく，AICPA（2014）を公表した。続く2015年5月，AICPA（2014）をフォローすべく，AICPA（2015）が公表された。その後，2016年においても，AICPA（2016）やAicpa Quality Control Standards Task Force（2016）を公表している。いずれも直接的にAQIを扱ったものではないが，近年のAICPAにおける監査の品質を高める取り組みの一環である。

PCAOBがこれらの指標をモニターすることが要求されるだろう。」。

さらにこの勧告3については，勧告7で，PCAOBに対し，2010年の初めまでに大規模な監査事務所がEU第8次指令で要求されるような情報やPCAOBにより決定された監査の品質や有効性の主要な指標を組み合わせた公的な年次報告書を作成することを要求した（The U.S. Department of the Treasury, 2008, Ⅶ：20）。こうした主要なAQIの開発と開示によって，株主による承認プロセスもより意味のあるものになると主張している（The U.S. Department of the Treasury, 2008, Ⅶ：20-21）。

(2) 2008年のSAG（PCAOB, 2008）[3]

The U.S. Department of the Treasury（2008）の勧告を受け，PCAOBは，2008年10月22-23日に開催されたSAGの会議において，AQIの実行可能性に焦点をあてたパネルディスカッション等を行った。

この会議で，パネリストは，監査の品質に関する背景，すなわちThe U.S. Department of the Treasury（2008）の概要，監査の品質に関する学術的研究のレビュー，FRCによる監査の品質に関する新しい取組みの主要なポイントやEU第8次指令によって要求された透明性報告書などに関する情報を提供した。さらに，監査の品質の定義や個々の監査業務レベル，監査事務所レベル，その両者について監査の品質の意味のある主要な指標の開発の実行可能性について議論した。

そして，パネリストにおける議論の後，分科会（全体会）では，以下のトピックと監査の品質との関係について議論された。

- 個々の監査業務レベル：
  - 測定できるインプットベースおよびアウトプットベースの指標について
  - 監査人の産業の経験について
  - 監査業務の複雑性と規模について

3．なおこの時期のAQIをめぐる議論については，Bedard et al.（2010）参照。

- 監査事務所レベル：
  - 透明性報告書によって要求される個々の情報
  - 監査事務所の規模，所有構造，クライアントのポートフォリオ

分科会（全体会）後，3つのセッションで，指標の開発の実行可能性に関する問題について，利用者それぞれの観点から議論が行われた。それぞれのグループにおけるテーマは，以下のとおりである。

- グループA：投資家の観点からの主要なAQIの実行可能性と必要性
  - 投資意思決定において，個々の監査業務レベルや監査事務所レベルの両方で，利用可能な主要なAQIの重要性と有用性
  - 投資家にとって有用な個々の監査業務に関する追加的な主要なAQI，もしあれば，どんな指標か
  - 監査事務所の監査の品質における知識や信頼を改善するために必要なステップはなにか
- グループB：作成者の観点からの主要なAQIの実行可能性と必要性
  - 監査事務所の選択や更新時に意思決定をする際，作成者が考慮する監査の品質に関する要因
  - 監査事務所の継続に関して意思決定する際，監査の品質に関する情報が十分か
  - 以下の事項も含め，監査事務所の選択や更新時における情報
    - 監査時間と監査費用
    - パートナーに対するスタッフの時間比率
    - 監査専門要員の経験の平均年数
    - パートナーの産業の経験年数
    - 監査事務所の任期
    - 特定の監査事務所を薦めることに対する理由の議論
- グループC：監査人の観点からの主要なAQIの実行可能性と必要性
  - 個々の監査業務レベルにおける最も意味のある主要なAQI
  - 監査事務所レベルにおける最も意味のある主要なAQI

・EU第8次指令の40条に関して，有効性に関する監査事務所のリーダーシップ報告書が，AQIとしてどの程度役に立つか

(3) 2013年5月のSAG

(2)に記述されたとおり，2008年から，PCAOBにおいてAQIへの取組みが始まった。その後，PCAOB（2012）において，短期の優先事項として採り上げられ（p.5），これ以降，AQIのプロジェクトは飛躍的に進められるようになる。なお，このAQIのプロジェクトの目的は，以下の3つである（PCAOB, 2013a, p.2）。

・PCAOBの規制プロセスや政策決定に監査の品質の状態や傾向の追加的な洞察に関する情報を提供する
・意思決定や政策決定のための監査の品質に対する洞察を提供するために，監査委員会，投資家，経営者，監査事務所，ほかの規制当局や国民にAQIを提供する
・監査の品質に基づいた競争をするために追加的なインセンティブを監査事務所に提供する

このプロジェクトを推進するべく，2013年5月15-16日にSAGの会議が開かれ，「ディスカッション―監査の品質指標」が公表された。本報告書は，SAGのメンバー内での議論を活発化するために，調査分析課（the Office of Research and Analysis: ORA）のスタッフによって作成された[4]（PCAOB, 2013a, p.1）。

PCAOB（2013a）は，監査の品質の定義（p.4），フレームワーク（pp.4-6；APPENDIX Ⅰ），指標（pp.7-10；APPENDIX Ⅱ）を提案している。

なお，この報告書における監査の品質の定義は，新しい概念的な意見を生み出すものではなく，すでに広く受け入れられている概念をもとにしている（PCAOB, 2013a, p.4）。

4．したがって，本報告書の見解は，PCAOBのものではなく，必ずしもPCAOBのメンバーや他のスタッフの観点を反映したものではない（PCAOB, 2013a, p.1）。

そのため本報告書では，監査の品質を，①関連した開示を含む財務諸表，②内部統制の保証，および③ゴーイング・コンサーンの警告に関して独立した信頼性のある監査や強固な監査委員会とのコミュニケーションのような投資家のニーズを満たすものと定義した（PCAOB, 2013a, pp.3-4）。

　さらに，PCAOB（2013a, p.4）では，監査の品質のフレームワークを示している。なお，本フレームワークを作成するにあたって，先行研究や既存の基準をもとにしている。またフレームワークは，最も基本的なレベルに，3つの要素（オペレーショナルインプット，プロセス，結果）を含んでいる。

　くわえて，以下に示すAQIを提示している（PCAOB, 2013a, pp.7-10；APPENDIX Ⅱ）。なお，これらの指標は定量的である。このような定量的な尺度といえども，純粋に客観的な評価とはならない。実際，最も重要な尺度には主観的な評価もある。そのため主観的な評価をスコアに変換する必要がある。

オペレーショナルインプット（人）
・スタッフに対するパートナーの比率
・パートナーとスタッフの利用率／作業負担
・監査専門要員1人当たりのチャージ時間
・監査専門要員の過度な交代・異動
・平均経験年数／チームの構成
・業種における経験と熟練
・監査専門要員1人当たりの研修時間
・会計と監査のコンサルタント数
・サービスセンターにアウトソースしている作業の割合
・FTEの技術的資源
・全監査業務時間における専門家の時間の割合
・監査に関わる地理的に遠いパートナーとマネージャー
・全監査努力に関連したパートナー，マネージャー，監査業務のレビュ

アーの時間とタイミング

プロセス
- 監査の品質や投資家の関心に関する監査事務所のリーダーシップによるコミュニケーションの数と内容
- 監査事務所の経営者の気風，最善の雇用者の採用，訓練，監督，クライアントの圧力に対抗する監査事務所の報酬の程度について監査専門要員に対する無記名の調査
- 独立性，検査，コンプライアンスに関する指標
- 監査の品質や独立性に関する監査事務所の提案やマーケティングの性質と量
- 内部の品質レビューの発見事項の数と性質
- PCAOBの検査による発見事項の数と性質
- 最適な財務インセンティブと資源を保証するためのパートナーとマネージャーレベルの平均報酬
- 早期にローテーションしたパートナーの報酬の傾向
- パートナーやマネージャーの評価や報酬プロセスにおける専門的能力や不屈の精神に関する重要度
- 新規採用や補充の資格証明書，学業成績，働きがいのある会社ランキング，報酬レベル
- 専門的能力のテスト
- パートナーに対する監査スタッフのレバレッジ比率
- 監査人の辞職数と規模
- ハイリスクとして評価されたクライアントの割合
- 監査品質を支えるインフラストラクチャーに対する監査事務所の投資の水準

結果
- 虚偽表示による財務諸表の修正再表示の頻度と市場への影響
- 翌年度に重大な虚偽表示があるにもかかわらず財務報告にかかる内部統制（ICFR）に関する無限定意見の数と割合

- 重大な虚偽表示とあわせて生じた重大な不備の数
- 実質的に破産していないにもかかわらず継続企業に関する意見のある監査報告の数
- 実質的に破産したにもかかわらず継続企業に関する意見の欠如した監査報告の数
- 監査人からのコミュニケーションの品質についての監査委員会の調査
- 訴訟を防ぐことに対する費用の傾向
- 監査人に対する訴訟の頻度，重大さ，市場への影響の傾向
- 報告した不正の頻度，性質，市場への影響
- 内部の品質レビューの発見事項の数と性質
- PCAOBの検査による発見事項の数と性質
- PCAOBとSECの懲戒処分の傾向

(4) IAG (PCAOB, 2013b)

2013年10月16日，投資家諮問グループ (Investor Advisory Group: IAG) の会議で，AQIが検討された[5,6]。投資家は，PCAOBのAQIが，実際の監査の品質（アウトプット）を測定し，監査の品質に対するアカウンタビリティの構築を支援し，先見の明があり，情報や予言的な内容を含んでいるという点で強く推奨している。またPCAOB (2013b) では，PCAOBにおけるAQIの焦点が，監査の品質よりも，監査事務所の品質や監査プロセスに関係していると指摘している。また投資家は，現在投資している，あるいは将来の投資のために評価している会社の監査の信頼性と信用性について非常に関心がある。同様に，監査委員会のメンバーは，監査事務所の行動よりも，会社に対する監査人の提供する業務の品質に非常に関心があることを見いだしている。

また，IAGでは，監査事務所が監査業務レベルおよび監査事務所レベル

5．この会議に先立つ2010年，IAG会議において，AQIについて議論が行われている。この議論内容の詳細については，Carcello (2010) 参照。

6．したがって，本報告書の見解は，PCAOBのものではなく，必ずしもPCAOBのメンバーや他のスタッフの観点を反映したものではない (PCAOB，2013b, p.1)。

の両方を集めて選ばれたAQIのデータをPCAOBに提供することを要求するべきであると考えている。さらに，これらのデータは，PCAOBのレビュー，検査，コメントを受けるべきであるとしている。

とりわけIAGでは，AQIに関するデータが集められるレベルを大変重要視し，PCAOBが3つの異なるレベルで指標を定めることを推奨する。すなわち，

1）監査業務レベルで集められ，分析され，広められるべきである指標
2）監査事務所レベルで測定されるべき指標
3）監査業務レベルと監査事務所レベルの両方で収集されるのであれば，非常に価値があるだろう指標

以上の3つを列挙している。

監査事務所は，さまざまなレベルの経験や異なる産業における市場への浸透があるため，すべてのAQIは階層化されるべきであろうことをIAGは推奨している。

なお，この会議では，以下に示すAQIが提示されている。

特定の監査業務レベル
・監査チームの課された時間に対するパートナーとマネージャーの比率
・監査業務パートナーによって費やした主要なリスク分野と時間の認識
・最新年度にPCAOBに監査が検査されているかどうか。もしそうであれば，監査において不足があるかどうか，不足の種類の記述
・検査対象となっていない監査事務所によって監査された貸借対照表，損益計算書やキャッシュ・フロー計算書の割合と，PCAOBの検査対象となっていない監査事務所のパートナーやスタッフによって費やされた時間
・他の監査事務所や海外の提携事務所へアウトソースした監査時間の割合
・専門的なオフィスに相談することがあるかどうか，もしそうなら，どんな問題か

・他の監査に参加しているかどうか評価するため，信頼性に疑問が生じている第1順位のパートナーの名前

監査事務所レベル
  ・公表するべきであるAQIの測定と管理のポリシー
  ・監査の品質と報酬がリンクして測定され，使われている特定の誘因を含め，①エグゼクティブパートナー，②監査パートナー，③監査スタッフの報酬についての方針と（もしそうであれば，いくらの）報酬水準が監査の品質とリンクされているかどうか
  ・監査パートナーの平均的な課金/責任時間。①パートナー，②マネージャー，③監査スタッフのチャージできる時間の平均
  ・独立したレビューの存在する監査業務の数，そして，その中で，監査事務所が辞退した非監査業務の数と見積もった料金の総計
  ・PCAOBによる検査の対象となっていない提携ファームの識別
  ・SOXに従うアメリカの提携ファームに監査の文書を提供しない提携ファームの識別
  ・主要な産業グループにおける修正再表示の数
  ・主要な産業グループにおける重大な不備が報告された数
  ・主要な産業グループにおける支払い可能な料金あるいは時間
  ・「ハイリスク」監査であるとして評価された監査の割合
  ・監査スタッフを費やした収益の割合
  ・監査ツールと監査技術における投資
  ・審理中のSECとPCAOBの懲戒処分の数
  ・新規採用の監査スタッフの平均給与
  ・前任監査人が辞任した，あるいは前任監査人との意見の一致を見なかった報告があった最初の年の監査業務の数

監査業務レベルおよび監査事務所レベル
  ・監査に割り当てられた①パートナー，②マネージャー，③スタッフに対する専門的な教育の平均時間
  ・①パートナー，②マネージャー，③スタッフレベルのスタッフの異動

- 監査パートナーと監査専門要員の経験の平均年数：①特定の業務における経験；②産業における経験；③監査の経験全般
- PCAOBの独立性ルールの違反

(5) 2013年11月のSAG

　PCAOB（2013c）は，これまでのSAGやIAGでおこなった議論をまとめ，それぞれで提案された70を超える指標を集約したAQIを提案している。なお集約にあたっては，10の基準（たとえば監査委員会やステークホルダーに有用である，意図しない帰結の潜在性，大規模に実現可能，データの利用可能性，監査の品質との相関などがある（p.3）。それ以外に，冗長でない，定量化でき，かつ/またはよく定義されているなどもある（PCAOB, 2013d））によって評価した結果に基づいている。なおPCAOB（2013c）は，最終目標として，だいたい10-15の指標に集約することを目指している[7]。PCAOB（2013c）で提示された監査の品質指標は，以下のとおりである（Appendix）。

インプット
- スタッフの比率
- パートナーの作業負担
- スタッフの利用
- 監査専門要員の交代・離職
- 経験の平均年数
- 産業の専門化と熟練
- パートナー，マネージャー，監査業務の品質レビュアーの時間
- サービスセンターにアウトソースされた監査業務

プロセス
- 監査専門要員の匿名の独立調査
- 経営者の気風

7．とはいえ監査の品質について広く情報を提供するため，単一の指標とすることはない（PCAOB, 2013c, p.3）。

- 監査事務所の内部品質レビューによる発見
- PCAOBによる監査事務所の検査からの発見
- 独立性

結果
- 虚偽表示に関する財務諸表の修正再表示の頻度と影響
- 重大な不備の報告
- 破産あるいは同様の財務的困窮の前に,監査報告書において継続企業に関する意見の欠如
- 重大な不正
- 過去5年の公的訴訟もあわせた監査あるいは監査に関わる事項についてPCAOBとSECの訴訟の傾向
- 監査人とのコミュニケーションの品質についての監査委員会の調査

(6) 2014年のSAG

2014年6月のSAGの会議では,監査の品質を改善すべく,3つのテーマ(根本原因分析,AQI,監査品質管理基準)が議論された(PCAOB, 2014a)。

そのなかでも本会議では,ORAが提示したAQIの利用者である監査委員会,投資家,監査事務所,PCAOBやほかの規制当局によって,AQIはどのように利用されるかについて議論している。それに先立ち,SAGメンバーに対し,AQIの利用に関するアンケート調査を行った(PCAOB, 2014a)。アンケート調査の結果,本プロジェクトの重要性についての同意や,監査委員会,監査事務所,PCAOBに対する有用性について一致した見解を得た。

そのほかに,意図せざる帰結,私的なコミュニケーションでの利用かあるいは公的に広く利用されるべきか,経験的証拠やフィールドのおける検証,経営者の気風,職業的懐疑心,インセンティブ構造をどのように定量的に測定するのかなどの課題が指摘された。なお結果の詳細については,

PCAOB（2014b）を参照してほしい[8]。

(7) コンセプト・リリース「監査の品質指標」

2015年7月，これまでの議論の成果として，「コンセプト・リリース 監査の品質指標」（以下，コンセプト・リリースという）を公表した（PCAOB, 2015a）。このコンセプト・リリースでは，28の具体的なAQIが挙げられている[9]。

監査人

（人的リソースの）利用可能性
　① スタッフの比率
　② パートナーの作業負担
　③ マネージャー及びスタッフの作業負担
　④ 専門的な会計及び監査のリソース
　⑤ 専門的な技術及び知識を有する者

能力（competence）
　⑥ 監査専門要員の経験
　⑦ 監査専門要員の業種に関する専門的知識
　⑧ 監査専門要員の交代・離職
　⑨ サービスセンターで集約化される監査作業の量
　⑩ 監査専門要員1人当たりの研修時間

フォーカス
　⑪ 監査時間とリスク領域
　⑫ 監査の実施段階ごとの監査時間の配分

監査プロセス

経営者の気風とリーダーシップ
　⑬ 監査専門要員に対する独立的な調査の結果

8．あわせてAQIデータはどの組織が収集し，PCAOBがどのように広めるかについて，また収集は自発的であるか強制的であろうか，あるいはハイブリットかを検討している。
9．それぞれのAQIの詳細については，本書第4～6章参照。

動機
　⑭　監査品質の評価と個人の報酬・給与
　⑮　監査報酬，監査労力，クライアントのリスク
独立性
　⑯　独立性に関する要求事項の遵守
インフラストラクチャー
　⑰　監査の質を支えるインフラストラクチャーへの投資
監視および改善
　⑱　監査事務所による内部の品質管理レビューの結果
　⑲　PCAOBによる検査結果
　⑳　専門能力のテスト

監査結果
　財務諸表
　㉑　虚偽表示による財務諸表の修正再表示の頻度と影響
　㉒　不正及びその他の財務報告の不祥事
　㉓　財務報告品質の測定指標を利用した監査品質の測定
　内部統制
　㉔　内部統制の重要な不備の適時の報告
　継続企業
　㉕　継続企業に関する問題の適時な報告
　監査人と監査委員会のコミュニケーション
　㉖　監査委員会メンバーに対する独立的調査結果：RISAC
　執行および訴訟
　㉗　PCAOBおよびSECによる執行活動の傾向
　㉘　民事訴訟の傾向

　なおPCAOB（2015a）で提示された指標は，重複したものや必ずしも有用な情報ではないような指標もある（p.14）。またリストに新たに加えるべき指標もありうる（PCAOB, 2015a, p.14）。

こうしたPCAOB（2015a）で提示された指標は，2015年9月29日までにコメントを求めるとともに，このコンセプト・リリースに関して，2015年の第4四半期の間に公開円卓会議をワシントンで開催することとした（PCAOB, 2015a, p.34）。

(8) 2015年のSAG

2015年7月に公表されたコンセプト・リリースに対し，2015年9月29日までコメントを募集した。本会議では，SAG会議の開催までに受領したコメント・レターの分析結果が報告・議論されている（PCAOB, 2015b; 2015c; 2015d）。

なおコメント・レターの提出者の所属は，以下のとおりである（PCAOB, 2015b, pp.1-3）。

プロフェッション　22通
　・監査事務所　10通
　・監査プロフェッションの代表者　12通
取締役会のメンバー　8通
　・代表取締役　3通
　・監査委員会のメンバー　5通
投資家　5通
その他　12通
　・学者　3通
　・規制当局　4通
　・その他　2通
　・発行体の経営者と経済界団体　3通

AQIが監査の品質を向上させるという一般的な概念について，35通の賛成があり，これは全体的に支持する結果であったといえる。しかし，個別具体的なAQIに関しては，さまざまな意見があり，意見の一致を見いだせなかった（PCAOB, 2015b, Chart12, pp.18-19）。

なお，この会議の分科会では，3つのテーマについて議論された（PCAOB, 2015d）。第1分科会では，AQIと内容についてである。第1分科会においては，フレームワーク・オプションのメニューや普遍的な定義などについてPCAOBが情報を発信し，監査委員会が決定すること，28の指標は多すぎるということ，投資家はAQIのデータを求めていることなどが合意された。

第2分科会では，監査委員会を交えたAQIの監査人の議論について話し合われた。その結果，第2分科会においては，監査人と監査委員会のメンバーとの議論は有益であること，監査業務レベルのAQIが非常に有益であること，監査事務所レベルのAQIは，監査事務所の透明性報告書を通じてコンテクストを提供すること，AQIの議論の中には，監査委員会と監査事務所によって決定されるべきであるものもあること，監査事務所が最適と思っているような監査事務所レベルのAQIの開示を自由に行えること，監査規制の限られた役割について同意された。

第3分科会では，投資家によるAQIの利用を検討した。その結果，第3分科会においては，AQIには，投資家に対し強制的に開示されるものも含まれること，投資家はAQIや内容を評価する能力があること，28のAQIを少数の非常に価値のあるものに絞ること，段階的方法の推奨（たとえば監査業務レベルにおいて，少なくとも監査チームに関する主要な情報と関連するコアなAQIから始める），検証の内容等，AQIデータの公開方法などが同意された。

2 CAQ

本節では，AQIに関するCAQ[10]の取組みを概説する。

---

10. CAQは，ワシントンDCに拠点を置く自立した，無党派の，非営利な公共政策機関である。CAQは，AICPAと提携している。

(1) 2012年

　2012年，CAQは，主要なステークホルダーが監査の品質を伝え，議論することができるような尺度あるいはフレームワークを決定するという目的をもって，監査の品質を定義し，測定するという試みを始めた。

　このようなAQIに関する取組みの1つに，2012年に開催されたCAQのシンポジウムがある（Martin, 2013）。このシンポジウムでは，多様なステークホルダーの観点からAQIに関する実務家と学者のパネルディスカッションや分科会でのディスカッションが行われた。まず，Stephen Chipman（Grant Thornton LLPのCEO）によりモデレートされた75分のパネルディスカッションが実施された[11]。このパネルディスカッションでは，監査プロセスにおける5つの最重要なステークホルダーグループ（監査事務所，監査委員会，投資家と債権者，規制当局，そして作成者）からの意見が述べられた。さらに，その後，実務家と学者を含めた約10人のグループで組織された分科会において，特定のステークホルダーグループの観点からAQIについての議論が行われた。

　CAQシンポジウムでは，AQIに関するトピックに対する熱意は高く，監査の品質を理解し，管理することを助けるためのAQIの開発や利用について，多くの課題が議論された（Martin, 2013, A22）。

(2) 2013年

　2013年5月，CAQは，PCAOBのSAGが公表した「ディスカッション―監査の品質指標」に対するコメント・レターを送っている（CAQ, 2013）。そのコメント・レターの主な内容は，監査の品質の定義の要素（プロセス由来（システムあるいはインプット）の品質とアウトカムベース（アウトプットベース）の品質という2つの要素），監査の受益者，監査の品

---

[11] なおパネリストはJim Lobby Vice Chair of Audit and Regional Head of Audit Americas at KPMG LLP；Tim Bell Coggin Distinguished Professor of Accounting at the University of North Flolida；そしてRoger Martinヴァージニア大学商学部准教授であった。

質や財務報告の品質に寄与するステークホルダー，監査の品質を選ぶ基準についてであった。

さらに2013年11月，Fornelli (2013) は，改革を熟考するために，専門家からPCAOBにいくつかのパースペクティブを示している。すなわち，①監査の品質に関するコミュニケーションは監査業務レベルの尺度に焦点をあてるべきであること，②監査委員会の監視（oversight）の役割を認識すること，③監査委員会とAQIについて意味のある，そして最も重要である対話を始めるべきであること，④監査事務所の品質管理システムを考慮し，インプットやアウトプットベースの規制や専門的な基準に従って組み入れるべきであること，⑤PCAOBの品質管理基準あるいは他の専門的な基準に基づいた監査の品質フレームワークの主要な要素とリンクすべきであることを指摘している。

(3) 2014年1月（CAQ, 2014a）

CAQでは，多くの情報源をもとに，たくさんの尺度を考え出した (p.1)。これらの尺度は，コンテクストによって，監査事務所レベルの尺度も含まれるものの，主に監査業務特有のものであった (p.1)。また，これらの尺度は，監査人と監査委員会との間の対話に焦点があてられた (p.1)。なお，これらの尺度には，以下の要素が含まれている (p.1)。

- 監査事務所のリーダーシップと経営者の気風
- 独立性，誠実性と客観性
- 監査するにあたって十分な経験と技術的な能力資源
- 効果的な監査方針，方法，支援とツール
- モニタリングと内部の検査

CAQでは，こうしたAQIについて，さまざまなステークホルダーにアウトリーチ活動を行ってきた (p.2)。たとえばステークホルダー諮問パネル（Stakeholders Advisory Panel（構成員として，投資家，監査委員会のメンバー，学者，基準設定者，発行者））, 規制当局や監査委員会のメン

バーに対してである（p.2）。CAQによるパイロットテストと同様に，これらのグループからのフィードバックは，監査の品質を監視する監査委員会にとってより有益な尺度に洗練することに役立つ（p.2）。

こうしたアウトリーチ活動の一環として，2014年1月，CAQとPace大学Lubin School of Businessは，AQIに関して，20の監査委員会のメンバーによる円卓会議を開催した（p.2）。

この円卓会議の主な目的は，CAQによって提案されたAQIが，監査人の責任を監視するうえで，監査委員会にとって有益であるかどうかを検討することにある（p.2）。

円卓会議で議論された内容は，以下のとおりである。

- CAQの提案に加え，AQIとして考慮される他の項目として，監査費用，リスク評価，監査アプローチ，経営の品質，内部監査の品質と効果，報酬による監査の品質への影響がある（p.2）
- 監査委員会のメンバーは，それぞれのAQIにおけるコンテクストを提供する重要性（すなわち結果を誤って解釈しないようにするため）についても強調している（p.2）
- こうした指標は，監査委員会のメンバーが監視責任をアシストするツールとして使われる（p.2）
- 指標に追加する項目として，修正再表示や専門家の利用，事務所のコンサルなどについても考慮を促された（p.2）
- あわせて監査業務パートナーのスキルや経験，監査業務チームの能力に関する定量的な指標が示唆された（p.3）

この議論を踏まえ，2014年4月に提案されたAQIは，よりリスクベースとなり，一部，修正が施されることとなった（CAQ, 2016）。

(4) 2014年4月（CAQ, 2014b）

2014年4月，CAQは，円卓会議において指摘された点をフィードバックした「監査品質指標に対するCAQのアプローチ」を公表した。CAQ

(2014b) では，AQIに関する議論の背景とコンテクスト，AQIのコミュニケーションのアプローチを提案し，潜在的なAQIを認識し，CAQのパイロットテストを概観している。

このようなCAQ（2014b）におけるAQIは以下のとおりである。

- 監査事務所のリーダーシップと経営者の気風
- 監査業務チームの知識，経験，作業負担
    - 主要な監査業務チームメンバーの知識と経験
    - 監査事務所の訓練の要求
    - 監査業務時間と関連時間の傾向
    - 重大なリスク領域へのリソースの配分
    - 重大なリスク領域への専門家や本部の関与
- 主要な監査業務メンバーの作業負担
- モニタリング
    - 内部品質レビューの発見事項
- PCAOBの検査による発見事項
- 監査報告
- 修正再表示の再発行と監査報告書の撤回

この指標の特徴は，監査委員会とのコミュニケーションのツールとしての役割がある（Fornelli, 2014, p.10）。さらに，指標の大部分が監査業務レベルの指標となっている（Fornelli, 2014, p.10）。このため，監査業務レベルの監査の品質の維持および向上に役立つ。

そもそもAQIは定量的な性質である。こうした定量的な性質であるAQIについても，コンテクスト，定性的な物語，監査人と監査委員会のメンバーとの対話によって定性的に補完された場合，さらに有効となる（Fornelli, 2014, p.10）。

さらにCAQは，CAQ（2014b）公表後も，今後の指標作成の参考とするべくAQIのパイロットテストを実施することとした。このパイロットテストの目的は，AQIに対する監査人の準備とコミュニケーションにお

ける潜在的な障害を認識し，監査委員会にとってのCAQ（2014b）の全体的な有用性を評価することである。

(5) 2015年以降[12]

CAQ（2014b）において実施することが明記されたパイロットテストは，30の作成者と異なる規模の10の監査事務所に対して実施された。その結果は，以下のとおりである（Fornelli, 2015）。

第1に，監査委員会はAQIの最適な聴衆であり，監査業務レベルの指標に価値を見いだしていた。第2に，監査委員会と監査業務チームの相互のコミュニケーションは，AQIの最適な理解をするうえで重要であるというコンテクストを提供する。第3に，AQIの利用と報告は，自発的かつフレキシブルである。

さらにパイロットテストと並行して，ロンドン（2015年6月2日），シカゴ（2015年6月23日），ニューヨーク（2015年6月29日），シンガポール（2015年7月27日）で円卓会議が行われた。その結果，監査委員会は，監

---

12. なお2015年9月，CAQは，PCAOBの公表したコンセプト・リリースに対し，コメントを送っている（CAQ, 2015）。その中で，CAQは，PCAOBに対し，自らのAQIに対する考え方を述べている。
　すなわちAQIは，自発的に利用され，報告されるべきである（CAQ, 2015, p.3）。また，AQIを強制的に報告することは，AQIの概念の初期段階やAQIを解釈するために文脈上のディスカッションが必要な場合において，最適でない（CAQ, 2015, p.3）。
　さらに，CAQは，AQIに対する利害関係者のコンセンサスを得るための活動や潜在的なAQIを探索する活動，パイロットテストなどについて述べている（CAQ, 2015, pp.3-5）。そうした活動の結果から，CAQは，①監査委員会が監査業務レベルのAQIに価値を見出していること，②監査委員会と監査業務チームとの相互のコミュニケーションが，AQIの評価と解釈のために必要なコンテクストを受け取るためのメカニズムを提供すること，③AQIの利用と報告は，監査委員会や監査人が，特定の事実や環境に自分自身を適合することを可能にするために自発的かつフレキシブルであるべきことを指摘している（CAQ, 2015, p.5）。
　これらをふまえCAQは，PCAOBに対し，円卓会議のような利害関係者へのアウトリーチ活動を薦めている（CAQ, 2015, p.6）。くわえて潜在的な指標やAQIの利用方法について対話を続けることを要求する（CAQ, 2015, p.6）。さらに投資家や監査委員会なども含めた利害関係者と，すでに公表され利用可能なAQIに関する情報（たとえば監査事務所の監査の品質報告書や透明性報告書など）に関連してAQIを開発することについてコラボレートし，注意を向かせること，監査の品質と相関しているAQIを認識するために，根本原因分析や他の新たな取り組みを行うことを求めている（CAQ, 2015, pp.6-7）。こうした対話とコラボレーションによって，AQIそのものや潜在的には，AQIの利用のベストプラクティスについての共通言語が開発されることをCAQは期待している（CAQ, 2015, p.7）。

査における定性面を評価することに役立つ情報を要求し，コンテクストなしにAQI単独では，特定の監査業務あるいは監査事務所と関連する要因を適切に伝達することができない点に同意し，監査業務レベルのAQIの強制的な開示は意図せざる帰結を生じさせ，場合によっては監査業務レベルのAQI情報の開示は自発的であるべきであると指摘された（CAQ, 2016）。

　こうした議論を踏まえ，2016年1月，CAQ（2016）（「監査品質指標—途中経過及び今後の方向性」）が公表された。CAQ（2016）は，CAQ（2014b）のパイロットテストの結果やアウトリーチ等の内容をまとめている。このCAQ（2016）の目的は，重要なトピックに関して，円卓会議の議論，パイロットテスト，追加的なアウトリーチや近年の成果を通じてカバーできなかった問題点を考慮し，プロジェクトを進めることである。

3　小括

　以上，本章では，アメリカにおけるAQIの議論，とりわけその中心となっているPCAOBとCAQの取組みを概説した。
　なお，前節までに概説したPCAOBとCAQのAQIに関する経緯については，図表2-1のとおりである。
　また，PCAOB（2015a）とCAQ（2014b）が提案しているAQIについて，それぞれどのAQIに対応しているか，図表2-2に示した。
　このAQIプロジェクトの進捗状況は，遅々として進んでいない。すなわち，PCAOBについては，公表したAQIのコメント・レターに対する分析報告（PCAOB, 2015d）以降，そしてCAQについては，CAQ（2016）を公表して以降，具体的な取組みの成果が明らかになっていない状況にある。

■図表2-1　PCAOBとCAQにおけるAQIに関する議論の経緯

	PCAOB	CAQ
2008年	AQIに関するパネルディスカッションを開催	
2012年	PCAOBの戦略プランにおいて短期の優先事項としてAQIプロジェクトが明記される	AQIに関するシンポジウム開催
2013年	AQIの案を提示（SAG版）	PCAOBのAQI（SAG版）に対するコメント・レターの送付
	AQIの案を提示（IAG版）	
	AQIの案を提示（SAG版とIAG版を集約）	
2014年	AQIに関するＳＡＧの会議開催	AQIに関する円卓会議の開催
		AQIを公表（CAQ版）
2015年	コンセプト・リリースの公表・コメントレターの募集	PCAOBのAQIに対するコメント・レターの送付
	コメント・レターの分析結果を報告	AQIに関する円卓会議の開催
2016年		CAQ（2016）公表

■ 図表2-2　AQIの比較（PCAOB, 2015a; CAQ, 2014)

		PCAOB (2015a)	CAQ (2014)
監査人	(人的リソースの)利用可能性	(1) スタッフの比率	Ⅱ(監査業務チームの知識, 経験, 作業負担)-F 主要な監査業務メンバーの作業負担
		(2) パートナーの作業負担	Ⅱ(監査業務チームの知識, 経験, 作業負担)-F 主要な監査業務メンバーの作業負担
		(3) マネージャー及びスタッフの作業負担	
		(4) 専門的な会計及び監査のリソース	Ⅱ(監査業務チームの知識, 経験, 作業負担)-E 重大なリスク領域への専門家や本部の関与
		(5) 専門的な技術及び知識を有する者	
	能力 (competence)	(6) 監査専門要員の経験	Ⅱ(監査業務チームの知識, 経験, 作業負担)-A 主要な監査チームメンバーの知識と経験
		(7) 監査専門要員の業種に関する専門的知識	
		(8) 監査専門要員の交代・離職	
		(9) サービスセンターで集約化される監査作業の量	
		(10) 監査専門要員1人当たりの研修時間	Ⅱ(監査業務チームの知識, 経験, 作業負担)-B 監査事務所の訓練の要求
	フォーカス	(11) 監査時間とリスク領域	Ⅱ(監査業務チームの知識, 経験, 作業負担)-C 監査業務時間と関連時間の傾向, Ⅱ-D 重大なリスク領域へのリソースの配分
		(12) 監査の実施段階ごとの監査時間の配分	

第2章 監査品質の指標（AQI）の背景（アメリカ）

監査プロセス	経営者の気風とリーダーシップ	(13)監査専門要員に対する独立的な調査の結果	I（監査事務所のリーダーシップと経営者の気風）
	動機	(14)監査品質の評価と個人の報酬・給与	
		(15)監査報酬，監査労力，クライアントのリスク	
	独立性	(16)独立性に関する要求事項の遵守	
	インフラストラクチャー	(17)監査の質を支えるインフラストラクチャーへの投資	
	監視及び改善	(18)監査事務所による内部の品質管理レビューの結果	III（モニタリング）- A 内部品質レビューの発見事項
		(19)PCAOBによる検査結果	III（モニタリング）- B PCAOBの検査による発見事項
		(20)専門能力のテスト	
監査結果	財務諸表	(21)虚偽表示による財務諸表の修正再表示の頻度と影響	IV（監査報告）- A 修正再表示の再発行と監査報告書の撤回
		(22)不正及びその他の財務報告の不祥事	
		(23)財務報告品質の測定指標を利用した監査品質の測定	
	内部統制	(24)内部統制の重要な不備の適時の報告	
	継続企業	(25)継続企業問題の適時の報告	
	監査人と監査委員会のコミュニケーション	(26)監査委員会メンバーに対する独立的調査結果：RISAC	
	執行及び訴訟	(27)PCAOB及びSECによる執行活動の傾向	
		(28)民事訴訟の傾向	

〈参考文献〉

American Institute of Certified Public Accountants (AICPA) (2014), Enhancing Audit Quality: Plans and Perspectives for the U.S. CPA Profession, AICPA.

AICPA (2015), Enhancing Audit Quality A 6-Point Plan To Improve Ausits The U.S. CPA profession's answer to quality financial statement audits of private companies, employee benefit plans and governmental entities, AICPA.

AICPA (2016), AICPA Enhancing Audit Quality Initiative Highlights and Progress 2016, AICPA.

AICPA Quality Control Standards Task Force (2016), Establishing and Maintaining a System of Quality Control for a CPA Firm's Accounting and Auditing Practice—For Sole Practitioners, AICPA.

Bedard, J.C., K. M. Johnstone and E. F. Smith (2010), Audit Quality Indicators: A Status Update on Possible Public Disclosures and Insights from Audit Practice, *Current Issues in Auditing* 4 (1) : C12-C19.

Carcello, J.V. (2010), Suggested Priorities for the PCAOB: A Statement at the Inaugural Meeting of the PCAOB's Investor Advisory Group, *Current Issues in Auditing* 4 (2) : A1-A6.

Center for Audit Quality (CAQ) (2013), CAQ Provides Perspectives on Understanding Audit Quality to PCAOB ahead of SAG Meeting.

CAQ (2014a), Audit Committee Roundtable on Audit Quality Indicators Discussion Hightlights.

CAQ (2014b), The CAQ Approach to Audit Quality Indicators.

CAQ (2015), Re: PCAOB Release No. 2015-005, Rulemaking Docket Matter No. 041: Concept Release on Audit Quality Indicators 〈https://pcaobus.org/Rulemaking/Docket% 20041/018_CAQ.pdf (2017.08.01)〉.

CAQ (2016), New Report Highlights Efforts on Audit Quality Indicators and Explores the Path Ahead.

Fornelli, C. (2013), Expanding Roles and Responsibilities in Corporate Governance: Change for the Better.

Fornelli, C. (2014), Strengthening the Ecosystem for Audit Quality.

Fornelli, C. (2015), Center for Audit Quality Update: Focus on the Future.

Martin, R. D. (2013), Audit Quality Indicators: Audit Practice Meets Audit Research, *Current Issues in Auditing* 7 (2) : A17-A23.

Public Company Accounting Oversight Board (PCAOB) (2008), Standing

Advisory Group Meeting Discussion—Treasury Advisory Committee's Recommendation Relating to the Feasibility of Developing Key Indicators of Audit Quality and Effectiveness, October 22-23.

PCAOB (2012), Strategic Plan: Improving the Relevance and Quality of the Audit for the Protection and Benefit of Investors 2012-2016.

PCAOB (2013a), Standing Advisory Group Meeting Discussion-Audit Quality Indicators, May15-16.

PCAOB (2013b), Investor Advisory Group from October 16, 2013 Report from Working Group on Audit Quality Indicators.

PCAOB (2013c), Discussion-Audit Quality Indicators.

PCAOB (2013d), SAG Meeting from November14, 2013 Audit Quality Indicators Update.

PCAOB (2014a), SAG Meeting from June 24 - 25, 2014 Initiatives to Improve Audit Quality-Root Cause Analysis, Audit Quality Indicators, and Quality Control Standards.

PCAOB (2014b), SAG Meeting from June 24 - 25, 2014 Usage of Audit Quality Indicators.

PCAOB (2015a), Release No.2015-005 : Concept Release on Audit Quality Indicators, July 1st.

PCAOB (2015b), SAG Meeting from November12-13, 2015 Audit Quality Indicators Discussion Presentation.

PCAOB (2015c), SAG Meeting from November12-13, 2015 SAG Meeting Update on Audit Quality Indicators.

PCAOB (2015d), SAG Meeting from November12 -13, 2015 Summary of SAG Breakout Discussions.

The U.S. Department of the Treasury (2008), Final Report of the Advisory Committee on the Auditing Profession to the U.S. Department of the Treasury.

日本公認会計士協会監査基準委員会 (2015), 『監査基準委員会研究報告第4号　監査品質の枠組み』日本公認会計士協会。

第3章

各国における監査品質の指標（AQI）の提案

1 AQIに関する議論の概要

　高品質の監査は，適切な資本市場の運営に必要不可欠である。これは，かねてより十分認知されてきたため，高品質の監査を達成・維持するための取組みは，規制主体による制度設計や，実務における新たな監査手法の開発などを通じて，各国における資本市場の発展とともに続けられてきた。その一方で，2000年代後半ごろから，各国の規制主体らを中心として，監査の品質を測定しようとする取組みが活発となっている。世界金融危機を経験することで，監査の重要性に対して，これまで以上にスポット・ライトが当てられるようになったのである。このような流れのもと，AQIについて，場合によっては開示の要求も含めた提案が各国の規制主体等によって行われるようになってきた。本章では，これらAQIに関する提案について，代表的な取組みをその背景とともに検討する。

　本章で議論の対象とする取組みは，FEE[1]（2016）に依拠して選定した。FEE（2016）は，AQIの測定に対する取組みが各国で進行している状況に鑑み，9つの主要な主体から提案されている指標の異同を明らかにしている。本章では，FEE（2016）に基づき，第2章および本書全体を通じて詳しく議論されるPCAOBとCAQを除く7つの主体に，IAASBを加えた合計8つの主体について取り上げる。そして，英語の公表文書から情報が入手できる範囲で，指標の提案に至る背景等も含めて，提案されている指標の内容とその開示状況を説明する。また，指標間の比較可能性を考慮し，本章では，各主体において提案されている指標が，PCAOB（2015）によって提案された28の指標とどのように対応しているかが一覧できる表も提示する[2]。ただし，図表の簡略化のため，28の指標はカテゴリーを示すに留め，各指標の詳細を省略して番号のみを示す。そのため，各指標の詳細については，第4章から第6章の記述を参照してほしい。

1．現在，FEEは組織名称をヨーロッパ会計士連盟（Accountancy Europe）に変更している。

2 国際機関による提案

AQIの提案は,大きく国際的な機関によるものと,各国機関によるものに分けることができる。各国のものは,その国における実務や開示の要求に直結するのに対し,国際機関による議論は,各国の議論に大筋で影響を与えるような大きな枠組みを提供するものである。本節では,国際機関であるIAASBとIOSCOによるAQIの提案を検討する。

(1) IAASB

IAASBは,2011年1月にAQIを議論するための資料(Audit Quality: An IAASB Perspective)を公表した。その冒頭では,議長からのメッセージとして,世界金融危機後,信頼できる品質の高い財務情報の開示に注目が集められており,その流れで監査の品質の重要性も認識されるようになってきたという当時の背景が述べられている。また,監査の品質については,評価者の数だけ異なる定義があることを前提としたうえで,監査を取り巻く種々の利害関係者間で共有できるような監査の品質に関する認識(vision)を構築することの重要性が述べられている。この重要性に鑑み,IAASBは2011年から,国際的な監査品質の枠組みを構築するための取組みを公式に開始したのである[3]。その後,2013年1月に,AQIに関する1つの体系的な枠組み(A Framework for Audit Quality)のコンサルテーション・ペーパーを公表し,そのファイナル・ペーパーが2014年2月に公表された[4]。

2.FEE(2016, p.5)でも,代表的な15のAQIについて,各主体の提案内容が一覧できる表を作成している。ただし,本章ではPCAOB(2015)による28指標との対応関係をみていくため,FEE(2016)の作成している表とは必ずしも対応していない。また,各主体の提案内容とPCAOBによる指標との整合性については,内容が完全に一致していない場合でも,その属性の近似性から対応関係を捉えたものも少なくない。そのため,各表に示した指標間の対応関係については,著者の主観的判断が影響していることに留意してほしい。

3.なお,IAASBが監査品質の枠組みに関する議題を初めて取り上げたのは,2009年12月の会議である(https://www.iaasb.org/projects/audit-quality)。

4.このファイナル・ペーパーは2015年5月に日本で公表された監査基準委員会研究報告第4号「監査品質の枠組み」の基礎にもなっている。

■図表3-1　IAASB（2014）とPCAOB（2015）の対応関係

			業務レベル	事務所レベル
監査人	利用可能性	1	*	*
		2	*	*
		3	*	*
		4	*	*
		5	*	
	能力	6	*	
		7		
		8		
		9		
		10	*	*
	フォーカス	11		
		12		
監査プロセス	リーダーシップ	13		*
	動機	14		*
		15	*	
	独立性	16	*	
	インフラ	17		*
	監視と改善	18		*
		19	*	*
		20		
監査結果	財務諸表	21	*	
		22		
		23		
	内部統制	24		
	継続企業	25		
	コミュニケーション	26	*	
	執行と訴訟	27		
		28		

注）＊は定性的な情報が想定されていることを意味する。

IAASBによる監査品質の枠組みは，次の5つの項目(1)インプット，(2)プロセス，(3)アウトプット，(4)監査の利害関係者間の相互作用，(5)背景的要因で構成される。PCAOB（2015）がAQIについて，監査業務と監査事務所の2つのレベルごとに議論しているのに対し，IAASB（2014）は，その2つに加えて国レベルの議論も展開しており，これは，IAASBの国際機関という特徴に由来するものである。IAASB（2014）の特徴は，提案された指標が基本的に定性的な点にある。

　図表3-1はIAASB（2014）の提案とPCAOB（2015）の対応関係（IAASBの国レベルは除く）を示しており，PCAOB（2015）との重複は事務所よりも業務レベルの方が多いことがわかる。また，重複している項目が，業務と事務所レベルともに，監査人の利用可能性のところに比較的集中している。

(2) IOSCO

　IOSCOは，2009年9月にコンサルティング・レポート（Transparency of Firms that Audit Public Companies）を公表した。この文書の冒頭では，監査品質の向上のために監査事務所の透明性を高めることの重要性が議論されている。IOSCO（2009）は，各国で大手の監査事務所を中心に開示が進められている透明性報告書（transparency report）の開示を中心に議論しているが，開示対象の1つとしてAQIを挙げている[5]。そして，透明性報告書における記述的（ナラティブ）な説明は主観的になりがちであるため，客観的に測定可能である定量的指標をあわせて提供することによって，投資家やその他の利害関係者が監査の品質を評価しやすくなることが指摘されている。具体的に挙げられているAQIは，インプット指標とアウトプット指標の2つに分けられ，(1)経験・適格性・専門的リソース，(2)作業負担，(3)レバレッジ（経験豊富な専門員の割合）（以上がインプット指標），(4)報酬の情報，(5)独立性の問題，(6)執行行為と法的問題，(7)修

5．IOSCO（2009）では，当時，European Union（EU）の2006年法定監査指令によって透明性報告書の開示が求められ始めていることなどを背景として述べている。

正再表示と検査結果，(8)クライアントの受入と解約（以上がアウトプット指標）によって構成されている。

その後，IOSCOは2010年1月までで締め切られた上記コンサルティング・レポートに対するコメントの要約を同年10月に公表し，2015年11月にそのファイナル・レポートを公表した。ファイナル・レポートでは，コンサルティング・レポートに比べてAQIに関する記述が限定的になっている。具体的には，定量的指標について，インプット指標とアウトプット指標を例示的に示すに留めている。また，こういった指標の開示については，その機密性や規制の枠組み等によって異なる対応が必要であることが注記で書かれており，AQIの公的な開示に関する慎重な姿勢がうかがえる。

図表3-2は，IOSCO（2015）とPCAOB（2015）の対応関係を示している。IOSCO（2015）で記述があるのは透明性報告書に記載すべき項目であるため，PCAOBと対応関係があるのは，事務所レベルの指標のみである。PCAOB（2015）との重複は，監査人と監査プロセスに限られており，監査の結果については重複がないことに特徴がある。

また，IOSCOによる活動と関連する資料として，監査監督機関国際フォーラム（International Forum of Independent Audit Regulators）による公表資料がある。これは，2017年4月に公表されたもので，IOSCOが2016年に実施したサーベイ調査の結果を基礎とし，監査委員会と監査の品質の関係について，各国の状況と今後の課題を要約した資料である[6]。この資料では，監査委員会が（外部）監査の品質を高めるために備えておくべき属性（専門知識など）などが中心に議論されているが，監査委員会の立場から，どのような視点で監査の品質が分析されているかについても要約的に示されている。たとえば，監査の品質を評価する際に監査委員会が考慮すべき3つの項目として，(1)能力，特徴（character）および知識，(2)心構えと文化（mindset and culture），および(3)品質管理が挙げられている。

6．これは，IOSCOの監査品質タスク・フォースによって実施されたサーベイ調査であり，公開会社に対する監査および監査プロセスに対する監査委員会の監視（oversight）に関する加盟各国の最新の状況がまとめられている。

■図表3-2　IOSCO（2015）とPCAOB（2015）の対応関係

			業務レベル	事務所レベル
監査人	利用可能性	1		
		2		＊
		3		＊
		4		
		5		
	能力	6		○
		7		○
		8		
		9		
		10		＊
	フォーカス	11		
		12		
監査プロセス	リーダーシップ	13		＊
	動機	14		＊
		15		
	独立性	16		＊
	インフラ	17		
	監視と改善	18		＊
		19		○
		20		
監査結果	財務諸表	21		
		22		
		23		
	内部統制	24		
	継続企業	25		
	コミュニケーション	26		
	執行と訴訟	27		
		28		

注）＊は定性的な情報が想定されていることを意味する。

3 各国主体による議論

本節では、AQIに関する具体的な取組みのあるいくつかの国について、その背景や指標の特徴、開示状況や最新状況を個別にみていく。特に欧州連合（European Union: EU）加盟国については、2006年の法定監査指令（2006/43/EC）によって透明性報告書の開示が求められている[7]。そのため、AQIに関連する情報が透明性報告書で開示されることを前提に、そのガイダンスや制度の整備が進められてきた国もある。たとえば、英国やオランダでは、透明性報告書における開示事項についての規定を制定するとともに、AQIについても、その考え方や開示すべき指標を具体的に例示するための別の資料を公表することで、AQIに関する開示を促進している。以下では、公表資料から把握できる範囲で、AQIに関する取組みがより早期から行われていた国から、順を追って説明していく。

(1) 英国

英国におけるAQIの議論は、FRC[8]が2006年11月にディスカッション・ペーパー（Promoting Audit Quality）を公表するところから端を発している。FRC（2006）によれば、現行制度を所与としたうえで、監査の品質を維持または促進するための適切な取組みがなされているかどうか、もしなされていなければ、なにをすべきか、あるいはできるかについての議論を求めて、当該ディスカッション・ペーパーが公表されたという。その背景には、大規模な会計不正や大手監査事務所の崩壊などを受けて、財務報告の信頼性や監査プロセスの有効性に対して、かつてないほどの厳しい目が向けられたというアメリカの状況がある。英国は、このアメリカの状況から、監査制度に対するインプリケーションを学び取ろうとしたのであ

---

7. 現在、EU加盟国内では、2014年の法定監査指令が有効である。
8. FRCは、英国の行政機関であるDepartment for Business, Energy and Industrial Strategy（BEIS）から委任を受けた監査の規制主体であり、その他の政府機関等とは協調しながらも、独立した組織構造を有している（https://www.frc.org.uk/Our-Work/FAQs.aspx）。

る。その一方で,英国ではこれまで監査の品質向上のためにさまざまな取組みが行われており,FRCは,圧倒的多くの会計プロフェッショナルの仕事ぶりに誇りをもっていることも述べられている。しかし,それでも会計不正はなくならないという現状に取り組まなければならないということが,FRCによってAQIに関する議論が始められた契機となったのである。

その後,FRCが2008年2月に資料（The Audit Quality Framework）を公表し,英国ではこれに基づいて,監査事務所によるAQIに関する開示が始まった。FRC（2008）で特定されているAQIは大きく5つに区分され,定性的な情報が多くを占めている。具体的には,(1)監査事務所における文化,(2)監査パートナーおよびスタッフの知識と資質,(3)監査プロセスの効率性,(4)監査報告の信頼性と有用性,(5)監査人にとって統制外の要因である。ただしその実態は,大手6事務所によって組織されたPolicy and Reputation Group（PRG）に牽引される形で,AQIに関する開示項目の調整などが進められており,開示項目の選択も含めAQIの開示は任意ベースで行われている（FEE, 2016）。なお,AQIを開示する媒体としてFRC（2008）は,法定監査指令によって公表が求められる透明性報告書を想定している。

FRCが2015年に公表した透明性報告書の開示実態に関する報告書（FRC, 2015）によれば,その時点では,PRGによって決定された品質指標の開示項目に基づき,情報が開示されているという。具体的には,(1)外部からの調査,(2)内部および外部の監査品質のモニタリング,(3)監査実務と専門要員に対する投資,(4)投資家との連絡（liaison）,および(5)スタッフのサーベイの5つである[9]。

図表3-3は,FRC（2008; 2015）によって特定された項目とPCAOB（2015）の対応関係である。英国における監査品質指標の開示は透明性報告書で行われるため,PCAOBと対応関係があるのは,事務所レベルの指標のみである。PCAOB（2015）との重複は,監査人と監査プロセスが中

---

9. これら5つの項目について,FRC（2015）ではその詳細な開示内容までは明らかではないが,項目の内容から想定される開示情報に基づき,図表3-3を作成している。

■図表3-3 FRC(2008)とPCAOB(2015)の対応関係

			業務レベル	事務所レベル
監査人	利用可能性	1		
		2		＊
		3		＊
		4		＊
		5		
	能力	6		＊
		7		
		8		
		9		
		10		＊
	フォーカス	11		
		12		
監査プロセス	リーダーシップ	13		
	動機	14		＊
		15		
	独立性	16		
	インフラ	17		
	監視と改善	18		＊
		19		＊
		20		
監査結果	財務諸表	21		
		22		
		23		
	内部統制	24		
	継続企業	25		
	コミュニケーション	26		＊
	執行と訴訟	27		
		28		

注）＊は定性的な情報が想定されていることを意味する。

心である。

　また，2015年5月には，監査委員会が監査の品質を評価するための指針を提供するための資料をFRCが公表している。AQIの開示だけでなく，その利用方法に関する指針の開示も進んでいるのが英国の特徴である。

(2) スイス

　スイスでは，FAOA[10]が，監査の品質評価を目的として，2009年から大手4事務所のデータを集めて分析が行われてきた。2009年版以後，FAOAが発行する年次の活動報告書[11]（Activity Report）において，スイスにおける監査市場全体に関するAQIの分析結果が公表されている。収集するデータは，国際品質管理基準（ISQC）第1号に依拠して特定しており，2009年版時点では，監査パートナー1人当たりの収益，スタッフに対する監査パートナーの割合，職位ごとの年間平均研修時間，内部評価における外国人の雇用状況について，その具体的な比率情報が開示されている（FAOA, 2010）。2010年版以降は，前年，あるいは複数の過年度との数値比較という形で開示形態が整備され，開示項目も増加傾向にある。2011年版からは，データを収集する事務所の数が5つとなり，その状況が現在も続いている。また，近年の傾向としては，2014年版で開示される指標が見直され，監査時間などの開示項目が増えた。そして，2015および2016年版にはこれらのデータについて細分化された情報の開示が進んでいる。

　図表3-4は，FAOA（2017）とPCAOB（2015）の対応関係である。スイスでは，事務所ベースではなく，市場全体ベースでの開示であるため，他国とは報告レベルが異なる。情報の属性としては，各指標の最小値と最大値の情報が開示されるという定量的な情報が主で，それぞれに対して説明が加えられるというスタイルである。

---

10. FAOAは，The Federal Act on the Licensing and Oversight of Auditorsのもとで，スイスにおいて会計士の資格制度と法定監査を行う監査事務所の管理を行い，公開会社に対して法定監査を行う監査事務所を監督するための組織である（https://www.ifac.org/about-ifac/membership/country/switzerland）。

11. FAOAの活動報告書は，会計士の資格制度，法定監査を行う会計士および監査事務所の登録制度を管理・維持する組織としての活動内容等がまとめられている。年ごとに全体の記述内容は異なるが，2009年以降継続して記載されているAQIに関連する情報は，FAOAによる監視活動に関する報告の一部として扱われている（ただし，2015年以降は「監視活動」ではなく「財務諸表監査」というカテゴリーに変わっている）。

■ 図表3-4　FAOA (2017) とPCAOB (2015) の対応関係

			業務・事務所レベル	市場レベル
監査人	利用可能性	1		○
		2		△*1
		3		△*1
		4		
		5		
	能力	6		
		7		
		8		○
		9		○
		10		
	フォーカス	11		
		12		
監査プロセス	リーダーシップ	13		
	動機	14		
		15		
	独立性	16		
	インフラ	17		
	監視と改善	18		△*2
		19		
		20		
監査結果	財務諸表	21		
		22		
		23		
	内部統制	24		
	継続企業	25		
	コミュニケーション	26		
	執行と訴訟	27		
		28		

注）*1：職位別の情報はない，*2：品質管理にかけた時間のみの開示

　スイスでは，AQIの情報がFAOAによって監視活動の一部として報告されていることに鑑みると，AQIに関する利用実態は，FAOAによる国内監査事務所の統制活動において役立てられていることがわかる。つまり，事務所レベルのAQIは，一般に開示されるという形態ではなく，規制主

体に報告するという形で利用されているのがスイスの特徴である。また，各年の報告書で定量情報を時系列で一覧することで，監査事務所における環境整備の発展状況なども含めた考察がなされている。

(3) オーストラリア

オーストラリアでは，2012年の会社法（Corporation Act 2001）の改訂により，上場企業など一定の要件を満たす企業を10社以上監査している監査事務所は透明性報告書を開示しなければならなくなった[12]。そして，透明性報告書において記載が求められる内容は，オーストラリア証券投資委員会（Australia Securities and Investments Commission: ASIC）によってリスト化されている[13]。

このような制度的背景のもと，CAANZ[14]は，当該制度適用の2年目に該当する2014年に各事務所から開示された透明性報告書の評価を行い，その結果（CAANZ, 2015）を公表した。また，CAANZ（2015）では，補足情報として，ASICが求める透明性報告書における要記載情報と，それ以外で，透明性報告書に記載することが可能な情報のリストが付されている。これらの情報をもとに，CAANZ（2015）とPCAOB（2015）の対応関係を示したのが図表3-5である。CAANZ（2015）では，透明性報告書に記載しなければならない情報と，記載が例示されている情報の2種類の情報について言及があるため，それを識別できる形で図表を作成している。

図表3-5から，CAANZ（2015）とPCAOB（2015）の重複が少ないことがわかる。また，オーストラリアの監査事務所による透明性報告書における記載内容は定性的なものが主であるため，それらを抜粋したCAANZ（2015）における評価も文章による説明的なものが多い。このように，オ

---

12. 会社法の第332項における規定によるものである。
13. 詳細については，ASICの下記ウェブサイトに掲載されている（http://asic.gov.au/regulatory-resources/financial-reporting-and-audit/auditors/audit-transparency-reports/#table-1）。
14. CAANZは，組織としてはニュージーランドも含む会計士協会であるが，CAANZ（2015）は，オーストラリアの会社法のもとで作成された透明性報告書のみが分析の対象となっている。

■図表3-5　CAANZ（2015）とPCAOB（2015）の対応関係

			業務レベル	事務所レベル
監査人	利用可能性	1		△
		2		
		3		
		4		
		5		
	能力	6		△
		7		
		8		
		9		
		10		＊
	フォーカス	11		
		12		
監査プロセス	リーダーシップ	13		
	動機	14		＊
		15		
	独立性	16		○
	インフラ	17		
	監視と改善	18		
		19		△
		20		
監査結果	財務諸表	21		
		22		
		23		
	内部統制	24		
	継続企業	25		
	コミュニケーション	26		
	執行と訴訟	27		
		28		

注）＊は定性的な情報が想定されていること，△は例示されたものをそれぞれ意味する。

ーストラリアでは，透明性報告書における項目として，AQIに関連する情報が開示されることがあるという程度で，AQIの開示に関する議論はあまり進んでいないようである。

(4) オランダ

　オランダでは，NBA[15]が2014年9月に資料（In the Public Interest—Summary and Measures—）を公表し，オランダにおける監査の品質と独立性を向上させるための取組みの1つとして，AQIの開示に言及している。その背景として，監査の品質は重要であるが，利用者から評価するのはむずかしいという特徴が述べられている。そして，監査事務所では品質管理目的などで，複数の側面から監査の品質を定量的に測定しているはずであり，そういった情報は，利用者にとっても有用であるという前提が示されている。

　その後，NBAはPublic Interest Entities（PIEs）の監査を行う監査事務所を対象としたAQIの開示を促進するため，2015年に公開草案を開示し，2016年3月に確定した（Disclosure of Audit Quality Factors）。指標は大きく，(1)インプット，(2)プロセス，(3)アウトプットに分けられており，個々の指標は定量的なものが中心であるが，定性的な説明を加えることも要求されている。また，NBA（2016）は，その主題（subject）が「透明性報告書における品質指標の説明」であることから，法定監査指令によって開示が求められる透明性報告書において提示すべき内容のうち，特に品質指標について，その情報の詳細を明示することを目的として公表されたものと考えられる。

　図表3-6は，NBA（2016）とPCAOB（2015）の対応関係である。英国・オーストラリアと同様，透明性報告書における開示が想定されているため，PCAOBと対応関係があるのは，事務所レベルの指標のみである。PCAOB（2015）との重複は，監査人と監査プロセスに限られ，NBA（2016）で示されたアウトプットの指標が，PCAOB（2015）による監査結果（audit results）に対応していないことがわかる。

---

15. NBAはオランダにおける会計士の専門機関である（https://www.nba.nl/Over-de-NBA/English/English/）。オランダでは事実上，NBAが監査基準の策定，国際監査基準の翻訳などの業務を行っており，公開会社などの監査を実施する監査事務所に関する監督はNetherlands Authority for the Financial Markets（AFM）によって行われ，オランダで監査を実施するためには，会計士個人のNBA登録と，事務所のAFMによるライセンスの取得が必要である（https://www.ifac.org/about-ifac/membership/country/netherlands）。

■図表3-6　NBA（2016）とPCAOB（2015）の対応関係

			業務レベル	事務所レベル
監査人	利用可能性	1		○
		2		○
		3		
		4		○
		5		○
	能力	6		
		7		
		8		○
		9		
		10		○
	フォーカス	11		
		12		
監査プロセス	リーダーシップ	13		○
	動機	14		
		15		
	独立性	16		○
	インフラ	17		○
	監視と改善	18		○
		19		○
		20		
監査結果	財務諸表	21		
		22		
		23		
	内部統制	24		
	継続企業	25		
	コミュニケーション	26		
	執行と訴訟	27		
		28		

(5) カナダ

　カナダにおけるAQIに関する取組みは，CPAB[16]が2014年11月に公表した資料（Audit Quality Indicators: In Search of the Right Measures）が始まりである。この文書では，諸外国の動向を簡単に解説するとともに，可能性のあるAQIが示されている程度であり，AQIの開示に関する議論の頭出しのために公表されたものであると考えられる。CPAB（2014）では，AQIの開示は監査委員会等による監査の品質評価に役立つだけでなく，監査事務所側がどれほど監査の品質に注力しているのかを公表するためにも有用であると述べられている。また，カナダではこの文書が開示された同時期に，監査の品質に関するシンポジウムも開催されている。

　その後，2016年3月にCPAB（2016）が公表され，そこでは，AQIと透明性報告書についてCPAB（2014）よりもやや詳細な記述がなされている。ただし，CPAB（2016）は監査事務所に対してAQIの開示や透明性報告書の開示を強制的に求めるようなものではなく，財務諸表監査におけるプロセスの透明性を高めるための方法として，他国の状況も踏まえながらその効果を周知するための文書であった。この文書で挙げられている潜在的指標は，その属性をもとに(1)（専門要員等の）利用可能性，(2)適格性，(3)監査時間[17]，(4)モニタリングと改善に区分されている。各区分に関連付けられた具体的な指標には，業務レベルと事務所レベル両方のものが含まれており，基本的に定量的な指標が提示されている。

　さらに，カナダでは2016年に一部の企業とその監査委員会に対してAQIの開示に関するパイロット・テストが実施されており[18]，2017年2月に中

---

16. CPABは，公共の利益を保護することを目的としたカナダにおける監査の規制当局であり，監査の監督や品質に関する適時的な情報源としても機能している（http://www.cpab-ccrc.ca/en/About/Pages/default.aspx）。
17. CPAB（2016）では，フォーカス（focus）という用語が用いられているが，具体的な指標は監査時間であるため，明瞭性の観点からここでは「監査時間」という用語を用いた。
18. パイロット・テストでは，2016年2月に参加企業が公募され，Air Canadaなどの6社が参加している。各企業の監査委員会と（外部監査を行う）監査事務所が協力し，AQIの有用性に関するフィードバックをCPABに提供するという形である。

■ 図表3-7　CPAB (2017) とPCAOB (2015) の対応関係

			業務レベル	事務所レベル
監査人	利用可能性	1	○	
		2	△*1	
		3	△*1	
		4		
	能力	5	○	
		6	○	
		7		
		8	○	
		9	○	
		10	○	
	フォーカス	11	○	
		12	○	
監査プロセス	リーダーシップ	13		
	動機	14		
		15		
	独立性	16	△*2	
	インフラ	17		
	監視と改善	18	○	
		19	○	
		20		
監査結果	財務諸表	21		
		22		
		23		
	内部統制	24		
	継続企業	25		
	コミュニケーション	26	○	
	執行と訴訟	27		
		28		

注）*1：職位別の情報はない，*2：具体的な情報の内容は不明

間報告が公表されている（CPAB, 2017）。このパイロット・テストでは，参加企業が5-10の指標を任意で選択するが，指標の選択には，各企業が行っている事業の特徴や監査上の論点などを考慮することが求められている。

参加企業数は6社で，これらの企業は最小で6，最大で10の指標を選択し，全体では次の5つのカテゴリーに含まれる17の指標が選ばれている。すなわち，(1)監査の実施，(2)事務所レベルの指標（metrics），(3)経営者の指標（indicators），(4)業務チーム，(5)クライアント・サービスの指標である。カナダにおける議論では，経営者に関連する指標がAQIに含めて議論されていることに特徴がある。このカテゴリーには，たとえば内部統制における不備について，監査委員会または監査人に対する報告の適時性が指標として挙げられており，監査そのものに関連する指標という色合いは薄い。図表3-7は，CPAB（2017）で示された具体的な指標とPCAOB（2015）との対応関係である。

CPAB（2017）とPCAOB（2015）は，監査人の項目について重複が多く，監査結果についてはほとんど重複がない。パイロット・テストのラウンド・テーブルでの議論によると，参加企業は，これらの指標を開示することによる便益の1つとして，経営者・監査委員会・監査人がそれぞれ，財務諸表監査を実施する過程における各主体の役割と監査の品質に対する責任について，よりよい理解を与えることになる点を挙げたという。

(6) シンガポール

シンガポールでは，ACRA[19]が2015年10月14日に財務報告の品質向上のためのAQIディスクロージャーの枠組み（Audit Quality Indicators Disclosure Framework）を公表した（ACRA, 2015）。ACRAの執行責任者であるYap氏のスピーチによれば，この枠組みは，入札時に大手4監査事務所が自主的に適用するもので，事務所レベルと業務レベルの両方に関して8つの指標を提示している。これにより，監査委員会が監査チームの品質を識別するのに役立てることが期待されている（Yap, 2015）。なお，ACRAは，その主たる活動として，財務報告の品質を高めることに注力

---

19. ACRAは，企業，公認会計士，企業向けにサービスを行う主体に対する監督機関であり，これらの主体の発展を支援する役割も担っている（https://www.acra.gov.sg/about_Acra/）。

しているため[20]，ACRAがAQIディスクロージャーの枠組みを公表したのも，その取組みの一環であると考えられる。

　AQIディスクロージャーの枠組みにおいて規定された8つの指標は，簡潔に示すと次のようである。すなわち，(1)監査時間，(2)経験，(3)研修，(4)検査（inspection），(5)独立性，(6)品質管理，(7)スタッフの監督，(8)離職率である。ACRAは，2004年から継続してきた検査の結果をもとに，監査事務所や企業の監査委員会らと意見交換を重ねたうえで，開示すべき項目を8つに決定したという[21]。これらの項目は基本的に定量的なものであるが，必要に応じて定性的情報を提供することも求められている。情報開示のレベルは，業務レベルか事務所レベルのいずれか，またはその両方である。図表3-8に，ACRA（2015）とPCAOB（2015）の対応関係を示している。

　これまで検討してきた主体の多くが，カナダを除き事務所レベルでの開示を中心に規定していたのに対し，ACRA（2015）はその内容によって，業務レベルの開示も充実している点に特徴がある。一方，PCAOB（2015）との重複が監査人と監査プロセスに集中していることは，ほかの主体の特徴と似通っている。

　ACRAによるこの監査品質の枠組みは，2016年1月1日からの自主的適用という形で運用されている。また，ACRAは各指標に関する監査委員会の利用に関するガイダンス，監査事務所に対する情報作成のガイダンスもそれぞれ公表している。

---

20. その取組みの例として，ACRAは上場企業の財務諸表が会計基準に準拠して適正に作成されているかをレビューする活動（Financial Reporting Surveillance Program: FRSP）を実施しているが，Yap氏のスピーチでは，2014年にはFRSPの実効性を高めるための取組みを行ったことが述べられている。また，FRSPを実施する過程で，会計に関する理解が不足している会社役員がいることが判明し，それらの役員を教育するためのプログラムを開始すべく取組み始めていることにも触れられていた（http://www.sgx.com/wps/portal/sgxweb/home/marketinfo/market_statistics）。
21. シンガポールにおけるAQIディスクロージャーの枠組みに関するここでの記述は，監査委員会による評価のための資料として公表されたACRA and CPA Australia(2015)も参考にしている。

■図表3-8 ACRA(2015)とPCAOB(2015)の対応関係

			業務レベル	事務所レベル
監査人	利用可能性	1		○
		2	○	
		3	△	
		4		
		5		
	能力	6	○	
		7	○	
		8		○
		9		
		10	○	○
	フォーカス	11		
		12		
監査プロセス	リーダーシップ	13		
	動機	14		
		15		
	独立性	16	○	○
	インフラ	17		
	監視と改善	18	○	○
		19	○	○
		20		
監査結果	財務諸表	21		
		22		
		23		
	内部統制	24		
	継続企業	25		
	コミュニケーション	26		
	執行と訴訟	27		
		28		

注) △:マネージャー・レベルの開示のみ

4 AQIに関する議論のまとめ

　本章では，国際的な機関と各国機関によるAQIに関する提案について，その背景や制度の整備状況，PCAOB（2015）による提案との異同等を検討した。国際的機関では，各国で制度が整備される際の参照情報として有用となるような概念整理が進められており，各国機関では，異なる指標／レベルの開示が想定されていることがわかった。より具体的には，AQIが公表される媒体として透明性報告書が想定されている場合には，事務所レベルでの指標の開示について規定が置かれる傾向にあり，企業単位での開示を念頭におく場合には業務レベルでの開示にも議論が及んでいる。

　このように，各主体によってさまざまなアプローチで取組みがなされており，PCAOB（2015）との比較表からもわかるように，各主体の提案しているAQIはそれぞれ異なっている。指標のなかには，研修時間に関する指標のように，多くの主体から支持を受けているものもある反面，PCAOB（2015）による提案で「監査結果」の属性をもつ指標のように，ほかの主体ではほとんど言及されていないものもある。各国の個別事情に即して開示情報は決定されるため，こういった差異が存在することを問題視する必要はないと思われる。しかし，AQIに関する開示の議論は，今後，日本も含めた世界各国に広がり，発展していくことが予想される。その過程で，AQIの開示制度がどのような形で整備され，発展，あるいは収斂されていくのかは，国際的な監査制度の整備という意味で，注視していくべき重要な論点であろう。

〈参考文献〉

ACRA (Accounting and Corporate Regulatory Authority) (2015), Groundbreaking Audit Quality Indicators Framework to Raise Quality of Financial Reporting in Singapore, October14th.

ACRA and CPA Australia (2015), Deepening the Audit Quality Conversation.

Canadian Public Accountability Board (CPAB) (2014), Audit Quality Indicators: In Search of the Right Measures, November.

CPAB (2016), Transparency into the Audit - Audit Quality Indicators and Transparency Reporting, March.

CPAB (2017), 2016 Audit Quality Indicators Pilot Project Interim Report, February 23rd.

Chartered Accountants of Australia and New Zealand (CAANZ) (2015), Clearer Transparency, June.

Federal Audit Oversight Authority (FAOA) (2010), Activity Report 2009, February.

FAOA (2011), Activity Report 2010, February.

FAOA (2012), Activity Report 2011, February.

FAOA (2013), Activity Report 2012, February.

FAOA (2014), Activity Report 2013, February.

FAOA (2015), Activity Report 2014, February.

FAOA (2016), Activity Report 2015, February.

FAOA (2017), Activity Report 2016, February.

Federation of European Accountants (FEE) (2016), Overview of Audit Quality Indicators Initiatives, Update to December 2015 Edition, July.

Financial Reporting Council (FRC) (2006), Promoting Audit Quality (Discussion Paper), November.

FRC (2008), The Audit Quality Framework, February.

FRC (2015), Transparency Reporting by Auditors of Public Interest Entities, Review of Mandatory Reports, March.

International Auditing and Assurance Standards Board (IAASB) (2011), Audit Quality -An IAASB Perspective-, IAASB.

IAASB (2013), A Framework for Audit Quality (Consultation Paper), January 2011.

IAASB (2014), A Framework for Audit Quality, Key Elements that Create an

Environment for Audit Quality, February.

International Forum of Independent Audit Regulators (2017), Audit Committees and Audit Quality: Trends and Possible Areas for Further Consideration, April 7th.

International Organization of Securities Commissions (IOSCO)(2009), Transparency of Firms that Audit Public Companies, Consultation Report, September.

IOSCO (2010), Comments Received in Response to Consultation Report on Issue Pertaining to the Audit of Publicly Listed Companies, February.

IOSCO (2015), Transparency of Firms that Audit Public Companies, Final Report, November.

IOSCO (2016), Survey Report on Audit Committee Oversight of Auditors, May.

Nederlandse Beroepsorganisatie van Accountants (NBA) (2014), In the Public Interest—Summary and Measures—.

NBA (2016), Disclosure of Audit Quality Factors (NBA Practice Note1135), March 4th.

Public Company Accounting Oversight Board (PCAOB) (2015), Release No. 2015-005: Concept release on audit quality indicators, July 1st.

Yap, Kenneth (2016), Keynote address at the CPA Australia Congress 2015, October 14th.

第4章

監査品質の指標(AQI)の検討(1)
監査人

⓪ 本書での検討事項について

　本書では，アメリカのPCAOBがPCAOB（2015a）において提案している28のAQIを，1つずつ検討していく。

　第1章および第2章で述べたように，AQIは，PCAOBが単なる思いつきで提案してきたものではない。これらの指標の多くには，学術的な先行研究や各種の調査があり，PCAOBは，それらを踏まえて一定の検討プロセスを経て，28の指標を厳選して提案しているのである。さらに，第1章でも触れたように，今後，フィードバック等の結果を踏まえて指標を絞り込むことが表明されている。

　本書では，かかるAQIの背景に鑑みて，各指標の検討を行っていくこととした。検討に当たっては，できる限り各AQIの内容に関して研究上の実績または知見を有する担当者に割り当てることとした。また，各担当者間で検討内容に大きな差異が生じないように，共通の枠組みとして，以下の事項を設定した。

(1)　PCAOBおよびCAQの提案

　本項では，まず，PCAOB（2015a）の提案内容を整理する。同時に，CAQ（2014）における提案内容との比較を行っている。

　また，第3章で検討したFEE（2016）において同様の指標に関する記載があれば，本項または(3)の「制度等」において取り上げることとした。

(2)　先行研究・調査

　本項では，先行研究や先行調査の渉猟を行い，整理している。紙幅の関係から，先行研究等の方法や結果までも述べることはできないが，当該指標が，利用されている研究はできるかぎり取り上げることを目指している[1]。

1．なお，本書の執筆メンバーにとって，こうしたアプローチは，決して目新しいものではない。かつて，監査研究学会の課題別研究部会として設置された「実証的監査理論の構築」部会の成果として，すでに刊行されている伊豫田ほか（2012）において，同様のアプローチにより，独立性をテーマとした先行研究を渉猟し，いわゆる「研究の棚卸」をしたことがあるからである。本書での検討は，同部会での研究の経験が基礎となり，大いに役立っていることを付言しておきたい。

また，単に海外の実証研究だけではなく，わが国における研究も取り上げている。また，実証研究に限らず，各種調査や，関連性がある限りにおいて制度的な研究についても，カバーするようにしている。

なお，先行研究・調査等の渉猟の時点は，原則として2017年6月末までである。

(3) 制度等

本項では，当該AQIに関連する制度について言及している。PCAOBの提案の背景となっているアメリカはもちろんのこと，わが国の制度との関連についてもカバーしている。

また，本項についても同様に，FEE（2016）を参考に諸外国においてすでに制度として実施している場合には言及するようにしている。

(4) AQIとしての課題

最後に，上記の3項目を踏まえて，当該AQIを実際に開示または適用する場合の課題について論じている。この部分については，執筆者の個人的見解が含まれるものと解されるが，各原稿は，本書の執筆者全員での検討を経ていることから，他のメンバーからの知見等も反映されているものと思われる。

また，あわせて，PCAOB（2015b）に示されている，コンセプト・リリースに対するフィードバックや会議での議論の内容等についても，適宜，言及することとしている。

次節からは，各AQIを順次，以上の項目について論じていく。なお，PCAOB（2015a）の提案するAQIのほかに，英国において，監査報告書において開示が制度化されている「重要性（Materiality）」についても，補足的に取り上げている。したがって，本章で取り上げるAQIは，全部で29項目ということになる。

なお，各節の参考文献は，それぞれのAQIに関連するものであるが，上記のような共通の検討枠組みを設けたことから，PCAOB（2015a；2015b），CAQ（2014），およびFEE（2016）については，煩雑さを避ける

ため,各節の参考文献欄に掲載せずに引用している。

〈参考文献〉

Center for Audit Quality (CAQ) (2014), *CAQ approach to audit quality indicators*, April.

Federation of European Accountants (FEE) (2016), *Overview of Audit Quality Indicators Initiatives*, Information Paper: Update to December 2015 edition, July.

Public Company Accounting Oversight Board (PCAOB) (2015a), Release No. 2015-005: Concept release on audit quality indicators, July1st.

PCAOB (2015b), Standing advisory group meeting, Audit quality indicators - Update and discussion, November 12-13.

伊豫田隆俊・松本祥尚・浅野信博・林隆敏・町田祥弘・髙田知実 (2012),『実証的監査理論の構築』(日本監査研究学会リサーチ・シリーズⅨ) 同文舘出版。

1 スタッフの比率
AQI 1：Staffing Leverage

(1) PCAOBおよびCAQの提案

　PCAOB（2015a）において，スタッフの比率は「監査人」の「（人的リソースの）利用可能性」のカテゴリーに含まれている1つ目の指標である。この指標は，業務執行パートナー（以下，パートナーという）やマネージャーといった上位ランクの監査チームメンバーが，下位メンバーを適切に管理・監督することの重要性から考案されたものである。下位メンバーを適切に管理するためには，上位パートナーがその作業に十分な時間を割く必要がある。スタッフの仕事内容や監査上の判断について，管理や評価が必要となるからである。

　具体的な測定指標は以下のとおりである。まず，監査業務レベルでは，①パートナー以外の監査チームメンバーのチャージ時間に対するパートナーのチャージ時間の割合，②マネージャーのチャージ時間に対するパートナーのチャージ時間の割合，および③マネージャーよりも下位レベルに位置するスタッフのチャージ時間に対するマネージャーのチャージ時間の割合である。次に，監査事務所レベルでは，①パートナー以外のチャージ時間に対するパートナーのチャージ時間の割合，②マネージャーのチャージ時間に対するパートナーのチャージ時間の割合，および③マネージャーよりも下位レベルに位置するスタッフのチャージ時間に対するマネージャーのチャージ時間の割合，の3つを事務所全体レベルで把握することが想定されている。

　CAQ（2014）では，監査時間の水準に関する指標は提起されているが，ここで議論している比率に関する指標についての言及はない。一方，FEE（2016）では，「パートナー1人当たりのスタッフの比率」という形で言及があり，PCAOB（2015a）が前提としているような監査時間に基づく指標ではなく，人数としての比率に着目した名称で関連する指標について言

及がある。

(2) 先行研究・調査

　上述した具体的な指標のうち，監査業務レベルの3つの指標と同等の属性をあわせもった指標を用いている研究として福川 (2012)[2]がある。福川 (2012, p.49, 仮説I-④) は，「監査クライアントのリスクが高いと評価された場合，監査人は，より経験豊富で高い専門能力を有する補助者に手続きを実施させることを計画する」という仮説を設定し，監査時間合計に対するパートナーとマネージャーの監査時間の割合と，さまざまなリスク要因との関係を分析している[3]。具体的な分析手法は，日本のある監査事務所によって2001年と2002年に実施された財務諸表監査について，各監査の担当者に対して質問票への回答を求めることでサンプルを収集しており，非公開データに基づいている。福川 (2012) の分析主眼は監査の計画段階における人材と時間の配分にあるため，実際のチャージ時間ではなく，計画段階のものが対象となっていることに注意が必要であるが，スタッフの比率を左右する決定要因を分析した重要な先行研究である。具体的な福川 (2012) の分析は，リスクの水準を用いた場合とその変化を用いた場合の2とおりが実施されている。そして，両方のモデルで統計的な有意性が観察された関係は，企業の収益性が悪化した場合に，スタッフの比率が向上する（つまり，パートナーとマネージャーの監査時間を増大させる）というものであった。この結果は，クライアントの収益性に応じて，監査チーム内で適切な時間配分が行われていることを示唆している。

2．福川 (2012) は基本的にFukukawa et al. (2006) を要約したものである。また，同研究の研究目的はスタッフの比率に限定したものではなく，リスク評価と監査計画の全体像を明らかにすることにある。そのため，福川 (2012) における分析は多岐にわたるが，ここでは「スタッフの比率」に関連する部分のみを参照していることに注意されたい。

3．財務諸表全体に関するリスクと売掛金勘定に関するリスクという2つの大きな分類があり，それぞれに関連する詳細なリスク要因が分析されている。たとえば，財務諸表全体に関するリスク要因として，産業・規制等の外部要因である産業の成長や衰退，事業活動の性質である上場と非上場の区分などを用いている。ただし，用いられているリスク要因の変数が極めて多いため，検証のための（従属）変数ごとに，ステップワイズ法を適用し，最終的な変数の数が絞られた状態で結果が提示されている。

ほかにも，関連する研究としてNagy et al.（2017）がある。Nagy et al.（2017）は，アメリカの地方事務所ごとに測定される報酬の受領額全体に比した会計士の有資格者の割合を測定し，この値が高いほど人的資源が充実していることを示すと捉えている。そして，当該指標が高いほど，監査の品質が高い（修正再表示の頻度が低い，利益調整が抑止されている）ことを明らかにした[4]。また，この関係は，繁忙期ほど顕著であるという。Nagy et al.（2017）の結果は，上位ランクに位置するメンバーの割合が多いほど監査の品質が高くなるという関係について，事務所レベルの関連性を提示しているといえる。

(3) 制度等

FEE（2016）によれば，FAOA，およびACRAにおいて，本指標に関連する規定が存在する。具体的には，作業時間や人数に基づき監査チーム全体に対するパートナーの比率等の情報を，基本的に監査事務所レベルで開示することが規定されている。また，CAANZおよびCPABでも，スタッフの比率が開示例として含められている。

一方日本では，「企業内容等の開示に関する内閣府令」により，有価証券届出書ならびに有価証券報告書において，監査業務に関する補助者の構成を開示することが求められている（第二号様式記載上の注意（57-c））。「具体的に，かつ，分かりやすく記載すること」との規定はあるが，その内訳についてどのような規準を用いればよいかは必ずしも明らかではない。これに関して，金融庁は，「公認会計士，会計士補，事務職員，アルバイト職員等に区分した人数を記載する」ことを1つの例として示している[5]。こ

4．Nagy et al.（2017）は監査報告書の提出日も代替的な指標として用いているが，監査報告書の提出日の分析では，それが長いほど監査の品質が高いと考える可能性を提示しており，効率的な監査ほど，その質が高いと考えられることもある先行研究の流れを必ずしも汲んでいない。そのため，ここでは「監査の品質」という観点から，Nagy et al.（2017）による監査報告書の提出日に関する分析については言及を控えておく。

5．当該開示の規定が新たに織り込まれた当時（2005年3月），内閣府令の改正案に対して意見が募集された。ここで示した金融庁の見解は，集められたコメントの1つに対する回答（2005年4月6日）から抜粋している（http://www.fsa.go.jp/news/newsj/16/syouken/f-20050406-1.html）。

のような要請のもと,有価証券報告書提出企業は一般に,「公認会計士」と「その他」の区分を用いるか,これに「会計士補（等）」の区分を加えて開示するケースが多い。2006年の公認会計士試験制度の改革により「会計士補」の制度が廃止されたために,近年では特に前者の2区分での開示が多くなっている。

この開示により,監査チーム内で公認会計士の資格保有者とその他のメンバーの占める割合を企業外部者が把握することが可能になっている。しかし,それは必ずしもPCAOB（2015a）が求めるようなスタッフの比率を把握できていることを意味しない。PCAOBが意図する指標は,チームにおけるランク別（パートナー・マネージャー・その他）に算定される監査時間の比率のためである。つまり,この指標では監査チームにおけるランクが重要となるが,日本企業が開示しているのは,公認会計士であるか否かといった資格の情報に限られるため,PCAOBの提案する「スタッフの比率」を算定することはできない。

(4) AQIとしての課題

監査はチームとして実施されるが,メンバーの顔ぶれが常に同じ状態である可能性は極めて低い。ある会計事務所が2年以上担当しているクライアントであっても,パートナーを含めた監査チームのメンバーは変わるであろう。また,部門等の区切りを用いて監査チームを管理しているような監査事務所であっても,常に同じチームメンバーで複数のクライアントを担当しているという状況も考えにくい。このような状況において,体系的にチーム全体を有効に管理するためには,ランクごとの適切な人材と時間の配分が鍵になると思われる。さらに,スタッフの比率の管理は,各メンバーが果たすべき責任の明確化にもつながるかもしれない。この意味で,本指標の重要性は高いと考えられる。また,PCAOB（2015b）で開示されているコメントの内訳を見ても,17件のなか,本指標に対して否定的であるのは3件のみであり,好意的な評価がうかがえる。

しかし,少なくとも次の2点について,この指標を利用する際に注意す

べき事柄がある。第1に，どの程度の詳細度で当該比率を把握するのが効率的かつ効果的であるか，の議論が必要である。PCAOB（2015a）は，パートナー・マネージャー・その他という3つの区分で把握することを案として提示しているが，これでは「その他」に含まれるメンバーが多くなりすぎるかもしれない。たとえば，公認会計士の有資格者であるスタッフと，会計や監査以外の専門家とでは，行っている職務の内容もそれに要する時間数も異なる。しかし，両者が同じカテゴリーとして扱われ，時間数が合計された場合，その合計時間が意味するところが不明瞭になる可能性がある。

第2に，比率情報はあくまで割合であるため，あるクライアントの監査について，相対的に長い時間数を費やす場合と，短い時間を費やす場合の違いを把握することができないという問題がある。これは，パートナーとスタッフの作業量（AQI 2とAQI 3）や監査時間（AQI 11）といった水準情報に関する指標とあわせて把握された場合にこそ，本指標の有用性が高まることを意味していると思われる。

〈参考文献〉

Fukukawa H., T. J. Mock and A. Wright (2006), Audit programs and audit risk: A study of Japanese practice, *International Journal of Auditing* 10 (1): 41-65.

Nagy, A. L., M. G. Sherwood and A. B. Zimmerman (2017), Is office human resource capacity associated with engagement audit quality? *Working Paper*, John Carroll University, University of Massachusetts, Amherst, and Northern Illinois University.

福川裕徳（2012），「2. わが国における監査リスク・アプローチの実態」『監査判断の実証分析』国元書房，47-82頁。

2 パートナーの作業負担
AQI 2：Partner Workload

(1) PCAOBおよびCAQの提案

　PCAOB（2015a）において，パートナーの作業負担は「監査人」の「（人的リソースの）利用可能性」のカテゴリーに含まれている。この指標は，業務執行パートナー（以下，パートナーという）の過剰な作業負担が個々の監査業務に対してもたらしうる負の影響に関する懸念にその根拠がある。すなわち，過剰な作業負担によって，パートナーが極度の疲労状態（burnout）に陥り，注意力の散漫と集中力の低下をもたらす可能性がある（Sweeney and Summers, 2002）。ここで提起された指標によって，その実態を把握し，また，個々の業務に対して期限に追われながら業務が行われている程度を把握することも期待される。さらにこの指標は，事務所の運営等に関する作業に時間を費やす一方で，パートナーが監査業務に関わる監督業務にあまり従事できていない，といった状況を浮き彫りにする可能性もある。

　具体的な測定指標は以下のとおりである。まず，監査業務レベルでは，①パートナーが担当するすべての公開・非公開企業のチャージ時間，②パートナーが監査または審査を担当する公開企業と非公開企業の数，および③パートナーの稼働割合（utilization percentage）である。ここで，稼働割合とは年間の公開・非公開企業に対するチャージ時間を就業時間で除した比率のことを意味している。次に，監査事務所レベルでは，④公開企業のパートナーが担当する，すべての公開・非公開企業に対する平均チャージ時間，および⑤公開企業のパートナーの平均稼働割合である。これら5つの指標は，当期の計画値と前期の実績値の両方を開示することが前提とされている。

　CAQ（2014）でも主要な（key）監査業務チームメンバーの作業負担に関する指標が提起されており，パートナーも主要な監査業務チームメンバ

ーに含められている。パートナーの総作業時間の情報に加えて、標準作業時間（1週間当たり40時間として計算）との対比で、実際の作業時間がどの程度であるかを把握する指標を提起している点がAQI 2との相違点である。また、CAQ（2014）では、監査チームに対する指示や監督のために十分な時間を確保することの重要性も述べられている。さらに、FEE（2016）でも、パートナーの作業負担は主要な指標の1つとして取り上げられている。

(2) 先行研究・調査

本指標に直接的な関わりのある研究としては、人員配置の決定要因を分析したO'Keefe et al.（1994）、Stein et al.（1994）、Hackenbrack and Knechel（1997）、Fukukawa et al.（2011）などがある[6]。これらの研究はいずれも、特定の国際的監査事務所から資料提供を受け、必要に応じて質問票調査でデータを補完することで、分析に必要なデータを収集している。主に検証されている内容は2つであり、①クライアントにおけるリスクの程度に応じて配分される時間が変化しているか否か、②ランクごとにその配分が異なるか否かである。分析に用いられている変数、ならびに有意となる変数に多少ばらつきはあるものの、全体としてこれらの研究は、時間で測定されたパートナーの作業量が、クライアントの規模や事業の複雑性と関係していることを明らかにしている。これらは、パートナーの作業負担の決定要因を分析した研究として位置付けることができる。

一方、パートナーの作業負担が監査の品質に及ぼす影響について、アーカイバルデータを用いて分析した研究も存在する[7]。Sundgren and Svanstrom（2014）は、スウェーデンの倒産企業を対象に、担当クライア

---

[6] Fukukawa et al.（2011）のみ日本企業の分析で、ほかはすべてアメリカ企業に関するものである。

[7] 作業負担について関連する研究にBills et al.（2016）がある。彼らは、地方事務所のクライアント規模が拡大する際、人材の資源配分が適切な水準から一時的に外れることで、監査の品質が低下することを明らかにした。ただし、Bills et al.（2016）はパートナーに限定した分析ではなく、一般化した事務所全体の作業負担を議論しているため、対象の属性としてはAQI 3に近しいと考え、次節で説明している。

ント数（担当クライアント数の算定は倒産企業に限定しない）とゴーイング・コンサーンの開示傾向を分析し，担当クライアント数が多いほど，倒産企業にゴーイング・コンサーンが開示されていない（監査の品質が低い）ことを明らかにした。一方，Goodwin and Wu（2016）は，オーストラリア企業を対象に，パートナーの担当クライアント数と個別クライアントの利益調整の程度とゴーイング・コンサーンの開示傾向を分析している。そして，アーサー・アンダーセンの崩壊や強制的なパートナーのローテーションが導入された過渡期である2002-2004年に限って，クライアント数が多いほど，ゴーイング・コンサーンの開示が控えられる（監査の品質が低い）傾向にあることを発見した[8]。また，Gul et al.（2017）は，中国企業を対象に，パートナーの担当クライアント数が増加するほど，クライアントが利益操作を行う傾向が強くなり，財務困窮企業について，ゴーイング・コンサーンの開示が控えられる（すべて監査の品質が低いことを示す結果）ことを明らかにしているが，その一方で，これらの傾向は，パートナーの担当年数が短い場合にのみ観察されることを発見した。

　ほかにも，決算期末が集中する時期（アメリカでは12月決算企業が最も多い）に作業負担が増加することに注目し，監査の品質に及ぼす影響を分析した研究にLopez and Peters（2012）がある。アメリカ企業を対象にした彼らの分析結果によると，12月決算企業ほど，監査業務が集中していることが原因で，クライアントによって利益調整が行われやすい状況にあるという。以上の結果は，クライアントの増加や監査業務の集中化によって作業量が増えて多忙になった場合，監査の品質が低下することを示している。

(3) 制度等

　FEE（2016）によると，本指標に関連する制度としては，NBAや

8．彼らの分析期間は1999-2010年であり，有意な関係が発見されたのはその一部分にすぎない。彼らの主張によれば，当時のオーストラリアでは，大規模監査事務所の崩壊や規制の強化といった外生的ショックが起こったことで不均衡が生じ，クライアント・ポートフォリオを再構成するためのコストが少なくなかったために，パートナーの作業負担（または忙しさ）が均衡から乖離し，作業量の多さが監査の品質の低下を招いたと解釈している。

ACRAが、パートナーの作業時間についての指標が存在し、制度化されている[9]。また、日本を含め、監査報告書等において業務執行パートナーの名前が公表されている国では、公開企業を中心に、担当クライアント数を把握することが可能であり、それが作業負担の代理変数となりうる。

一方、日本における当該指標に関連する規定については、「監査に関する品質管理基準」において、監査事務所が監査業務に十分な時間を確保できる監査実施者を選定しなければならないことが定められており（第七・2）、これが該当すると思われる。また、品質管理基準委員会報告書第1号「監査事務所における品質管理」においても、契約の締結時に合理的に確保すべき条件の1つとして、時間および人的資源を含め、業務を実施するための適性および能力を有していることを定めている（第25項）。さらに、監査チームの構成メンバーの監査時間数は、公認会計士協会による品質管理レビューの対象となっている（品質管理レビュー手続・第289項③）。

ただし、本指標が主に対象としているのは、個別の監査契約におけるパートナーの監査時間だけではなく、当該監査時間が、そのパートナーの総作業従事時間のどの程度を占めているか、であることに注意が必要である。品質管理基準等にある「十分な時間を確保する」という意味合いのなかに、パートナーの総作業時間に占める割合を考慮するというニュアンスを感じとることはできるが、必ずしも明示的ではない。特に、個別の監査業務ベースでは、たとえ「十分な時間を確保」できているという状況が作られたとしても、CAQ（2014）において指摘されているように、標準作業時間と対比した場合に、それを大幅に上回る時間が割り当てられているとすれば、それは過剰な作業負担となっていることを意味することになる。

(4) AQIとしての課題

極度な作業負担が監査の有効性に影響を及ぼすことは想像に難くないため、本指標がAQIとして、一定の有効性をもつことが期待される。しかし、

9．FAOAとCPABでは、職位の識別なく作業負担としての情報開示について規定があり、IOSCOとFRCでは作業量の定性情報に言及することが規定されている。

あるパートナーが同じ時間を割いて担当するクライアントが2社あったとしても，それぞれのクライアントに対する監査の有効性が異なる可能性があることには注意が必要である。それは，パートナーが専門とする業種のクライアントであるかどうか，監査業務が集中している時期であるかどうか，クライアントに関する知識をパートナーがどの程度有しているか，あるいは，そもそもパートナー自身が有能であるかなどの要因が最終的な監査の有効性に影響を及ぼすためである。また，監査業務レベルでの品質に関しては，チーム全体の作業量やバランスを把握できるという意味で，スタッフの作業量（AQI3）やスタッフの比率（AQI1）といった指標とあわせて検討することで，本指標の有用性は向上するものと思われる。

　このような潜在的問題があるが，PCAOB（2015b）において公表された本指標に対する評価は良好である。すなわち，18件のコメントのうち，定的なものは3件のみである。監査チームの作業負担に関する情報開示の需要は高いのかもしれない。

〈参考文献〉

Bills, K. L., Q. T. Swanquist and R. L. Whited (2016), Growing pains: Audit quality and office growth, *Contemporary Accounting Research* 33 (1): 288-313.

Goodwin, J. and D. Wu (2016), What is the relationship between audit partner busynesss and audit quality? *Contemporary Accounting Research* 33 (1): 341-377.

Fukukawa H., T. J. Mock and A. Wright (2011), Client risk factors and audit resource allocation decisions, *Abacus* 47 (1): 85-108.

Gul, F. A., S. Ma and K. Lai (2017), Busy auditors, partner-client tenure, and audit quality: Evidence from an emerging market, *Journal of International Accounting Research* 16 (1): 83-105.

Hackenbrack, K. and W. R. Knechel (1997), Resource allocation decisions in audit engagements, *Contemporary Accounting Research* 14 (3): 481-499.

Lopez, D. M. and G. F. Peters (2012), The effect of workload compression on audit quality, *Auditing: A Journal of Practice & Theory* 31 (4):139-165.

O'Keefe, T. B., D. A. Simunic and M. T. Stein (1994), The oriduction of audit services: Evidence from a major public accounting firm, *Journal of Accounting Research* 32 (2): 241-261.

Stein, M. T., D. A. Simunic and T. B. O'Keefe (1994), Industry differences in the production of audit services, *Auditing: A Journal of Practice and Theory* 13 (Supplement):128-142.

Sundgren, S. and T. Svanstrom (2014), Auditor-in-charge characteristics and going-concern reporting, *Contemporary Accounting Research* 31 (2): 531-550.

Sweeney, J. T. and S. L. Summers (2002), The effect of the busy season workload on public accountants' job burnout, *Behavioral Research in Accounting* 14: 223-245.

3 マネージャー及びスタッフの作業負担
AQI 3: Manager and Staff Workload

(1) PCAOBおよびCAQの提案

　PCAOB（2015a）において，マネージャーおよびスタッフの作業負担は「監査人」の「（人的リソースの）利用可能性」のカテゴリーに含まれている。この指標は，マネージャーおよびスタッフレベルの人材が，過剰な作業負担により，必要な監査手続を実施したり，品質の高い監査を達成するための踏み込んだ監査をしたりするのに十分な時間を割けないというリスクを捉えると考えられている。長時間の勤務により，監査の有効性が低下する可能性があるし，職業的専門家としての正当な注意のレベルにも影響するかもしれない[10]。また，過剰な作業負担は，有効性よりも効率性を重視した監査手続の実施につながり，下位の監査チームメンバーの監督業務も疎かになる可能性もある。

　具体的な測定指標は以下のとおりである。まず，監査業務レベルでは，①稼働割合（utilization percentage）[11]に関する当期の計画値と前期の実績値，②クライアントの期末日から監査報告書作成日までの，1週間当たりの平均作業時間（個人レベル）である。次に，監査事務所レベルでは，①マネージャーとスタッフそれぞれの平均稼働割合，②1年間について，繁忙期などの期間ごとの，マネージャーとスタッフの平均チャージ時間である。

　PCAOB（2015a）とは異なり，CAQ（2014）ではパートナーとマネージャーおよびスタッフの作業負担を2つの指標に分けず，1つの指標として扱っている。そして，AQI 2でも言及しているが，1週間当たり40時間という標準作業時間との対比で実際の作業時間がどの程度かを把握する，

---

10. 過剰な作業負担が監査の品質を低下させるという関係は，パートナーの作業負担（AQI 2）における記述内容と基本的に同じである。

11. 稼働割合の定義については，AQI 2を参照。

という指標を提起している点に特徴がある。一方，FEE（2016）では，スタッフの作業負担という形で言及があるが，ここにマネージャーが含まれるか否かは不明である。

(2) 先行研究・調査

本指標にかかわりのある研究としては，AQI 2（パートナーの作業負担）でも取り上げたO'Keefe et al.（1994），Stein et al.（1994），Hackenbrack and Knechel（1997），Fukukawa et al.（2011）などが挙げられる。パートナーに関する結果と同様，分析に用いられている変数ならびに有意となる変数に多少ばらつきはあるものの，時間で測定された作業量は，クライアントの規模や事業の複雑性と有意に関係していることが明らかにされている。ただし，個別の変数でみると，有意となる変数とそうでない変数にパートナーとマネージャーの間でばらつきがあったり，影響の程度（係数の絶対値）も異なるなどの結果が報告されている。また，マネージャー，シニア，スタッフといったランクごとに分析している研究では，配分される時間に影響を及ぼす要因が，パートナーより下のランクごとに異なることも発見されている。

Bills et al.（2016）は，マネージャーとスタッフに限らないものの，監査事務所全体の作業負担が監査の品質に及ぼす影響を分析している。先行研究では一般に，（クライアントの数や規模で測定される）事務所の規模が拡大するほど，評判に対する意識が高まり監査の品質を維持する（向上させる）動機付けになることが明らかにされているが，Bills et al.（2016）は事務所の拡大による影響が，短期的には監査の品質を損なう可能性について議論した。つまり，監査事務所のクライアント規模が増加することで，それ以前から事務所が所有していた人的資源の均衡が崩れる。その結果，資源の再配置などが行われるものの，短期的には監査の品質が低下してしまうと考えるものである。そして実際に，Bills et al.（2016）は地方事務所の規模が増加すると，短期的に（具体的には1年間），当該事務所が提供する監査の品質が低下することを明らかにした。

ほかにも，質問票等を利用した調査により，マネージャーやスタッフの作業負担が監査人の意識や離職率に及ぼす影響を分析した研究も存在する。Persellin et al. (2014) は，アメリカの南西エリアにある2つの公立大学と1つの私立大学の会計専門職大学院の卒業生に対して質問票を送り，作業負担が（回答者の知覚する）監査の品質に及ぼす影響等を分析している。776の有効回答のうち，現役の監査人は299人であり，477人が会計事務所における監査業務からは離れていた[12]。また，回答者の98％以上がパートナーよりも下位レベルであることから，彼らの分析結果は，マネージャーやスタッフレベルの会計士の意見を代理しているものと考えられる。彼らの結果で興味深いのは，「これ以上の時間外労働をすることで，監査の品質が低下する」と回答者が考えるレベル（週当たり平均約60時間）を超えて回答者が働いているほど，仕事に対する満足度が有意に低下するという傾向である。この時間をコントロールすると，単純な労働時間数は仕事の満足度に対して影響を与えないことも特筆すべき点である。また，監査職を辞している回答者ほど，繁忙期における勤務時間が長いなど，一定レベルを超過した勤務時間が離職率を高める可能性があることも示唆されている。これらの結果を総合すると，下位レベルの会計士に対する過剰な作業負担は，現在のクライアントに対する監査品質の低下のほかに，結果的に監査業界が（有能な）人材を失うというリスクを高めていることを示していると思われる。また，Brown et al. (2016) は，PCAOB (2015a) によって提示されたAQIについて，より経験の浅い（junior）シニアやスタッフがどのように評価しているかを調査した。そして，78人の質問回答者は一般に，シニアの作業負担が適切でない（過多である）と考えているという結果を提示している。これらの研究から，監査チームで下位のランクに位置する会計士は，現在のあるいは将来の作業負担が多いと感じており，場合によってはそれが離職率を高めることにもつながっていることがわかる。

---

12. 会計事務所に勤務していても，監査以外の業務に従事している場合は後者に含まれている。なお，これ以降に示すPersellin et al. (2014) の分析結果が，監査業務から離れている回答者による回答の影響を受けたものではないことは追加分析によって確認されている。

(3) 制度等

　FEE（2016）によると，本指標に関連する制度としては，CPABが，2016年の公表資料では（情報技術，評価，税務等の）専門家（specialist）に限定した作業時間を潜在的なAQIとして規定しているが，現在討議中で制度化はされていない[13]。また，ACRAにおいて適用可能なAQIにもマネージャーの作業時間がある。ほかにも，IOSCOおよびFRCによるAQIの議論のなかでも，スタッフ等の作業負担について定性的な情報提供を前提にした言及がある。

　本指標に関連する制度として日本では，「監査に関する品質管理基準」において，監査業務に補助者を使用する場合に，監査実施の責任者は，当該補助者が監査業務に必要な能力，経験，独立性を有するともに，十分な時間を確保できることも確かめなければないことが定められている（第七・3）。また，AQI 2でも言及しているように，監査チームの構成メンバーの監査時間数は，公認会計士協会による品質管理レビューの対象となっている（品質管理レビュー手続・第289項③）。

(4) AQIとしての課題

　AQI 2とAQI 3は，その対象が異なるだけで，基本的には作業量を問題にしている。この意味では，両指標を統合して1つの指標とすることも可能かもしれない。事実，CAQでは，1つの指標として提唱されている。しかし，先行研究でも示されているように，パートナーになる前段階であるマネージャーやスタッフによる過剰な作業負担が離職につながる可能性を高めることを前提とすれば，両指標を別々に議論することの意味を見いだせるかもしれない。これとの関係では，AQI 8の監査専門要員の交代・離職といったほかのAQIと組み合わせて，AQI 3を評価するというのが効果的であると思われる。

---

13. CPABによる2017年の公表資料では，職位に関係なく作業負担に関するAQIが挙げられている。このような職位の識別のない指標の開示は，FAOAでも同じである。

最後に,PCAOB（2015b）において集計された評価をみておく。PCAOB（2015b）によると,本指標に関しては,おおむね好評を得ているようである。具体的には,17件のコメントのうち,支持しないというものは3件に限られ,ほかは少なくとも部分的には支持している。これは,パートナーの作業負担に対する評価と同様の傾向である。

〈参考文献〉

Bills, K. L., Q. T. Swanquist and R. L. White (2016), Growing pains: Audit quality and office growth, *Contemporary Accounting Research* 33 (1): 288-313.

Brown, V. L., J. L. Gissel and D. G. Neely (2016), Audit quality indicators: Perceptions of junior-level auditors, *Managerial Auditing Journal* 31 (8/9): 949-980.

Fukukawa H., T. J. Mock and A. Wright (2011), Client risk factors and audit resource allocation decisions, *Abacus* 47 (1): 85-108.

Hackenbrack, K. and W. R. Knechel (1997), Resource allocation decisions in audit engagements, *Contemporary Accounting Research* 14 (3): 481-499.

O'Keefe, T. B., D. A. Simunic and M. T. Stein (1994), The production of audit services: Evidence from a major public accounting firm, *Journal of Accounting Research* 32 (2): 241-261.

Persellin, J., J. Schmidt and M. S. Wilkins (2014), Auditor perceptions of audit workloads, audit quality, and the auditing profession, Working paper of Trinity University.

Stein, M. T., D. A. Simunic and T. B. O'Keefe (1994), Industry differences in the production of audit services, *Auditing: A Journal of Practice and Theory* 13 (Supplement): 128-142.

4 専門的な会計及び監査のリソース
AQI 4：Technical Accounting and Auditing Resources

(1) PCAOBおよびCAQの提案

　監査事務所の専門的な会計および監査（たとえば本部）のリソース（あるいはリソース相当）を利用することによって，監査の実施にあたって直面する複雑な問題などに対処できるようになる。

　こうした監査事務所の専門的な会計および監査のリソースの利用は監査の品質に影響することから，本指標は，複雑あるいは通常ではないような問題に関して監査チームに助言できる監査事務所の本部（あるいは監査事務所が契約しているほかのリソース）[14]の状況あるいは特定の監査業務において当該部署が利用されている程度を測定する。この指標の測定によって，会計や監査の複雑な問題について，有効な方法で解決するための監査事務所の能力を示すことができる。あわせて監査事務所が，監査の品質を向上させるために，相談するかどうか，あるいは他とのコラボレーションを促進するかどうか，そしてどう促進させるかについての判断材料を提供することができる。

　PCAOBの例示している計算方法として，監査業務レベルでは，総監査時間に対する専門的なリソースへのチャージされた時間の割合を挙げている。また監査事務所レベルについては，監査事務所の総監査要員に対する監査事務所の本部あるいはほかの専門的な監査リソースの規模の割合を挙げている。

　なお，本指標で対象とした人員については，AQI 5: Persons with Specialized Skill or Knowledge（専門的な技術および知識を有する者）に含まれない。

---

14. 大部分の大規模な監査事務所では，本部のスタッフの一部であるが，特に小規模な監査事務所の場合，事務所外から雇われることがある。

他方,CAQにおいては,同様の項目は提示されていない。

(2) **先行研究・調査**

専門的な会計および監査のリソースと監査の品質について,その関連性を分析した先行研究は見当らなかった。ただし,専門的な会計および監査のリソースの有無を示す代理変数として,監査事務所の規模を用いた実証研究は多数存在している。

(3) **制度等**

Quality Control Standardにおいて,監査の品質を維持するために,本指標のような専門的な助言について定めがある(para. 20.19)。他方,日本では,「監査に関する品質管理基準」において,「監査事務所は,監査事務所内外の適切な者から専門的な見解を得るための方針及び手続を定め,監査実施の責任者がそれらを遵守していることを確かめなければならない」(第八 業務の実施 二 専門的な見解の問合せ1)と規定している(なお専門的な見解の問合せについて,監査事務所に関しては,品質管理基準委員会報告書第1号「監査事務所における品質管理」の33項およびA32-A36項において,監査業務に関しては,監査基準委員会報告書220「監査業務における品質管理」の17項およびA18-A19項において,それぞれ規定されている)。

こうした基準に基づいて,各監査事務所は,専門的な会計および監査のリソースの部署を設け,監査の品質管理の維持・向上を図っている。たとえば,新日本有限責任監査法人では,「品質管理本部による専門的見解の提供」(新日本有限責任監査法人,2017,p.35)に加え,成長戦略室,アカウンティングソリューション事業部,アドバイザリー事業部から構成されるアドバイザリー本部を設けている(新日本有限責任監査法人,2017,p.13)。また有限責任あずさ監査法人では,業務開発統轄においてアドバイザリー本部を設置しているほか,東京事務所内に,金融アドバイザリー

部，AAS[15]事業部を，大阪事務所内に，AAS事業部をそれぞれ設けている（有限責任あずさ監査法人，2016, p.18）。同様に，有限責任監査法人トーマツにおいても，アドバイザリー事業本部を設けている（有限責任監査法人トーマツ，2016, p.44）。

さらにPwCあらた有限責任監査法人では，アカウンティング・サポート部を品質管理本部に設けるほか，金融ビジネス（FS）において，ガバナンス・リスク・コンプライアンス・アドバイザリー部，財務報告アドバイザリー部を，製造・流通・サービス（MDS）において，財務報告アドバイザリー部，成長戦略支援製造・流通・サービス（MDS）本部の直轄として，ガバナンス・リスク・コンプライアンス・アドバイザリー部を設置している（PwCあらた有限責任監査法人，2016, p.12）。

本指標については，PCAOB（2015b）によると，AQIに対するコメントにおいて「支持する」7通，「一部支持する」6通，「支持しない」4通という結果であった。支持しない理由として，たとえば，どのように専門的なリソースにアクセスするかについて，監査事務所間の構造的な違いを考慮していないことが挙げられる（DHG, 2015, p.5）。

なおFEE（2016）によると，本指標は，NBA（2016）やCPAB（2014）などでも提案されていることが指摘されている。

(4) AQIとしての課題

専門的な会計および監査のリソースについては，監査の品質を管理する基準においても定めがあり，各監査事務所が取り組んでいる状況にある。本指標は，この点に着目したものと考えられ，それぞれの監査事務所における監査の品質，ひいては監査事務所の監査の品質に対する取組みを評価するうえで，一定の効果があるものと解する。

しかし，本指標には，以下の3つ問題がある[16]。

---

15. AASとは，アカウンティングアドバイザリー・サービスの略称である。
16. そのほかに，本指標は，内部監査との連携の程度とも関連してくるといえる。監査を実施するうえで，内部監査のダイレクト・アシスタンスを導入することにより，外部監査人による内部監査業務の利用形態が拡大し，そのことが本指標へ影響することも考えられる。

第1に，そもそも専門的な会計および監査のリソースの利用と監査の品質との関連性についての問題である。監査を実施するにあたって，実際に直面する会計あるいは監査上の問題は，個別具体的であり，厳密には比較が困難なことが多い。さらに監査業務レベルにおいて，こうしたリソースの必要性については，個々のチームごとに異なる可能性がある。すなわち，監査業務レベルにおいて，専門知識に精通した監査要員は，知識の乏しい監査要員と比べて，専門的な会計および監査のリソースを利用しない可能性が高いと思われる。あわせて，この問題を考慮するうえで，クライアントの属する産業ごとの特性も加味しなければならないといえよう。すなわち，産業によっては，専門的な知識をより必要とする業種もあり，この場合，専門的な会計および監査のリソースは頻繁に利用されることとなろう。逆に，リソースが少ないからといって，業種によっては，そもそもリソースの必要性が乏しい場合も考えられるため，リソースを利用しなかったからといって，一概に監査の品質が低いとはいえないであろう。

　このように，専門的な会計および監査のリソースの利用と監査の品質は，必ずしも関連しているとは言い難い[17]。したがって，両者の関係を考慮する際には，両者の関係を単純に仮定するだけでなく，監査業務ごとのコンテクストも踏まえた判断も必要となることもありうるため，AQIとして利用するにあたっては，十分注意する必要があると考えられる。

　第2に，他の事務所との比較が困難な場合もありうる。すなわち専門的な会計および監査のリソースの規模などについては，小規模な監査事務所において，必要性の観点から，そもそも本部をもたない組織構造を採っている場合もある。さらに実証研究では，監査事務所間の専門的な会計および監査のリソースの違いについて，大規模監査事務所と中小規模の監査事務所とでは異なった取扱いをしている場合が多い。

　このように監査事務所の規模による取扱いの違いや，監査事務所を取り巻くコンテクストを，なんらかの形で加味していかないと，行きつく先は，

---

17. こうしたリソースの利用によって，監査業務レベルでの判断に対する責任や意思決定を歪めるおそれも生じさせる点についても指摘されている（MAOB, 2015）。

監査事務所の規模に関する要因だけで，監査の品質が高いあるいは低いが決められることとなりかねない。そうなると，本指標は，小規模の監査事務所における監査の品質が低くなる傾向を示し，小規模な監査事務所に不利な指標になることは，想像に難くないであろう[18]。

そこで本指標を利用するに際しては，登録している会計事務所すべてではなく，たとえば100社以上を担当している事務所に対して限定すべきである（McGladrey LLP, 2015）といった運用上の工夫も必要となるであろう。

最後に，本指標を用いる際，「専門的な会計および監査のリソース」という概念を正確に定義する必要がある（McGladrey LLP, 2015ほか）。すなわち，「専門的な会計および監査のリソース」の範囲をどこまでとするべきか明確に定義する必要がある[19]。さらに「専門的な会計および監査のリソース」に属する人員として，どういった専門性を有している人員が所属しているかについても，明らかにする必要がある。こうした定義が曖昧であれば，本指標のもとになるデータを収集するにあたって，監査事務所間によって解釈が異なることも想定され，本指標を利用した監査の品質についての比較が困難になるであろう。その場合，こういった問題を回避する目的で，本指標に関する詳細なガイドライン等を作成する必要があると考える。

〈参考文献〉

The Audit Oversight Board, Malaysia（MAOB）(2015), Comments on PCAOB Rulemaking Docket Matter No. 041 PCAOB Release No. 2015-005 Concept Release on Audit Quality Indicators〈https://pcaobus.org/Rulemaking/Docket%20041/046_MAOB.PDF（2017.08.01）〉.

Canadian Public Accountability Board（CPAB）(2014), Audit Quality Indicators:

---

18. たとえ小規模な監査事務所が，自事務所内で本部をもつことなく，事務所外に専門的な会計および監査のリソースを求めたとしても，そもそも小規模な監査事務所のクライアントにおける監査にあたって，専門的な会計および監査のリソースが必要性が高いとはいえず，結果，専門的な会計および監査のリソースの利用が乏しいということも考えられる。

19. コメントレターのなかには，専門的な会計および監査のリソースは，内部のリソースに限定すべきという意見もあった。

In Search of the Right Measures, CPAB 〈http://www.cpab-ccrc.ca/Documents/Stakeholders/Audit%20Committee/141120_CPAB_Exchange_RightMeasures_EN_v5.pdf (2017.08.01)〉.

Dixon Hughes Goodman（DHG）(2015), RE: PCAOB Rulemaking Docket Matter No. 041 〈https://pcaobus.org/Rulemaking/Docket%20041/034_DHG.pdf (2017.08.01)〉.

McGladrey LLP (2015), Re: PCAOB Rulemaking Docket Matter No. 041 〈https://pcaobus.org/Rulemaking/Docket%20041/005_McGladrey%20LLP.pdf (2017.08.01)〉.

Nederlandse Beroepsorganisatie van Accountants（NBA）(2016), NBA Practice Note1135 Disclosure of Audit Quality Factors. NBA 〈https://www.nba.nl/globalassets/wet--en-regelgeving/nbahandreikingen/nba_practice_note_1135disclosure_of_audit_quality_factors.pdf. (2017.08.01)〉.

新日本有限責任監査法人（2017），『監査品質に関する報告書 2017年1月』新日本有限責任監査法人。

PwCあらた有限責任監査法人（2016），『監査品質に関する報告書―Transparency Report 2016』PwCあらた有限責任監査法人。

有限責任あずさ監査法人（2016），『AZSA Quality 2016』有限責任あずさ監査法人。

有限責任監査法人トーマツ（2016），『Tohmatsu Audit quality Report 2016』有限責任監査法人トーマツ。

5 専門的な技術及び知識を有する者
AQI 5：Persons with Specialized Skill or Knowledge

(1) PCAOBおよびCAQの提案

　PCAOB（2015a）において，専門的な技術および知識を有する者は「監査人」の「（人的リソースの）利用可能性」のカテゴリーに含まれている。近年，監査の対象が複雑性を増すにつれ，監査事務所では，専門的な技術や知識を有する者の利用が必須となっている。ここでいう専門家は，たとえば，評価，保険数理，フォレンジック，税務，技術，金融商品，法曹などの専門家を意味している。

　具体的な測定指標は以下のとおりである。まず，監査業務レベルでは，専門的な技術および知識を有する者（AQI 4に含めた者を除く）のチャージ時間について，その合計と専門別の時間である。ただし，それらの時間は，当期における当該監査の計画監査時間，および前期の実績監査時間に対する割合として算定する。また，監査事務所レベルでも同じく，専門的な技術および知識を有する者（AQI 4に含めた者を除く）のチャージ時間について，その合計と専門別の時間である。それらの時間は，監査事務所全体における実績のチャージ時間に対する割合として算定される。

　CAQ（2014）は，専門的な知識を有する者を専門家（specialists）と称し，事務所全体レベルの専門要員（national office personnel）の利用とともに議論している。CAQ（2014）によれば，重要なリスク分野ごとに，専門家の利用が見込まれる時間数またはその割合を，当期，または前期との比較という形で算定することが想定されている。また，外部の専門家を利用した場合には，総報酬に対する当該専門家に支払われた報酬の割合が算定される。さらにCAQ（2014）では，これら定量的な指標のほかに，専門家を利用することで生じうる問題や，重要なリスク分野ごとに，どの程度専門家を関与させるかといった定性的情報も監査委員会との議論の対

象として言及している。FEE (2016) では，テクニカルな資源のサポート (technical resource support) として，当該指標に関係のあるAQIに言及がある。

(2) 先行研究・調査

専門家[20]の利用に関する先行研究は，実験，監査調書の調査，インタビューによるものなど，分析手法は多岐にわたる。実験調査では，監査専門職員が専門家によって提供された情報をどのように利用し，リスク評価や監査計画にどのような影響を及ぼしているのか，といった実態の解明に焦点がある（たとえば，Brazel and Agoglia, 2007; Boritz et al., 2015）。インタビュー調査では，監査専門要員，または／および専門家を回答者とし，専門家の利用に際しての（潜在的）問題点などが明らかにされている（たとえば，Hasseldine et al., 2011; Vasarhelyi and Romero, 2014（監査調書も利用）; Boritz et al., 2014）。

先行研究では，PCAOB (2015a) で想定されているすべての専門家について研究が進んでいるわけではないが，たとえば情報技術，税務，フォレンジックの専門家については，その利用に関する研究がいくつか存在する。技術系では，情報技術の専門家について，Brazel and Agoglia (2007) が，専門能力の異なるコンピュータ保証の専門家（computer assurance specialist；CAS）の利用と監査専門要員（シニア）の会計情報システムの精通度が，監査計画の判断に及ぼす影響を分析している。彼らの結果によれば，会計情報システムに精通しているシニアである場合に，CASの専門能力が低い場合には，より多くの実証テストを行う（監査計画を立てる）一方で，会計情報システムに精通していないシニアの場合には，その関係が弱いという。また，Vasarhelyi and Romero (2014) は，監査プロセスにおいて，技術ツール (technology tools) の利用に関する決定要因を分析した。そして，監査専門要員の技術ツールに対するスタンス（積極

---

20. PCAOB (2015a) では，「専門的な技術及び知識を有する者」と表現されているが，便宜上，これ以降は「専門家」という表現を用いる。

的に利用しようとするか）の違い，および専門家の監査専門要員としての経験が技術ツールの利用を左右することを明らかにした。これらの結果は，（情報）技術に関するリテラシーのない監査専門要員は，技術系の専門家を十分に活用できない可能性を示唆している。

　税務に関してはHasseldine et al. (2011) が，税務専門家の利用における障壁について分析している。そして，(1)税務専門家に提供する企業固有の情報よりも，専門家から提供される情報の方が少ないこと，および(2)リスク回避度の高い専門家を利用することによって，かえって，税務上の対応にコストがかかることなどが，障壁として存在することが解明された。彼らの分析は，基本的にクライアントの立場からの利用を想定したものであるが，税務の専門家でない監査専門要員も同様の障壁に直面する可能性があると思われる。また，（フォレンジックを含む）不正の専門家に関して分析したBoritz et al. (2015) によれば，不正リスクが低くない状況において，監査専門要員に比べて，不正の専門家は，（標準的なものとそうでないものを含めて）より多くの監査手続を監査計画に含める傾向にあるが，その手続はわずかに有効性が高いものの，効率的ではないことが発見された。さらに，不正の専門家は，増加させた監査手続に比例して増額すべき予算の見積り変更に対しても緩慢で，コスト意識が低いことも明らかになった。これらの結果は，税務や不正といった専門分野を問わず，専門性の高さは監査の有効性を高める可能性があるものの，それは監査の効率性の犠牲のもとでのみ成り立つ可能性を示している。

　最後に，専門家の利用について包括的な分析を行ったBoritz et al. (2014) をレビューしておく。彼らは，複数の分野にわたる専門家（税務・情報技術・評価・フォレンジック）と，さまざまなランクの監査専門要員（パートナー・マネージャー・シニア）に対してアンケート調査を行っている。主な発見事項としては，たとえば，①監査人と専門家は平均的に優れた信頼関係を築いて専門家が適切に利用されているが，分野によってはその信頼関係の程度に差がある，②専門家の利用に関するスタンスは，監査人のランクによって異なる，③専門家は，監査人ほどクライアントとの

良好な関係を意識しないために，クライアントとの関係で問題が生じやすい。④専門家を利用することによるコストや利用すべきタイミングについて，監査人と専門家では考え方が異なる，などがある。

(3) 制度等

FEE（2016）によれば，NBAとCPABにおいて，関連する指標が規定されている。オランダでは情報技術，カナダでは評価，情報技術，税務の専門家の関与を例としているが，開示項目をそれに限るというものではない。なお，当時は日本において監査事務所による透明性報告書の開示は制度化されていなかったが，たとえば，あらた監査法人から自主的に開示された報告書（あらた監査法人，2015）では，監査時間数に占める情報技術の専門家の関与割合についての定量的な情報が公表されている。

日本では，監査基準委員会報告書第620号「専門家の業務の利用」が存在し，専門家の利用に関して規定がおかれている。国際監査基準およびアメリカの監査基準においても，同等の規定（それぞれ，国際監査基準第620号「専門家の業務の利用（Using the work of an expert）」およびAU第1210号「専門家の業務の利用（Using the work of a specialist）」）が存在する。このように，国際的にみても，専門家の利用に関する体系的な規定の整備が進んでいる。

(4) AQIとしての課題

近年は，情報技術が進化して企業の事業内容が複雑化し，見積りを要する財務諸表項目が増加している。それにより，監査専門要員だけで構成される監査チームでは，以前よりも増して十分な対応が困難になっている。その状況を踏まえて，PCAOBは専門家の利用に関する監査基準の改訂に乗り出した[21]。専門家の利用が不可避となった現状をみれば，専門家の貢献がどの程度であるか，についての情報は，監査情報利用者にとって有用

---

21. 2017年8月現在の情報では，同月末を締め切りとして，改訂案に対するパブリック・コメントが求められている。

であると思われる。事実，PCAOB（2015b）で開示されているコメントの内訳は，12件中，当該指標に対して否定的であるのは2件のみであり，好意的な評価がうかがえる。

　しかし，先行研究の結果によれば，専門家の利用によって高品質の監査を達成するためには，監査専門要員と専門家の相互理解や協力的な体制が必要である。しかしながら，こういった情報は，必ずしも外部に伝達可能ではないかもしれない。また，PCAOB（2015a）は基本的に定量的な指標を提案しているため，数量的に把握可能な情報だけが一人歩きし，結果的に，監査専門要員と専門家の相互理解といった本質的に重要な要素が理解されず，情報利用者が監査の品質を誤って評価してしまうおそれもある。この問題を解決するためには，監査事務所レベル等で，専門家の利用に関する方針を明確にし，その利用における潜在的問題にどのように取り組んでいるかの情報を開示することが望ましいと思われる。

〈参考文献〉

Boritz, J. E., N. Kochetova-Kozloski and L. Robinson (2015), Are fraud specialists relatively more effective than auditors at modifying audit programs in the presence of fraud risk? *The Accounting Review* 90 (3): 881-915.

Boritz, J. E., L. Robinson, C. Wong and N. Kochetova-Kozloski (2014), Auditors' and specialists' views about the use of specialists during an audit, *Working paper*, University of Waterloo and Saint Mary's University.

Brazel, J. F. and C. P. Agoglia (2007), An examination of auditor planning judgments in a complex accounting information system environment, *Contemporary Accounting Research* 24 (4): 1059-1083.

Hasseldine, J., K. Holland and P. van der Rijt (2011), The market for corporate tax knowledge, *Critical Perspectives on Accounting* 22 (1): 39-52.

Vasarhelyi, M. A. and S. Romero (2014), Technology in audit engagements: A case study, *Managerial Auditing Journal* 29 (4): 350-365.

PwCあらた監査法人（2015），『監査品質に関する報告書 Transparency Report 2015』PwCあらた監査法人。

6 監査専門要員の経験
AQI 6：Experience of Audit Personnel

(1) PCAOBおよびCAQの提案

　PCAOBは（2015a），監査業務レベルおよび監査事務所レベルそれぞれにおいて，監査専門要員の経験に関するAQIの計算方法を提案している。すなわち，1）監査業務レベルにおいては，パートナー，マネージャー，スタッフ，スペシャリスト，業務品質レビュアーそれぞれについて，a）当該監査業務に対する継続従事年数，b）現在の任務または職位における継続在任年数，c）当該監査事務所および監査プロフェッションにおける経験年数，を測定・計算する一方，2）監査事務所レベルにおいては，a）すべての監査専門要員の平均経験年数，b）パートナー，マネージャー，スタッフ，スペシャリストそれぞれに対する加重平均経験年数，を測定・計算することを提案しているのである。

　他方，CAQ（2014）は，監査業務を担当する監査チームメンバーの知識と経験をAQIとして含めることは重要であって，この指標は監査チームの構造，および監査メンバーの知識，経験およびテニュアに関する情報を監査委員会が理解するのに役立つとしている。具体的には，監査業務を担当する監査チームのメンバー（たとえば，監査業務担当パートナー，マネージャー，および監査業務の品質レビュアー）の経験レベルに焦点をあて，その測定尺度として1）監査業務従事年数，2）監査業務に関連する産業経験年数，3）当該監査事務所での経験年数，4）現在の地位での経験年数，などを提案している。

　なお，FEE（2016）においても，監査業務レベルおよび監査事務所レベルそれぞれにおいてPCAOB（2015a）とほぼ同様のAQIの計算方法を提案している。

(2) 先行研究・調査

　監査専門要員の経験については一般に測定可能ではないことから，わが国のみならずアメリカをはじめとした諸外国においてもほとんど研究が蓄積されていない。ただし，これまでに監査報告書への署名を義務付けている台湾および日本（および欧州をはじめとした数カ国）においては，署名したパートナーの当該監査業務に対するテニュア（継続監査期間）が測定・計算可能であることから，先行研究が存在する余地がある。なお，監査事務所の継続監査期間と監査専門要員の経験との間には密接な関係を有していると考えられることから，監査事務所のテニュアと財務報告の品質との関係をテストした代表的な先行研究についても触れることにしたい。

　台湾においては，1983年以降において2名の監査パートナーの署名が監査報告書に求められている。Chen et al. (2008) は，監査パートナーのテニュアと会計利益の品質との関係についてテストを実施した結果，監査パートナーのテニュアと異常会計発生高との間には有意かつマイナスの関係が存在することが明らかとなった。さらに，台湾においては2004年以降において監査パートナーの強制的交代が義務付けられることになった。Chi et al. (2009) は，監査パートナーが強制的交代制度が（異常会計発生高によって代理される）監査の品質を高めるのか否かについてテストを実施した結果，強制的交代によってむしろ監査の品質を低めている（すなわち，強制的交代の前の旧監査パートナーのほうが監査の品質が高い）ことを示唆する結果を得ている。このように，台湾において得られている実証研究の結果からは，少なくとも監査パートナーレベルにおいては，クライアントに対する知識と経験の蓄積が監査の品質を高めていることが示唆されるのである。

　他方，マネージャー，スタッフといったレベルでのテニュアに注目した研究はデータの入手という制約条件のために筆者が知る限りにおいて存在しない。ただし，監査事務所レベルのテニュアは，PCAOBおよびCAQが指摘する，パートナー，マネージャー，スタッフ，スペシャリスト，業

務品質レビュアーといったすべての監査チームメンバーの知識と経験の蓄積に関係すると思われることから，以下，監査事務所のテニュアと監査の品質（もしくは財務報告の品質）との関係についてテストを実施した代表的な研究をレビューすることにしたい。

　監査事務所のテニュアと利益マネジメントとの関係をテストした代表的な研究として，Johnson et al. (2002)，Myers et al. (2003) およびDavis et al. (2009) がある。Johnson et al. (2002) は，監査事務所のテニュアを短期（2年から3年），中期（4年から8年），長期（9年以上）にわけ，テニュアが中期であるよりも短期であるほうが異常会計発生高の絶対値が大きくなるという証拠を得たが，長期であるよりも中期であるほうが異常会計発生高の絶対値が大きくなるという証拠は得られなかった。また，Myers et al. (2003) は，監査事務所のテニュアと異常会計発生高との関係についてテストした結果，監査事務所のテニュアと異常会計発生高は有意かつマイナスの関係を示す証拠が得られた。他方，Davis et al. (2009) は，監査事務所のテニュアとアナリスト利益予想コンセンサス達成のために利益増加的な異常会計発生高が用いられているか否かを示すダミー変数との関係についてテストした結果，SOX法施行以前の期間においてはテニュアと利益マネジメントとの間にプラスの関係を示す証拠が得られたが，SOX法施行以降においてはそのような関係を示す証拠は得られなかった。以上のような研究に代表されるように，監査事務所のテニュアと監査の品質（もしくは財務報告の品質）との関係を示す証拠はmixed evidenceにとどまっている。

　翻って，監査人の交代に注目した研究はわが国においてもいくつか見られるが，監査人のテニュアと利益マネジメントに注目した研究は筆者の知る限り存在しない。わが国では台湾と同様に監査人あるいは監査パートナーのテニュアに関するデータが入手しやすいことから，研究の蓄積が強く望まれるところである。

(3) 制度等

　すでに述べたように，台湾では1983年以降において2名の監査パートナーの署名が監査報告書に記載することが求められているが，わが国においても業務執行社員の監査報告書への署名・押印が求められている。すなわち，「法定監査においては，監査報告書を作成した公認会計士又は監査法人の代表者が自署，押印する（監査証明府令第4条第1項，商法施行規則第131条）。ただし，平成15年の公認会計士法等の改正で監査法人は特定の証明について，1人又は数人の業務を担当する社員を指定することができる（公認会計士法第34条の10の4第1項）とし，指定を受けた社員のみが業務を執行する権利を有し，義務を負う（同条第2項）こととされた。これに伴い，指定がされた証明（以下，指定証明という）である場合は，監査法人の代表者に代えて，当該指定証明に係る指定を受けた社員（以下，指定社員という）である業務を執行した社員（以下，業務執行社員という）が自署し，かつ，自己の印を押さなければならないものとされた（公認会計士法第34条の12第2項，監査証明府令第4条第1項）」（日本公認会計士協会，2004, p.3）のである。他方，有価証券報告書においては，提出会社の状況のコーポレート・ガバナンス欄に，公認会計士氏名，監査法人名および提出会社に係る継続監査年数（当該年度が7年を超える場合のみ），監査業務に係る補助者の構成などを具体的に記載することが求められるが（企業内容の開示に関する内閣府令第二号様式記載上の注意（57）e，監査専門要員の経験に関する情報の開示を要求するまでには至っていない。

(4) AQIとしての課題

　監査業務レベルであれ監査事務所レベルであれ，客観的に監査専門要員の経験を測定・計算可能であるならば，利用者サイドにとっての理解しやすさという意味において，直観的にもっとも優れたAQIの1つとして位置付けられると考えられる。ただし，監査専門要員の経験がAQIを高めるのか否かについては競合仮説が強力である。すなわち，監査専門要員の

経験の蓄積は監査の品質を高めると考えられると同時に,経験の蓄積は監査専門要員の独立性を毀損する可能性が高くなるのである。監査専門要員の経験をAQIとして広く一般に用いられるためには,実証テストによる証拠の蓄積が必要となろう。

　監査専門要員の経験を客観的に把握できるように制度設計を実施することは可能ではある。ただし,1)どういった主体がどの程度のコストをかけて監査専門要員の経験に関する情報を入手すべきか,あるいは,2)監査専門要員の経験について得られた情報をどのレベルにおいてどの程度開示すべきか,といった課題については別途議論されるべきである。

〈参考文献〉

Chen, C.-Y., C.-J. Lin and Y.-C. Lin (2008), Audit Partner Tenure, Audit Firm Tenure, and Discretionary Accruals: Does Long Auditor Tenure Impair Earnings Quality? *Contemporary Accounting Research* 25(2): 415-445.

Chi, W., H. Huang, Y. Liao and H. Xie (2009), Mandatory Audit Partner Rotation, Audit Quality, and Market Perception: Evidence from Taiwan, *Contemporary Accounting Research* 26(2): 359-391.

Davis, L. R., B. S. Soo and G. M. Trompeter (2009), Auditor Tenure and the Ability to Meet or Beat Earnngs Forecast, *Contemporary Accounting Research* 26(2): 517-548.

Johnson, V. E., K. I. Khurana and J. K. Reynolds (2002), Audit-Firm Tenure and the Quality of Financial Reports, *Contemporary Accounting Research* 19(4): 637-660.

Myers, J. N., L. A. Myers and T. C. Omer (2003), Exploring the Term of the Auditor-Client Relationship and the Quality of Earnings: A Case for Mandatory Auditor Rotation? *The Accounting Review* 78(3): 779-799.

日本公認会計士協会(2004),「監査報告書作成に関する実務指針」監査委員会報告第75号(http://www.hp.jicpa.or.jp/specialized_field/files/2-24-260-2-20150529.pdf)。

7 監査専門要員の業種に関する専門的知識
AQI 7：Industry Expertise of Audit Personnel

(1) PCAOBおよびCAQの提案

　PCAOBのコンセプト・リリースは，特定の業種における経験は，当該業種の業務やその業種が直面する会計・監査上の重大な問題等を監査人が理解するのに有用であるとして，被監査会社が属する業種における監査チームのメンバーの経験年数の記載を提案している。具体的には，パートナー，マネージャー，専門家，および業務品質管理レビューワーそれぞれの，被監査会社が属する業種に関する累積経験年数の記載を求めている。

　本指標は，監査事務所がどの程度業種専門化を促進して，監査チームのメンバーを配置しているかを計ることを意図している。

　一方，CAQにおいても，監査委員会がコミュニケーションをとる際に必要な情報として，主要な監査チームのメンバーについて，当該監査契約に関係する業種における経験年数の開示を提案している。

(2) 先行研究・調査

　監査人の有する経験，知識とパフォーマンスとの関係について，先行研究では多くの蓄積がある。監査作業の多くは知識集約的であり，専門的知識は経験から得られると考えられている。

　Boner and Lewis（1990）は，知識を3つに分類したうえで，監査人の経験は知識・能力に結びつき，これらは監査人のパフォーマンスに影響すると主張している。同研究の主張に，他の研究で検証されている経験の種別を加えて，監査人の経験，知識，およびパフォーマンスの関係を整理すると図表4-1のように示すことができる。なお，同図の関係を包括的に検証した研究はない。

　図表4-1の3つのタイプの知識と問題解決能力は，さまざまな監査作

業に必要な専門的知識の潜在要因である。Boner and Lewis (1990) は，知識を有していても問題解決能力に欠ける監査人は，監査のパフォーマンスが悪く，問題解決能力を有していても必要な知識を有していない監査人も同様であると指摘している。つまり，これらの複数の知識と問題解決能力は結びついて監査人のパフォーマンスに寄与すると考えられる。

図において，本指標に関係するのは網かけ部分である。経験によって得た下位専門分野の知識が監査人のパフォーマンスに影響するという関係から，現実的に容易に定量化できる「経験年数」が本指標の算定値として抽出されていると解される。ここで，下位専門分野の知識とは，特定の業種経験から得た知識を意味する。

一般的な会計・監査の専門的知識と監査人のパフォーマンスとの関係を経験の多寡により検証する先行研究の検証結果は混在している。経験と監査人のパフォーマンスとの二者関係に焦点をおくと，作業に基づく経験と監査人のパフォーマンスとの関係を検証した研究には，Thibodeau (2003) 等があり，業種に基づく経験と監査人のパフォーマンスを検証している研究として，Solomon et al. (1999)，Low (2004)，Hammersley (2006) 等が挙げられる。いずれも経験と監査人のパフォーマンスとのプラスの関係を主張している。本指標に関係するのは後者であり，たとえば，Hammersley (2006) は，業種経験を有する監査人は，業種経験を有していない監査人よりもリスク評価やリスク対応に関してパフォーマンスが優

■ 図表4-1　監査人の経験，知識とパフォーマンスの概念構造

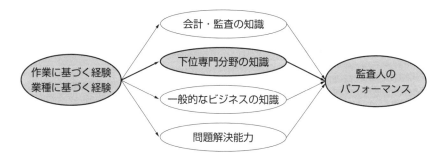

れているという検証結果を示している。

　また，上記の２つの経験が監査人のパフォーマンスにどのように影響を与えるのかを比較した研究として，Moroney and Carey（2011）がある。同研究では，以下のとおり，業種に基づく経験は，作業に基づく経験よりも監査人のパフォーマンスに大きな影響を与えるという結果が示されている。すなわち，ある産業での経験は，当該業種についての下位専門的知識の習得につながる。したがって，被監査会社が属する産業の会計・監査上の問題，法規制，事業環境などに関する知識の習得によって，多様な作業における監査人のパフォーマンスは向上する。つまり，業種に基づく経験から得た知識は，熟知している産業においては，精通していない作業に対してもより良く応用される。一方で，作業に基づく経験から得られた知識は，別の産業に属する会社の監査業務に適用できるが，そのベネフィットは限られているとされる。

　さらに，この研究では，同業種の会社を監査する場合に，監査人のパフォーマンスは比較的短い期間（年度監査実施期間の20％以上）に達するまで右肩上がりに向上するが，その効力は次第に横ばい状態になるという結果を得ている。

　なお，複数の先行研究において，監査人が有する専門的知識の程度は，監査業務従事経験年数では計れないこと，および単なる監査業務従事経験年数と監査人のパフォーマンスとの間には有意な関係がないことが指摘されている。

　以上に加えて，広範囲にわたる業種経験を有する監査人は，仮説生成の作業に優れているとされる（Bedard and Biggs, 1991）。

(3) 制度等

　個々の監査専門要員の業種経験に関する情報開示は，制度上わが国では要求されていない。したがって，個々の監査人がどの程度の業種経験を有しているのかを知る手段はない。

　一方，一部の大手監査事務所では，担当業種別に特化した部門を組成し

ている。たとえば，あらた監査法人は，監査部を製造・流通・サービスと金融ビジネスに大別し，さらにそれぞれの部門を業種別に組織細分化している[22]。このように，一部監査実務において，業種に基づく専門的知識や経験の集約が図られている。

なお，AQIの取組みを行う諸外国の規制機関において本指標を採用しているのは，CAANZとACRAである。前者においては，監査事務所は必ずしも提示された指標を採用して開示を行っているわけではない。一方，後者は，AQI開示の枠組みを公表しており，上場企業の監査委員会は2016年1月からこの情報を利用できる。ACRAは，監査事務所が監査委員会とAQI情報（8指標）を共有するよう奨励している。これに対し，ビッグ4の監査事務所は上場企業の監査委員会に上記枠組みでAQIを開示することに合意している。当該枠組みでは，個人別の業種経験の記載例として，どの業種で何年の経験を有しているか，どの業界が専門であるのか，その他の経歴等，および同業種の過去の非監査会社名などが挙げられている。

(4) AQIとしての課題

先行研究の知見から，業種に基づく経験によって監査人のパフォーマンスは向上する。また，現在の監査は，事業上のリスクを重視した監査リスク・アプローチによって実施され，被監査会社が晒されているリスクを理解するために，会社が属する産業や事業に関する広範な知識を入手することが求められる。この観点から，業種に基づく経験によって得られる下位専門分野の知識は，監査を実施するうえで極めて重要である。

したがって，監査チームの専門要員が自社産業について業種経験を有するのかどうかを監査委員会等が認識できるような情報開示を講じることに

---

22. PwCあらた監査法人，「監査品質に関する報告書-Transparency Report 2016」,12頁。なお，新日本有限責任監査法人およびあずさ監査法人は，金融事業部以外は，地域別ブロックで組成。ただし，新日本は，東京事務所監査部門のみ「第Ⅰ監査事業部」は不動産関連，「第Ⅱ監査事業部」は自動車関連，「第Ⅲ監査事業部」はテクノロジー関連と，ある程度の業種別事業部制をとる。また，有限責任監査法人トーマツは地域ブロック別のみで組成しているが，業種別ニーズに対応するため組織を超えたチームを編成している。

は意味がある。しかし，先行研究が指摘するように，業種経験が監査人のパフォーマンスに与える影響が比較的短い期間で平準化するなら，単一の産業における経験年数の長さ自体に大きな意味はない。また，単一の産業に長期間の経験を有する場合と，多様な産業での経験を有する場合の監査人のパフォーマンスの違いを検証する必要があるだろう。

さらに，大手監査事務所に限れば，業種に基づく組織細分化を行い専門的知識の集約を一部図っている場合があり，この場合には，業種に基づく経験年数の開示は必要性が高いといえない。

なお，PCAOBがSAGにおいて提示したコメントレターの分析結果によると，本指標に対しては，「支持する」が40％，「一部支持」が33％，「支持しない」が27％（回答数15）となっている。

一方，AQIに対しては国際的にさまざまな取組みが行われており，FEE（2016）によると，PCAOBを含む9つの規制機関のうち，本指標を提示しているのは5つの機関である。なお，NBAをはじめ，FAOA，FRCは本指標を採用していない。

また，本指標と関連するAQI 6「監査専門要員の経験」については，SAGにおいて本指標よりも支持率が高く，FEE（2016）による調査では6つの機関が採用している。ただし，上述のように，先行研究の知見から，単なる監査業務従事年数の多寡と，監査人のパフォーマンスとの間には有意な関係がないという指摘があることにも留意が必要である。

〈参考文献〉

Bedard, J. C. and S. F. Biggs. (1991), The Effect of Domain-Specific Experience on Evaluation of Management Representation in Analytical Procedure, *Auditing: A Journal of Practice & Theory* 10 (Supplement): 77-95.

Bonner. S. and B. Lewis. (1990), Determinants of Audit Experience, *Journal of Accounting Research* 28: 1-20.

Hammersley, I. S. (2006), Pattern Identification and Industry-Specialist Auditors, *The Accounting Review* 81 (2): 309-336.

Low, K. Y. (2004), The Effects of Industry Specialization on Audit Risk

Assessments and Audit-Planning Decisions, *The Accounting Review* 79 (1), 201-219.

Moroney. R. and P. Carey. (2011), Indutry-versus Task-Based Experience and Auditor Performance, *Auditing: A Journal of Practice & Theory* 30 (2): 1-18.

Solomon, I., M. D. Shields and O. R. Whittington. (1999), What Do Industry-Specialist Auditors Know?, *Journal of Accounting Research* 37 (1): 191-208.

Thibodeau, J. C. (2003), The Development and Transferability of Task Knowledge, *Auditing: A Journal of Practice & Theory* 22 (1): 47-68.

8 監査専門要員の交代・離職
AQI 8：Turnover of Audit Personnel

(1) PCAOBおよびCAQの提案

　PCAOB（2015a）は，監査業務レベルおよび監査事務所レベルそれぞれにおいて，監査専門要員の交代・離職に関するAQIの計算・測定方法を提案している。すなわち，1）監査業務レベルにおいては，監査事務所を退職または他の監査チームに移動した，a）前期のパートナー，b）マネージャー，c）監査スタッフ，d）専門家，e）審査担当者，のそれぞれの割合を測定・計算する一方，2）監査事務所レベルにおいては，監査事務所を退職または監査実務から離れた，a）前期のパートナー，b）マネージャー，c）監査スタッフ，d）専門家，のそれぞれの割合を測定・計算することを提案しているのである。

　他方，CAQ（2014）は，監査業務を担当する監査チームメンバーの知識と経験をAQIとして含めることは重要であって，この指標は監査チームの構造，および監査メンバーの知識，経験およびテニュアに関する情報を監査委員会が理解するのに役立つことに触れてはいるが（AQI 6─監査専門要員の経験─を参照[23]），監査専門要員（監査チームメンバー）の交代・離職について特に記述しているわけではない。この背景として，監査専門要員の経験と交代・離職は表裏の関係にあることが考えられる。

　なお，FEE（2016）においても，監査業務レベルおよび監査事務所レベルそれぞれにおいてPCAOB（2015a）とほぼ同様のAQIの計算方法を提案している。

---

23. 具体的には，監査業務を担当する監査チームのメンバー（たとえば，監査業務担当パートナー，マネージャー，および監査業務の品質レビュアー）の経験レベルに焦点をあて，その測定尺度として1）監査業務従事年数，2）監査業務に関連する産業経験年数，3）当該監査事務所での経験年数，4）現在の地位での経験年数，などを提案している。

(2) 先行研究・調査

　監査専門要員の交代・離職については，監査専門要員の経験と同様に一般に測定可能ではないことから，わが国のみならずアメリカをはじめとした諸外国においてもほとんど研究が蓄積されていない。先行研究としては，監査パートナーのテニュアと会計利益の品質との関係についてテストを実施したChen et al.（2008），および監査パートナーの強制的交代制度が監査の品質を高めたのか否かについてテストを実施したChi et al.（2009）が関連する研究として散見されるのみである。

(3) 制度等

　日本公認会計士協会品質管理委員会（2013）「監査事務所における品質管理」（以下，品基報という）は，1）監査専門要員を合理的に確保するための方針および手続（品基報第28項，同A20からA25項），2）不正に関する教育・訓練（品基報第F28-2項），3）監査チームの選任（品基報第29項，同30項，同A27項），といった規定を設けているが，監査専門要員の交代・離職に関する規定を設けていない[24]。また，日本公認会計士協会監査基準委員会（2015）「監査品質の枠組み」（以下，監基研という）においても，たとえば，1）監査チームメンバーに求められる能力（監基研付録10），2）監査チームメンバーの職業的懐疑心の保持・発揮（監基研付録13），3）経験の浅い監査チームメンバーに対する適時の評価および適切な指導（監基研付録36），といった記述が見られるが，品基報と同様に監査チームについて交代・離職に関しては記述が見られない。ただし，品基報第F32-2項および監査における不正リスク対応基準第8項「監査事務所内における監査実施の責任者の間の引継」は，同一の企業の監査業務を担当する監査責任者が全員交代した場合には，監査事務所は，監査業務の

---

24. 監査人の交代は監査専門要員の交代を当然包含することになる。監査人の交代に関する具体的な規定については，日本公認会計士協会監査基準委員会（2013）「監査人の交代」を参照のこと。また，監査チーム内の連携については佃（2014）をそれぞれ参照されたい。

実施における品質を保持するための方針および手続において，不正リスクを含む監査上の重要な事項が適切に伝達されるように定めなければならないとの規定している[25]。

他方，有価証券報告書においては，「提出会社の状況」のコーポレート・ガバナンス欄に，公認会計士氏名，監査法人名および提出会社に係る継続監査年数（当該年度が7年を超える場合のみ），監査業務に係る補助者の構成などを具体的に記載することが求められるが（企業内容の開示に関する内閣府令第二号様式記載上の注意（57）e），監査専門要員の交代および離職に関する情報の開示を要求するまでには至っていない[26]。

(4) AQIとしての課題

監査業務レベルであれ監査事務所レベルであれ，客観的に監査専門要員の交代・離職について測定・計算可能であるならば，利用者サイドにとっての理解しやすさという意味において，直観的にもっとも優れたAQIの1つとして位置づけられよう。ただし，監査専門要員の交代・離職がAQIを高めるのか否かについては相反する仮説がそれぞれ強力であると考えられる。すなわち，監査専門要員の交代・離職による経験の蓄積の毀損は監査の品質を低下させると同時に，監査専門要員の交代・離職は監査専門要員の独立性ひいては監査の品質を高めるとも考えられるのである。監査専門要員の交代・離職について測定・計算されたAQIが広く一般に用いられるためには，実証テストによる証拠の蓄積が必要となろう。

監査専門要員の経験を客観的に把握できるように制度設計を実施することは可能ではある。ただし，1）どういった主体がどの程度のコストをかけて監査専門要員の経験に関する情報を入手すべきか，あるいは，2）監査専門要員の経験について得られた情報をどのレベルにおいてどの程度開

---

25. 品基報第F32-2項および監査における不正リスク対応基準第8項のいずれも，同一の企業の監査業務を担当する監査責任者が全員交代した場合のみの規定であり，個々の監査責任者もしくは監査責任者以外の監査専門要員が交代・離職した場合について規定するものではない。
26. 財務諸表利用者は，年度間比較による数値の増減に注目することによって，監査専門要員の交代・離職に関する数値をおおまかに推計することは可能である。

示すべきか,といった課題については別途議論されるべきである。

〈参考文献〉

Chen, C.-Y., C.-J. Lin and Y.-C. Lin (2008), Audit Partner Tenure, Audit Firm Tenure, and Discretionary Accruals: Does Long Auditor Tenure Impair Earnings Quality? *Contemporary Accounting Research* 25(2): 415-445.

Chi, W., H. Huang, Y. Liao and H. Xie (2009), Mandatory Audit Partner Rotation, Audit Quality, and Market Perception: Evidence from Taiwan, *Contemporary Accounting Research* 26(2): 359-391.

佃弘一郎 (2013),「不正リスクへの対応における,監査チーム内の連携とグループ監査等での監査人間の連:不正リスク対応基準の設定を巡って」『現代監査』第24号,50-59頁。

日本公認会計士協会監査基準委員会 (2013),「監査人の交代」監査基準委員会報告書900。

日本公認会計士協会監査基準委員会 (2015),「監査品質の枠組み」監査基準委員会研究報告第4号。

日本公認会計士協会品質管理基準委員会 (2013),「監査事務所における品質管理」品質管理基準委員会報告書第1号。

9 サービスセンターで集約化される監査作業の量
AQI 9：Amount of Audit Work Centralized at Service Centers

(1) PCAOBおよびCAQの提案

　この指標は，監査事務所によってサービスセンターで行われる監査作業の集約化（centralizing audit work）の程度を指標化するものである。ここで，監査作業の集約化とは，相対的にリスクの小さな監査作業を，監査を実施する事務所によって設立された国内もしくは外国のサービスセンターに割り振ることを意味する[27]。

　PCAOB（2015a）は，サービスセンターで実施される監査作業の程度は監査の品質の測定において重要なファクターでありうるとし，監査業務レベルおよび監査事務所レベルそれぞれにおいてAQIの計算・測定方法を提案しているが，内容はほとんど同じである。すなわち，監査業務レベルでは，チャージ時間[28]に対するサービスセンターで集約された業務レベルの監査作業の合計の割合が計算され，監査事務所レベルでは，チャージ時間（chargeable hours）に対するサービスセンターで集約された事務所全体の監査作業の合計の割合が計算される。仮にそうであるならば，AQI 9はサービスセンターの利用度そのものを示すことになる。

　他方，CAQ（2014）は，サービスセンターで集約される監査作業の量について指標化することを提案していない。

　なお，FEE（2016）においても，監査業務レベルおよび監査事務所レベルそれぞれにおいてPCAOB（2015a）とほぼ同様のAQIの計算方法を提案している。

---

27. PCAOB（2015a）Appendix A, Page A-9の脚注を参照。
28. チャージ時間（chargeable hours）の定義は不明であるが，おそらくクライアントに請求可能な工数としての上限時間を意味すると思われる。

(2) 先行研究・調査

　サービスセンターで集約化される監査作業の量は外部からは測定可能ではないことから，わが国のみならずアメリカをはじめとした諸外国においても，監査作業の量に注目した研究は蓄積されていない。ただし，PCAOB（2015a）は，国内にとどまらず国外にもサービスセンター拠点を持つことによって，監査パートナーの管理責任やレビューの責任が地理的な視点（geographic scope）へと広がることを指摘している。サービスセンターと監査事務所の距離の関係に注目するならば，たとえば，クライアントと監査事務所の地理的近接度（geographic proximity）と監査の品質の関係を明らかにしたChoi et al.（2012）を先行文献として指摘することができる[29]。さらに，相対的にリスクが小さい業務をサービスセンターに集約することによって，監査人がより複雑な監査業務もしくは監査判断に注力できることから監査の品質にプラスのインパクトがもたらされる一方で，経験の浅い監査人に対するトレーニングの観点からはマイナスのインパクトが生じる懸念をPCAOB（2015a）は指摘する。監査人に対するトレーニングと監査の品質の関係に注目するならば，たとえば，新たにCPAになる者に対する追加的研修と監査の品質との関係を明らかにしたAllen and Woodland（2010）などが関係する先行研究として指摘できよう。

(3) 制度等

　相対的にリスクの小さい監査業務についてサービスセンターを利用することは，たとえば品質管理や監査計画の立案などに大きな影響を与えると思われるが，わが国では監査人がサービスセンターを利用することについて何らかの規定は存在しない。わが国においてはサービスセンターの利用がいまだ一般化していない可能性が考えられる。

---

29. 監査事務所とクライアントの地理的な距離が近ければ，監査人とクライアントの情報非対称性が緩和されることを根拠としている。なお，近年においては，様々な分野で地理的近接度について経験的研究が実施されている。

(4) AQIとしての課題

　わが国において，サービスセンターで集約化される監査作業の量をAQIとして用いることを議論する前に，わが国の監査事務所が，1）いつ頃から，2）どのような監査人が，3）どのような作業について，サービスセンターを利用しているのか，まずは事例研究によって明らかにする必要があろう。相対的にリスクの低い業務について監査事務所が国内外のサービスセンターに委ねることは，今後一般化すると思われ，PCAOB（2015a）が指摘するように，サービスセンターで実施される監査作業の程度，すなわち監査サービスセンターの利用度は，監査の品質を決定づける重要なファクターとなりうる。AQIの計算式の分母であるチャージ時間もしくは分子である利用時間を直接開示することは，監査事務所およびクライアントが無視できない開示コスト（proprietary cost）を負担することになる一方で，PCAOB（2015a）の提案するAQIは割合であることから，これを計算・開示することは，監査事務所およびクライアントのみならず政策立案サイドにとっても抵抗が少ないと思われる。

〈参考文献〉

Allen, A. and A. Woodland (2010), Education Requirements, Audit Fees, and Audit Quality, *Auditing: A Journal of Practice & Theory* 29(2): 1-25.

Choi, J.-H., J.-B Kim, A. Qiu and Y. Zang (2012), Geographic Proximity between Auditor and Client: How Does It Impact Audit Qualty? *Auditing: A Journal of Practice & Theory* 31(2): 43-72.

日本公認会計士協会監査基準委員会（2011），「業務を委託している企業の監査上」監査基準委員会報告書402。

10 監査専門要員1人当たりの研修時間
AQI 10：Training Hours per Audit Professional

(1) PCAOBおよびCAQの提案

　PCAOBの提案によれば，本指標は，監査業務レベルおよび監査事務所レベルのそれぞれにおいて，パートナー，マネージャー，スタッフ，専門家および審査担当者が行った研修時間を指標とするものである。監査業務レベルにおいては，年間の研修時間，監査事務所レベルにおいては，職位ごとの平均研修時間を指標とする。また，研修の内容については，会計・監査（業種特化の事項を含む）に関するものと，独立性および倫理に関するものとに区分して提案されており，前者については個別の研修時間，後者については監査チームにおける年間の合計時間数が指標とされる。

　他方，CAQにおいては，「II. 監査業務チームの知識，経験，及び負荷」「B 監査事務所の訓練の要件」として，監査業務チームにおいて，常に，定期的な訓練を通じた技術的な専門性を向上させるとともに，その質的および量的な内容を被監査会社の監査委員会との間で討議することを提案している。また，業種特化にかかる訓練についても，そこに含めることが考えられるとしている。

　CAQの提案は，質的および量的な内容としているのに対して，PCAOBの提案では，ほかのAQIと同様に，研修時間をあくまでも定量的に補足してAQIとしようとしていることが異なる。

　PCAOBの提案に対するフィードバックでは，本指標については，「支持する」（7件），および「一部支持する」（6件）が多数を占めており，ほかのInputの指標と同様に，「反対意見」（2件）は少なかった。

(2) 先行研究・調査

　監査事務所における研修や訓練は，非公開情報であることから，広く一

般に利用可能なアーカイバル・データはなく，監査研究上も，実証的な研究の蓄積は少ない。

しかしながら，非公開の情報や，監査事務所に対するヒアリング等を通じて，直接的に監査の質との関連性を問うものや，監査事務所の規模による研修・訓練の相違の問題を取り扱うものが散見される。

たとえば，Sundgren and Svanström（2014）は，監査スタッフの訓練による知識等の向上が監査の質に影響することを継続企業に関する監査対応を通じて明らかにし，Plumlee et al.（2015）は，監査パートナーに対するメタ認知のスキルを訓練することで，分析的手続の適用において質の高いパフォーマンスをもたらすことを明らかにしている。

また，Svanström（2016）は，小規模監査事務所における監査時間のプレッシャーのなかで，監査人に対する訓練の時間増が負の影響をもたらしていることを論じている。

一方，研究論文ではないが，実際の監査事務所の研修・訓練の状況について述べたものとしては，PwCに関するWinograd et al.（2000）や，大規模監査事務所のネットワーク内での研修に関するStreet（2002）などが挙げられる。

(3) 制度等

まず，監査人たる公認会計士については，わが国においても，継続専門研修制度（CPE）が設けられている。

公認会計士法28条では，「公認会計士は，内閣府令で定めるところにより，日本公認会計士協会が行う資質の向上を図るための研修を受けるものとする。」と規定されており，これに基づいて，日本公認会計士協会の下で，会員である公認会計士は，集合研修，自己学習，著書等執筆および研修会等講師のいずれかの方法により，下記に掲げる必要な単位数を履修し，申告しなければならないとされている（会則第116条第3項，CPE規則第6条第1項）。

(a) 合計単位要件

　　直前3事業年度で120単位以上，1事業年度に最低20単位以上
(b) 領域別単位要件（継続的専門研修制度に関する細則第21-22条）
　・職業倫理に関する研修科目2単位
　・税務に関する研修科目2単位
　（法定監査業務従事者にかかる特例）
　・監査の品質および不正リスク対応に関する研修科目6単位

　また，日本公認会計士協会では，一般財団法人会計教育研修機構を設立し，同機構において，公認会計士試験合格者の実務補習を実施しているほか，日本公認会計士協会との連携の下で，上記の集合研修を実施している。しかしながら，集合研修（本部研修）として実施される研修は，座学がほとんどであり，これらの研修プログラムを有する大規模監査法人および一部の中堅監査法人にあっては，それに参加していない。さらに，研修の講師は，一部を除いて無給によって行われ，研修講師のスキルや教育経験は問われていない。

　CPEは，95％以上の履修率を達成している。日本公認会計士協会では，義務不履行者の全員を対象として上述のCPE規則第14条に基づく履修勧告を行っているほか，不履行者の業務の状況や不足単位数に応じて抽出された会員に対して，監査業務等からの辞退勧告や氏名等の公示などの処置を講じている。しかしながら，公認会計士資格の停止または抹消等にかかる規定がない点にも留意する必要がある。

　こうしたCPEは，会計士に対して，一定のリカレントな教育・訓練を実施する効果はあるが，他方で，研修の内容を問わない点や，研修講師の水準や受講する側の達成度が問われないという問題点もある。

　わが国のCPEは，インプット方式とよばれ，アメリカのCPEの仕組みをモデルとしたものであるが，ほかの国においては，異なるモデルがある。たとえば，フランスでは，同じインプット方式であっても，一部の項目については，アウトプット方式を取り入れて，到達度テストを導入しているほか，英国(ICAEW)では，CPEではなくContinuing Professional Development

（CPD）として，アウトプット方式，すなわち，能力評価方式が実施されている。

国際会計士連盟の公表している国際教育基準（International Education Standards: IES）第7号では，継続的専門的能力開発（Continuing Professional Development: CPD）という用語によって，資格取得後教育を自身の業務の性質や職業的責任に関連する能力開発と位置付ける立場をとっている。

那須・松本・町田（2015）では，「CPEはCPDに改組し，単に単位履修を求めるのではなく，自主的な目標設定とそれに応じた能力開発を進めるプロセスとし，履修した内容等を履歴として示すことができるようにして，CPDの履歴をもって会計プロフェッションのスキルの判別及び競争を促すべきである。」，ならびに，「担当する業務に応じて求められるCPDの内容を規定するなど，より業務に根差したCPDの体制を置く必要がある。」等の提言を行っている。

また，EAA（2016）においても，英国やオーストラリアでは，監査事務所レベルでの定性的な情報として，当該指標を開示することが提案されており，また，オランダにおいては，監査事務所レベルでの数値情報，カナダでは業務レベルでの数値情報，シンガポールでは，事務所および業務の双方のレベルにおける数値情報の開示が挙げられている。

このように，CPEとして，一定時間以上の研修が義務付けられている会計プロフェッションにとっては，当該指標の開示は，その程度差こそあれ，適用が容易な指標といえるのかもしれない。

(4) AQIとしての課題

研修時間を明らかにすることは，それ自体としては，必ずしもむずかしい問題ではない。しかしながら，わが国におけるCPEが，その内容を問わず，履修率に焦点を置いている現状では，単に研修時間だけを指標として開示しても有用ではないように思われる。

PCAOBおよびCAQの提案が，業種特化の内容を考慮したAQIとなっ

ていることからも，研修内容がわかる形でなければ，AQIとしての効果は低いであろう。現状のCPEの実施状況のままでは，単に，所定の研修を受けていることを示すのみであり，それはAQIの問題ではなく，公認会計士協会の自主規制の課題であろう。

　AQIとして，監査に関わる個人の訓練の時間，ならびに，その集合である監査チームや監査事務所における訓練の時間の合計や平均を示すのであれば，研修がCPDとして，個々の監査人のスキルや知識を一定程度反映するものである必要があるのではないか。

〈参考文献〉

Plumlee, R. D., B. A. Rixom and A. J. Rosman (2015), Training Auditors to Perform Analytical Procedures Using Metacognitive Skills, *The Accounting Review* 90 (1): 351-369. January.

Street, D. L. (2002), Large Firms Envision Worldwide Convergence of Standards, *Accounting Horizons*, 16 (3). September: 215-218.

Sundgren, Stefan and Tobias Svanström (2014), Auditor-in-Charge Characteristics and Going-concern Reporting, *Contemporary Accounting Research*, 31 (2). Summer: 531-550.

Svanström, Tobias1 (2016), Time Pressure, Training Activities and Dysfunctional Auditor Behaviour: Evidence from Small Audit Firms, *International Journal of Auditing* 20 (1). March: 42-51.

Winograd, B. N., J. S. Gerson and B. L. Berlin (2000), Audit Practices of PricewaterhouseCoopers, *Auditing: A Journal of Practice & Theory* 19 (2). Fall: 175-182.

那須伸裕・松本祥尚・町田祥弘 (2015),『公認会計士の将来像』同文舘出版.

11 監査時間とリスク領域
AQI 11：Audit Hours and Risk Areas

(1) PCAOBおよびCAQの提案

　PCAOBの監査品質指標の提案では，本指標は，「監査人」という大分類のなかの「フォーカス」，すなわち，監査人が識別したリスク領域に対して，監査計画上，どの程度の時間を配分し，また実績としてどの程度の時間を費やしたかを指標として取り上げるものである。特にPCAOBのコンセプト・リリースでは，パートナー，マネージャー，監査スタッフ，会計および監査の専門要員，専門家，および審査担当者の監査時間と，特別な検討を必要とするリスクに割り当てられた監査時間について，前期および当期，ならびに，業種別区分での表記を求めている。

　他方，CAQにおいても，Ⅱ-D.(重大なリスク領域へのリソースの配分)において，ほとんど同様の記載があり，CAQとPCAOBの両者の提案内容が一致していることからも，かなり現実的な指標の提案と解される。

(2) 先行研究・調査

　監査時間については，後述のとおり，韓国を除いては公表資料がないため，監査事務所に対する一種の聴き取り調査によって得られた非公表の資料をもとにした実態調査が中心となる。したがって，追試が困難であることもあって，必ずしも同じ研究が重ねられていく傾向にないことが特徴となっている。

　まず，監査時間を監査人の業務量として捉えて，被監査会社の特徴との関係で検討したものとして，Johnstone and Bedard (2001)，Bell et al. (2008)，などが挙げられる。このうち，前者は，不正リスクによって監査人は専門家の配置とともに調書の査閲にかける監査時間増やすこと，また，後者は，ビジネスリスクの増加が監査時間に影響を及ぼすという結果を示している点で，AQIの議論との関連性が高い。

　その他，同様の観点からの分析を行ったものとして，非監査業務との関

連性を検討したDavis et al.(1993),監査人の交代との関連性を分析したDavidson et al.(1996),および監査の品質と効率性の分析を行ったDopuch et al.(2003) などもある。

また,監査報酬と監査時間の関連性を分析したものとしては,Deis and Giroux(1996)が重要である。同研究では,監査人の交代による監査報酬と監査時間に対する影響を検討して,監査人が交代した際には,監査時間自体は有意に増加していることを示している。同様に,町田(2012)もまた,日本の監査報酬が低廉な理由を監査時間に求め,内部統制の評価を含むリスク評価,および品質管理の領域に割り当てられる監査時間が有意に少ないことを論じている。

その他,監査事務所の規模との関連で監査時間を扱ったものとしては,Blokdijk et al.(2006)があるほか,利益の質との観点で,監査時間の問題を取り上げたものとして,Caramanis and Lennox(2008)が挙げられる。

他方,監査時間の実態調査としては,先に述べた日本公認会計士協会(2004)の国際比較調査がある。同調査では,数年ごとに実施している「監査実施状況調査」の一環として,日本の大手4大監査法人の協力の下,アメリカ,英国,ドイツ,フランスおよびカナダの5カ国と日本との監査時間数の比較調査を行っている。それによれば,海外における監査時間は,おおむね日本の1.1倍ないし2.8倍であることが示されている。

(3) 制度等

監査時間について,公表を求める制度は,わが国には存在しない。監査時間の開示が行われているのは,先進国中では,韓国のみである。

韓国では,2014年9月2日に,国務会議において「外部監査に関する法律」にかかる施行令が承認され,同施行令第6条および別紙第22号において,監査人は,2014年11月29日以降に提出する監査報告書において,監査に関与した人数,監査時間,および監査業務内容等を記載した文書を監査報告書に添付しなければならないこととなった(監査業務内容については,監査計画,現場監査,実地棚卸,外部確認等に区分して遂行時期および業

務実施内容等を記載)。

『韓国経済新聞』(2015年8月19日)によれば，金融監督院が，「適正監査時間基準値」に達しない企業100社に対して特別点検を実施するという。韓国では，監査時間を監査監督機関による検査にすでに利用していることがわかる。

他方，わが国においては，上場会社等(金融商品取引法上の監査対象会社)については，監査人に対して「監査概要書」の提出が求められており(金商法193条の2第6項，監査証明府令第5条)，そのなかで，「第二部 監査の実施状況等・1 監査の実施状況」において，監査時間の記載が求められている。

監査概要書の書式は以下のとおりである。

従事者の内訳	人数	従事日数または時間数
監査責任者または業務執行社員		
公認会計士		
その他		
小計		
審査担当者		
合計		

また，監査概要書の提出は，監査，中間監査および四半期レビューのいずれも，報告書の作成日の翌月の末日までとなっており，提出先は，各財務局に対して，書面によってのみ提出可能とされている。監査概要書は，非公開であるが，被監査会社に対しては，その写しに当たる内容が，「監査実績報告書」等の名称で渡される慣行がある。金融庁では，監査人に対する処分が検討される際に，概要書を再検討することから調査が開始されることとなる。

他方，非上場の大会社については，会計監査人が「監査実施報告書」を日本公認会計士協会会長宛に提出することが会則上求められている。これは，日本公認会計士協会が毎年，2月に公表している「監査実施状況調査」の統計資料の資料となっている。日本公認会計士協会では，監査概要書の写しとともに，監査実施報告書の提出を会員たる監査人に対して求めてお

り，統計資料として，監査報酬および監査時間の平均値等が公表されている。

監査概要書も，監査実施報告書も，いずれも実績値としての監査時間を記載することを求めていることから，非公表の資料ながら，監査時間の実績値の提出は行われているといえよう。英米においては，こうした制度はない。

EAA (2016) によれば，カナダにおいては，監査時間とリスク領域に関する当該指標および次節で取り上げる監査実施段階別の監査時間の指標が，いずれも業務レベルの指標として提案されているが，あくまでも議論のための材料であって，制度として開示が義務付けられているわけではない。

(4) AQIとしての課題

AQIとして，監査時間を利用する場合には，韓国のケースが参考になる。現在でも期末監査の実施報告にあたって，監査人は，被監査会社側，特に監査役会に対して，監査概要書の写しからなる監査実施報告書を提出していることから，これを整理して，監査報告書の添付書類とすることが考えられる。

しかしながら，PCAOBが求めているのは，①監査チームおよび監査事務所の職位別の監査時間，②前期と当期の監査時間，③監査計画と実績，および④特別な検討を必要とするリスクにかかる監査時間の開示を求めていることから，その内容はかなり詳細になるものと予想される。

海外においては，監査事務所内での業務管理のために，こうした数値は把握されていると考えられるので，それをどこまで公表するかという問題になると思われる。逆に，監査報酬をトップダウンアプローチで決定している中小規模の監査事務所にとっては，かかる監査時間の算定は，大きな負担かもしれない。

他方，現在のわが国の場合には，監査報酬は，アメリカの3分の1から4分の1程度ということが知られているが，報酬の多寡は，各国の経済水準や職業専門家の社会的地位等によって，判断が異なるものであるとして，単純比較をするのには困難が伴う。しかしながら，具体的に監査時間が公表されるとなると，ほぼ同一のマニュアルの下で実施されている監査の投入業務量の少なさが問題となるであろう。さらには，SEC登録企業等に

おける監査時間と,業容がほぼ同じ日本国内のみに上場する企業とで,なぜ監査時間が大幅に異なるのかについての説明はむずかしいであろう。わが国の監査実務環境において,監査時間を指標として公表することについては,反対意見が大きいかもしれない。

〈参考文献〉

Bell, T. B., R. Doogar and I. Solomon (2008), Audit Labor Usage and Fees under Business Risk Auditing, *Journal of Accounting Research* 46 (4): 729-760.

Blokdijk, H., F. Drieenhuizen, D. A. Simunic and M. T. Stein (2006), An analysis of Crosssectional Differences in Big and Non-Big Public Accounting Firms, *Audit Programs, Auditing: A Journal of Practice & Theory* 25 (1): 27-48.

Caramanis, C. and C. Lennox (2008), Audit Effort and Earnings Management, *Journal of Accounting and Economics* 45 (1):116-138.

Davis, L. R., D. N. Ricchiute and G. Trompeter (1993), Audit Effort, Audit Fees, and the Provision of Nonaudit Service to Audit Clients, *The Accounting Review* 68 (1) January:135-150.

Davidson, Ronald A. and Willie E. Gist (1996), Research Reports Empirical Evidence on the Functional Relation between Audit Planning and Total Audit Effort, *Journal of Accounting Research* 34 (1) Spring:111-124.

Deis, D.R. Jr. and G. Giroux (1996), The Effect of Auditor Changes on Audit Fees, Audit Hours, and Audit Quality, *Journal of Accounting and Public Policy*. Spring: 55-76.

Dopuch, N., M. Gupta, D. A. Simunic and M. T. Stein (2003), Production efficiency and the Pricing of Audit Services, *Contemporary Accounting Research* 20 (1): 47-77.

Johnstone, K. M. and J. C. Bedard (2001), Engagement planning, bid pricing, and client response in the market for initial attest engagements, *The Accounting Review* 76 (2):199-220.

日本公認会計士協会(2004),「報告書『国際比較に基づく監査時間数の増加の提言』の概要」,3月17日。

町田祥弘(2012),「監査時間の国際比較に基づく監査の品質の分析」『會計』181巻3号,3月,354-367頁。

12 監査の実施段階ごとの監査時間の配分
AQI 12：Allocation of Audit Hours to Phases of the Audit

(1) PCAOBおよびCAQの提案

　本指標は，PCAOBの提案のなかで，前節のリスク領域に対する監査時間とともに，「監査人」という大分類のなかの「フォーカス」に分類される。AQI 11がリスク領域にどれだけの監査時間が割かれていたかという，いわばリスクとの関連性で監査時間を捉えるのに対して，本指標は，監査実施の全体のなかで，監査時間がどのように配分されているか，また前年度からどのように変わったのかを開示させようとするものである。

　PCAOBの提案では，業務レベルでは，当年度の（計画上の）監査実施段階ごとの監査時間と前年度の（実際の）それらに対する監査時間を，計画，四半期レビュー，期中業務，監査報告を行うまでの期末業務，および監査調書が完成するまでの事後的な業務に分けて，監査事務所内の各階層別の時間をそれぞれ開示することとなる。また，事務所レベルでは，事務所全体としての，それらの業務の割合を開示することが求められる。

　他方，CAQにおいても，特にⅡ-C.（監査業務時間と関連時間の傾向）において，同様の提案がある。監査実施段階の区分は必ずしも詳細ではないものの，前年度に限らず，会計年度の経過による各段階での監査時間の変化についての説明が，定性的な形とはいえ，求められている。

(2) 先行研究・調査

　監査時間に関する先行研究は，前節で取り上げたものと共通であるので，再掲はしないが，そのうち，Dopuch et al.（2003）などは，前年度との監査時間の変化を監査の効率性を考える重要な要因として捉えている。しかしながら，監査時間を取り上げた先行研究は，多くの場合，個別の研究協力によって監査時間の研究を行うケースが多いことから，PCAOBおよび

CAQの提案が目途としている，前年度との対比や，経年変化によって，監査実施段階の監査時間の状況を把握しようという先行研究はほとんどないように思われる。

また，日本公認会計士協会（2004）および町田（2012）においても，監査の実施段階ごとの監査時間を尋ねていることから，本指標にも共通の先行研究・調査といえよう。ただし，これらは，いずれも，監査実施プロセスを，計画，内部統制の評価，実証手続，品質管理，監査報告等という区分で尋ねていることから，PCAOBの実施段階の区分とは必ずしも同じではない。

(3) 制度等

わが国で実施されている監査概要書は，業務従事者の階層別という点では，公認会計士とその他というかなり粗い区分であり，他方で，監査実施段階別の監査時間の報告を求めているわけではないことから，PCAOBの提案に類する制度はないといえよう。これは，ほかの国々でも同様である。

なお，前節で述べたように，わが国における監査概要書も，監査実施報告書も，いずれも実績値としての監査時間を記載することを求めていることから，非公表の資料ながら，本指標監査時間の実績値の提出は行われており，監査実施段階ごとの監査時間の前年との変化，または経年変化を，当局や自主規制レベルにおいて検討することは，現在でも可能であるといえよう。

他方，EAA（2016）における各国での提案も前節と同様である。すなわち，カナダにおいては，監査時間とリスク領域に関する当該指標および次節で取り上げる監査実施段階別の監査時間の指標が，いずれも業務レベルの指標として提案されているが，あくまでも議論のための材料であって，制度として開示が義務付けられているわけではない。

(4) AQIとしての課題

本指標は，前節のAQI 11と同様に，監査事務所においては，業務実施

者の業務管理目的で，業務レベルであろうと監査事務所全体レベルであろうと把握されているはずのものである。この点は，中小規模の監査事務所であっても同様と思われる。

　問題は，本指標が，いかなる意味を有するのかという点である。たとえば，制度または監査基準が変更された際に，その効果を計るということであれば，監査時間の変化をみることは有用であるかもしれない。しかしながら，AQI 11と違って，監査の実施段階ごとの監査時間を開示することは，必ずしも常に監査の品質に直結する問題とはいえないのではなかろうか。昨年または例年に比べて，特定の実施段階の監査時間が多かったという結果は，監査の効率的な実施を促す契機になったとしても，リスク評価の結果として必要であると職業専門家としての判断によって実施されたものであれば，否定的に捉えるべきではないと思われる。

　本指標は，前節のAQI 11とセットまたはその開示を行う際の一部として位置付けられるサブカテゴリーとしての指標と捉えるべきではないかと考えられる。

〈参考文献〉

Dopuch, N., M. Gupta, D. A. Simunic and M. T. Stein (2003), Production efficiency and the Pricing of Audit Services, *Contemporary Accounting Research* 20 (1): 47-77.

日本公認会計士協会 (2004),「報告書『国際比較に基づく監査時間数の増加の提言』の概要」, 3月17日.

町田祥弘 (2012),「監査時間の国際比較に基づく監査の品質の分析」『會計』181巻3号, 3月, 354-367頁.

第5章

監査品質の指標(AQI)の検討(2) 監査プロセス

13 監査専門要員に対する独立的な調査の結果
AQI 13：Results of Independent Survey of Firm Personal

(1) PCAOBおよびCAQの提案

　監査プロセスのなかで，「経営者の気風とリーダーシップ」は，監査専門要員の職業的懐疑心，客観性，独立性を保ち続けるために必要である。そのため，PCAOBでは，調査票を使用して，監査事務所の「経営者の気風」を測定するような，監査専門要員に対する独立的な調査をAQIの指標の1つとして挙げている。この調査結果を利用することによって，監査の品質における重要な要素についての監査事務所の見解に対するスタッフの認識について理解をすることができる。

　PCAOBの例示している計算方法として，監査事務所レベルについては，「経営者の気風」，監督および研修の品質や，監査事務所が潜在的な問題点について遠慮なく話すことを求める環境や職業的懐疑心の発揮を促し，それに報いる程度について，監査事務所の専門要員（退職者を含む）に対して，無記名による独立的な調査の実施を挙げている。なお監査業務レベルの計算方法は，「該当なし」となっている。

　他方，CAQにおいては，AQIの1つとして，Iで「事務所のリーダーシップと経営者の気風」を挙げている。さらにCAQでは，測定指標として，経営者の気風を通じた監査事務所のリーダーシップにおいて監査の品質をどれだけ強調しているか，そして監査事務所の品質管理システムについてどれだけ責任を負っているかについての概要を挙げている。

(2) 先行研究・調査

　会計事務所の最高経営者によって作られる事務所の所風は，上場企業の最高経営者によって作られる企業の社風と同じくらい重要である。さらに

会計事務所の「トップの姿勢」は，事務所の文化に大きな影響を与える（POB, 2000, para.4.2）会計士が直面する制度的圧力や個人的圧力は，監査の品質と不正な財務報告の発見にとって決定的に重要な職業専門家の懐疑心と職業専門家としての判断を弱めさせる危険性をもっている（National Commission on Fraudulent Financial Reporting, 1987, p.54）。

The Commission on Auditors' Responsibilities（1978）は，監査人の独立性に影響を与える要因の1つとして，会計事務所の経営方針および手続を指摘し，独立性の維持を支援するべく会計事務所の経営を確保することを提案している。また，National Commission on Fraudulent Financial Reporting（1987, p.56）においては，会計事務所内に存在する圧力として，監査の品質の低下につながるおそれのある会計事務所内の組織的圧力と個人的圧力を識別し，管理することを勧告している。このように監査の品質に悪影響を及ぼす会計事務所内部の圧力に対して，会計事務所がもっと関心を払うべきことを求めている。

また公認会計士・監査審査会（2015, p.10）においても，監査事務所検査結果全般から，上記と同様に，検査結果の根本原因の1つに「監査事務所の経営管理態勢，経営方針（評価・報酬等の動機付けの方針を含む）またはビジネスモデルを挙げている。

このように監査の品質は，会計事務所の経営者の気風の影響を受けていることが指摘されている。しかし，「経営者の気風が，実際，監査人の行動にどう影響しているかについてほとんど経験的な証拠がない[1]」（Bamber and Iyer, 2009, p.137）状況である[2]。

数少ない先行研究のなかで，Bamber and Iyer（2009）は，監査事務所内の監査人が，勤務している監査事務所の経営者の気風についての認識と監査人のプロフェッショナル環境の特性（職務の自律性，組織的なプロフ

---

1. とはいえ，経営者の気風と監査の品質の関係については，実験をつうじた検証は行われている。たとえばPickerd et al.（2015）などは，実験による経営者の気風の事務所内における監査人への影響を分析している。
2. 他方，日本における監査法人の組織文化に関する検証としては，大柳・永見（2009）がある。大柳・永見（2009）は，経営者の気風やリーダーシップと監査の品質とについての直接的な検証ではないものの，監査法人の組織文化について，アンケート調査を実施している。

ェッショナルの衝突）との関係について分析した。なお調査は，国際的な会計事務所に所属しているランダムに抽出した1,250名に対し調査票を送付することによって行われ，最終的に257名から調査票を回収し，うち252名の回答をもとに分析している。その結果，監査の品質を強化するという経営者の気風は，職務の自律性にポジティブに影響するとともに，組織的なプロフェッショナルの衝突にネガティブの影響をもたらす点を指摘した。

(3) 制度等

調査票を使用した監査事務所の経営者の気風やリーダーシップの測定は，制度として実施されていない。

しかし，品質管理基準委員会報告書第1号「監査事務所における品質管理」において，「監査事務所の最高経営責任者等が示す姿勢及び行動は，監査事務所の風土に大きな影響を与える」（A4項）ことが指摘されている。そして，経営者の気風による監査の品質管理への影響を考慮し，監査の品質管理を行うために，「監査事務所は，監査業務の品質を重視する風土を監査事務所内に醸成できるように，適切な方針及び手続を定めなければならない」（17項）こととした。このため，監査事務所の最高経営責任者等を含むすべての階層の管理者は，監査事務所の品質管理に関する方針および手続や職業的専門家としての基準および適用される法令等を遵守して業務を実施，状況に応じた適切な監査報告書の発行について，強調する行動とメッセージを明確に一貫して繰り返すことが求められている（A4項）

なお日本の大規模な監査法人では，それぞれ研修に対するアンケートを実施している（新日本有限責任監査法人（2017），PwCあらた有限責任監査法人（2016），有限責任あずさ監査法人（2016），有限責任監査法人トーマツ（2016））[3]。

本指標については，PCAOB（2015b）によると，AQIに対するコメン

3．PwCあらた有限責任監査法人では，トップとパートナー・職員との対話（PwCあらた有限責任監査法人，2016, 17頁）や，従業員調査も行っている（PwCあらた有限責任監査法人，2016, 25頁）。

トにおいて「支持する」4通,「一部支持する」6通,「支持しない」6通という結果であった。

なおFEE（2016）によると，本指標は，IOSCO（2015）[4]やFRC（2015）などでも提案されていることが指摘されている。

(4) AQIとしての課題

「経営者の気風とリーダーシップ」は，監査の品質に限らず，高い品質を生み出す要因となりえる。そもそも経営者の気風とリーダーシップは量的情報というよりも定性的情報としての性質を有する。また，監査の品質は量的な指標のみでは測定しきれない側面がある。そこで，この量的に補足できない経営者の気風とリーダーシップについて監査専門要員に対する独立的な調査をし，AQIの1つとすることには一定の意義があると思われる。

しかし，AQIの1つとして,「監査専門要員に対する独立的な調査」を挙げるとすると，以下に示す6つの問題が考えられる。

まず第1に，調査結果が有する性質についてである。すなわち，本指標に否定的な立場をとるコメント（たとえばコメントレターでは，Viets; Maffia; Schneider; WeiserMazars LLPなど）でも指摘されているように，このAQIは，非常に主観的な側面をもっている。さらに信頼性の面でも疑問が生じざるをえない性質を有する。こういった問題点は，定性情報がもつ欠点の1つであろう。このような客観性の乏しい，信頼性の欠けた調査結果が，AQIとして，利用者の多くが認めるか疑問である。

第2に，第1の問題点とも関係するが，そもそも「経営者の気風とリーダーシップ」という概念自体が曖昧で，AQIの利用者の共通の認識を得ているとは言い難い。そのため，場合によっては,「経営者の気風とリーダーシップ」の測定が困難な状況にもなりうる。したがって，調査の客観性や信頼性についての問題はともかく，調査対象の概念を明確かつ具体

4．IOSCO（2015, p.6）は，監査の品質を促進させる職業的懐疑心の文化や経営者の気風を実行している事務所のイニシアチブに関する洞察として紹介されている。

に設定しなければならないといえる。とりわけ本指標で扱う「経営者」の定義を明確にする必要があろう。

　第3に，調査の実行可能性についての問題である。この調査の実施にあたっては，コストや調査期間をかなり要することが予想される（たとえば，コメントレターでは，Ritter；KPMG）。またPCAOB（2015a）のQuestion 57にも記されているが，こういった監査専門要員に対する独立的な調査は，どのくらいの頻度で実施しなければならないかを決定する必要がある。もしもAQIとして利用するために，多数の頻度で実施を必要とするという結論が得られたならば，調査コストがかさむことは想像に難くないであろう。くわえて小規模な監査事務所については，調査の匿名性が確保されない可能性がある。

　第4に，こうした調査をどの組織が実施するかという実施主体の問題がある。つまり「独立的な調査」について，PCAOBのような第三者的な存在である組織であれば，「独立的な調査」を実施することができると考えられるものの，そうでない場合，どこまで厳密に「独立的な調査」を実施することができるかという問題である。

　第5に，こうした一連の調査結果のうち，何をAQIとして利用できるか明確にした根拠が提示されているわけではない。

　最後に，そもそも「経営者の気風とリーダーシップ」についての「監査専門要員に対する独立的な調査」をAQIとして利用できるかどうかを検討する前に，「経営者の気風とリーダーシップ」と監査の品質の関係についての実証研究が少なすぎる状況を改善する必要があろう。「経営者の気風とリーダーシップ」のうち，何が監査の品質に影響するかについての具体的な証拠を積み重ねる必要がある。そして，一連の実証結果から一定の証拠を抽出したうえで，監査専門要員に対する独立的な調査のデザインを検討する必要があろう。こうしたプロセスを経たうえで，再度，AQIとして適切な指標となりうるか検討するべきである。

〈参考文献〉

Bamber, E. M. and V. Iyer (2009), The Effect of Auditing Firms' Tone at the Top on Auditors' Job Autonomy, Organizational-Professional Conflict, and Job Satisfaction, *International Journal of Accounting and Information Management* 17 (2): 136-150.

(The) Commission on Auditors' Responsibilities (1978), *Report, Conclusions, and Recommendations*, AICPA（鳥羽至英訳（1990）『財務諸表監査の基本的枠組み 見直しと勧告 コーエン委員会報告書』白桃書房）.

Financial Reporting Council (FRC) (2015), *Transparency Reporting by Auditors of Public Interest Entities Review of Mandatory Reports*, FRC.

The International Organization of Securities Commissions (IOSCO) (2015), *Transparency of Firms that Audit Public Companies Final Report*, IOSCO.

(The) National Commission on Fraudulent Financial Reporting (1987), *Report of the National Commission on Fraudulent Financial Reporting*, AICPA（鳥羽至英・八田進二共訳（1991）『アメリカ公認会計士協会・アメリカ会計学会・財務担当経営者協会・内部監査人協会・全米会計人協会，不正な財務報告全米委員会トレッドウェイ委員会　不正な財務報告―結論と勧告―』白桃書房）.

Pickerd, J. S., S. L. Summers and D. A. Wood (2015), An Examination of How Entry-Level Staff Auditors Respond to Tone at the Top vis-à-vis Tone at the Bottom, *Behavioral Research in Accounting* 27 (1): 79-98.

Public Oversight Board (POB)(2000), The Panel on Audit Effectiveness, *Report and Recommendations*（山浦久司監訳・児嶋隆・小澤康裕共訳（2001），『公認会計士監査　米国POB―現状分析と公益性向上のための勧告―』白桃書房）.

大柳康司・永見尊（2009），「組織文化から捉えたわが国監査法人の特質」，黒川行治編著『実態分析　日本の会計社会　市場の質と利益の質』中央経済社，263-316頁．

公認会計士・監査審査会（2015），『監査事務所検査結果事例集』公認会計士・監査審査会．

新日本有限責任監査法人（2017），『監査品質に関する報告書 2017年1月』新日本有限責任監査法人．

PwCあらた有限責任監査法人（2016），『監査品質に関する報告書―Transparency Report 2016』PwCあらた有限責任監査法人．

有限責任あずさ監査法人（2016），『AZSA Quality 2016』有限責任あずさ監査法人．

有限責任監査法人トーマツ（2016），『Tohmatsu Audit quality Report 2016』有限責任監査法人トーマツ．

14 監査品質の評価と個人の報酬・給与
AQI 14：Quality Ratings and Compensation

(1) PCAOBおよびCAQの提案

　PCAOB（2015a）によれば，本指標は，監査品質が高いという評価と個人の報酬・給与の増加との潜在的な相関関係，および監査品質が低いという評価と個人の報酬・給与の増減との相対的な関係を測定するものである。本指標は，「監査プロセス」という大分類のなかでインセンティブに関する指標と位置づけられている。

　本指標の測定方法（事務所レベル）としては，①監査品質に対する業績評価が極めて高いパートナーおよびマネージャーそれぞれの人数の割合，②監査品質の評価が極めて高く，個人報酬が平均以上に増加したパートナーおよびマネージャーそれぞれの人数の割合，③監査品質の評価が低いパートナーおよびマネージャーそれぞれの人数の割合，ならびに，④監査品質の評価が低いパートナーおよびマネージャーそれぞれの個人報酬・給与の増減額の平均値，が例示されている。業務チームレベルでの測定は想定されていない。

　監査事務所内部における監査品質の評価と個人の報酬・給与の水準とを比較することは，事務所が監査品質をどの程度重んじているかについて重要なシグナルを提供する。この指標は，事務所の人事評価プロセスが，事務所構成員を職位ごとに監査品質に基づいて区別し，それに応じて報酬を与える範囲を捉えるものである。個人報酬を監査品質と関連付けることは，監査品質に対する監査事務所の取組みに関する有力な証拠を提供し，それと同時に監査要員に対して強いインセンティブを生み出しうる。

　PCAOB（2015）は，たとえば「極めて高い業績評価」や「低い監査品質の評価」という定義について監査事務所間の比較が可能となるようにこの指標を適用することは可能か，それはどのようにして可能かと問いかけている（Question 59）。

この指標は，CAQ（2014）では提案されていないが，IOSCO（2015, p.6）では，「監査事務所における監査品質を促進する尺度に関する情報」の1つとして「監査品質に関する業績の評価方法，及び当該業績評価が報酬に影響する程度を含めて，監査事務所がパートナーに監査品質に対する責任をもたせる方法」を透明性報告書に記載することが推奨されている。
　なお，AQIをめぐる国際的な動向を概観しているFEE（2016）に基づいて個別に確認したところ，この指標はNICA（2014），FAOA（2015），FRC（2008），CPAB（2014; 2016），ACRA（2015a; 2015b）では言及されていない。

(2)　先行研究・調査

　この指標に直接関連する先行研究は発見できなかったが，スウェーデンにおける4大会計事務所の監査パートナーの報酬と，監査事務所の特性，パートナー個人，およびパートナーごとのクライアントとの関係を分析した研究として，Knechel et al.（2013）がある。同研究によれば，担当するクライアントの規模や上場会社数，クライアントの獲得または喪失，継続企業問題に関する監査意見表明の失敗などが，パートナーの報酬に関係している。

(3)　制度等

　この指標に関連する確立された制度は存在しないと思われる。そこで，実務の現状を確認する。
　EU域内の監査制度の調和を図ることを目的として2006年に制定，公布された「年次財務諸表及び連結財務諸表の法定監査に関する指令」（European Parliament and the Council of the European Union, 2006）は，社会的に影響度の高い事業体（Public-Interest Entities: PIEs）の法定監査人に対して，透明性報告書（Transparency Report）の公表を要求した。この透明性報告書では，監査事務所のパートナーの報酬に関する情報の開示が求められている。現在では，多くの国で透明性報告書が公開さ

れているが，ここでは，英国に所在する大手4監査事務所（Deloitte, Ernst & Young, KPMG, PwC）の透明性報告書の記載内容を確認する[5]。英国は，2010年にいち早く「監査事務所ガバナンス・コード」（Audit Firm Governance Working Group, 2010）を公表し[6]，上場会社の監査を20社以上担当している監査事務所に対して当該コードの適用を求めている。

① Deloitte

Delloite（2016, p.53）によれば，同事務所の業績評価および昇進のプロセスと考慮事項は，監査品質とパートナーの報酬とを強く結びつけ，パートナーの完全かつ頑健な選抜プロセスを確立する目的で設計されており，パートナーの報酬と昇進を推奨するプロセスとして確立されている。このプロセスでは，特に以下の点において，監査品質とパートナーの報酬が関連づけられている。

- "Audit Quality Dashboard"は，品質の客観的な測定基準を識別し，これらの測定基準についてパートナーの業績を測定する。
- "Audit Responsibility Rating"は，監査責任の水準および監査業務における業績を認識するために，監査業務におけるパートナーの役割を反映する。

これらのプロセスの結果は，監査品質に対するパートナーの貢献度の査定と翌年度以降の目標設定時に，ほかの情報とともに考慮される。

② Ernst & Young（EY）

Ernst & Young（2016, p.23）によれば，品質はEYの経営戦略および業績管理システムの重要な構成要素である。同事務所のパートナーおよびほかの専門家は，その行為と結果について，具体的な品質とリスク管理の指

---

[5] 日本においても，ここで紹介する4大会計事務所と提携している大手監査法人（あずさ，新日本，トーマツ，PwCあらた）は，ここ数年，透明性報告書に相当する報告書を公表している。2017年3月31日に『監査法人の組織的な運営に関する原則≪監査法人のガバナンス・コード≫』が公表され，この原則の適用の状況や，会計監査の品質の向上に向けた取り組みについて，一般に閲覧可能な文書（たとえば透明性報告書）の形での説明が求められたことから，今後一層の拡がりが予想される。

[6] このコードは，その後，2016年7月に改訂版が公表されている（FRC, 2016）。

標を含む基準に基づいて評価され，報酬が決定される。同事務所は，EYグループのパートナーの評価方法である"Global Partner Performance Management (GPPM)"プロセスを確立している。具体的な品質とリスク管理の指標は，①専門的な優秀さ，②その行動と態度で示されるEYの価値観の体現，③品質及びリスク管理に関する知識とリーダーシップ，④事務所の方針及び手続の遵守，⑤法令，規則，職業的専門家の責務の遵守，⑥EYブランドの維持・向上への貢献，を考慮して開発されている。

パートナーは業績を毎年査定され，その報酬は，グローバル・パートナー業績管理プロセスによって測定されるパートナーの業績水準に基づいて決定される。

③ KPMG

KPMG (2016, p.170)によれば，同事務所の報酬モデルは，当該年度の業績のみに焦点をあわせるのではなく，個々人の中期的な価値を反映し，かつ報酬に関する明瞭性と透明性を図り，事務所の戦略および価値観に合致した行動を推奨し，報奨するように設計されている。構成員に対する報酬は一般に，評価基準に基づく報酬と利益分配額の2つからなる。評価基準に基づく報酬は，過去の業績，専門技能の市場価値，個々人の能力，リーダーシップ，およびグループ全体的への貢献などの要因を考慮して決定される。

④ PricewaterhouseCoopers

PwC (2016, p.38)によれば，同事務所では，すべてのパートナーとスタッフは，合意した目標と"The PwC Professional"に基づいて等級化された技術および能力について，その業績を査定される。この査定プロセスは，技術的な能力とその質を考慮し，個人が達成したことのみならず，それをどのように達成したかも考慮する。この査定に基づき，個人は，事務所共通のベンチマークであり，個人の給料，ボーナスおよび昇進に影響する業績評価尺度を割り当てられる。この評価が高い者は，より速く昇進し，より高い報酬とボーナスを受け取る機会を得る。業績が低い者の昇進はより遅く，業績が不十分な場合には是正措置がとられる。なお，監査品質は

パートナーの業績査定プロセスの重要な一部を構成しているとの記述もある。

(4) AQIとしての課題

　大手監査事務所の透明性報告書の開示例から，監査事務所は一般に，パートナーその他の構成員の報酬決定にあたって監査品質を考慮事項としていることが推察される。監査品質の意味，監査品質への貢献度の測定方法，報酬との関連づけなどは，開示情報からは十分に読み取れないが，事務所ごとに異なると考えてよいであろう。

　業績評価と報酬決定は監査事務所がそれぞれの方針に基づいて行うものであり，共通化は非現実的であるとともに無意味であろう。AQIとして比較可能性を担保するためには，監査品質の評価およびその評価と個人報酬との関係について開示すべき情報を共通化し，情報開示の充実を図ることが求められる。

〈参考文献〉

Accounting and Corporate Regulatory Authority (ACRA) (2015a), *Guidance to Audit Committees on ACRA's Audit Quality Indicators Disclosure Framework*, ACRA.

ACRA (2015b), *Guidance to Audit Firms on ACRA's Audit Quality Indicators Disclosure Framework*, ACRA.

Audit Firm Governance Working Group (2010), *The Audit Firm Governance Code*, Institute of Chartered Accountants in England and Wales and Financial Reporting Council.

Canadian Public Accountability Board (CPAB) (2014), *Audit Quality Indicators: In Search of the Right Measures*, CPAB.

CPAB (2016), *Transparency into the Audit—Audit Quality Indicator and Transparency Reporting*, CPAB

Delloite LLP (Dellote) (2016), *Audit Transparency Report 2016*, Delloite.

Ernst & Young LLP (EY) (2016), *Transparency Report 2016 - EY UK*, Volume1 and 2, Ernst & Young.

European Parliament and the Council of the European Union (2006), Directive 2006/43/EC of the European Parliament and of the Council of17 May 2006 on the statutory audits of annual accounts and consolidated accounts, amending Council Directives 78/660/EEC and repealing Council Directive 84/253/EEC, Official Journal, L157, 9.6.2006: 87-107.

Federal Audit Oversight Authority (FAOA) (2015), *Activity Report 2015*, FAOA.

Financial Reporting Council (FRC) (2008), *The Audit Quality Framework*, FRC.

FRC (2016), *Audit Firm Governance Code, Revised 2016*, FRC.

International Organization of Securities Commissions (IOSCO) (2015), FR24/2015, *Transparency of Firms that Audit Public Companies*, Final Report, IOSCO.

Knechel, W. R., L. Niemi and M. Zerni (2013), Empirical Evidence on the Implicit Determinants of Compensation in Big 4 Audit Partnerships, *Journal of Accounting Research* 51 (2): 349-387.

KPMG LLP (KPMG) (2016), *A Clear Insight: UK Annual Report 2016* (including the Transparency Report), KPMG.

Netherlands Institute of Chartered Accountants (NICA), Future Accountancy Profession Working Group (2014), *In the Public Interest: Measures to Improve the Quality and Independence of the Audit in the Netherlands*, NICA.

PricewaterhouceCoopers LLP (PwC) (2016), *Building trust through assurance: Transparency Report*, PwC.

15 監査報酬,監査労力,クライアントのリスク
AQI 15:Audit Fees, Effort, and Client Risk

(1) PCAOBおよびCAQの提案

　PCAOBの提案による監査品質指標として,本指標は,「監査プロセス」という大分類のなかの「動機」に分類される。本指標は,監査報酬および監査労力と,クライアントのリスク水準との関係を洞察するものである。監査報酬と監査労力がともに低下すると監査品質は低下しうる。本指標は,そのような関係が生じうる経済的プレッシャーにある状況を明らかにすることを意図して,監査報酬と,パートナーおよびマネージャーそれぞれのチャージ時間について,前期からの変動割合,ならびに高リスクと評価した公開会社クライアントの割合等の記載を求めている。PCAOBは,この指標が,①監査報酬は監査リスクによっていかに変わるのか,および②監査報酬が変動すると人員配置は変更されるのかについての全体像を示すと指摘している。

　後述するように,本指標の最大の課題は,ここでいう「クライアントのリスク」の定義をいかに導出するのかにある。

　なお,CAQのⅡ-C.(監査業務時間と関連時間の傾向)には,前期および当期の職位ごとの監査時間の表記が提案されている。

(2) 先行研究・調査

　監査報酬の決定要因に関しては多くの先行研究がある。なかでも,Simunic(1980)を端緒とし,同研究が構築したモデルに改良を加えた研究の蓄積が多数みられる。先行研究では,主にクライアントのリスクが高い場合には,①監査労力が増大し監査報酬が高くなる,または②リスク・プレミアムを課すことによって監査報酬が高くなるという仮説,あるいはその両方が検証されている。なお,①に関しては,チャージレート,監査時間,および人員配置との関係に焦点が置かれている。

先行研究が対象としているクライアントのリスクは、以下の3つに分類できる。

(i) 財務比率や財務数値にかかる要因をクライアントのリスク要因と捉えて、これらが監査報酬に影響を与えるかどうかを検証する研究の蓄積は多数ある。これらを包括的にレビューした研究としてKnechel and Wong（2006）があり、2005年までの過去25年間の先行研究を対象とした整理を行っている。また、福川（2012）は、クライアントのリスク要因とクライアントの交渉力要因が監査報酬および監査労力に与える影響は、クライアントの性質によって、あるいは監査事務所間で異なっているのかどうかを分析している。また、大手監査事務所がクライアントのリスクに対してどのような対応をとるのか、すなわち監査労力を増大させるのかリスク・プレミアムを課すのかは、クライアントと監査事務所との関係や監査事務所が採用する監査報酬・監査労力決定に関する戦略によって異なり、その根底には、監査事務所のリスク選好度、置かれた環境、達成しようとする監査の水準に関する違いがあることを示唆している。

(ii) 不正リスク、利益操作リスク、コーポレートガバナンス・リスクなど、重要な虚偽表示リスクに関係するリスクが監査報酬に影響を与えるかどうかを検証する研究としてBedard and Johnstone（2004）がある。同研究は、利益操作リスクとコーポレートガバナンス・リスクが計画された監査時間およびチャージレートに与える影響を考察している。この研究では、監査事務所は、利益操作リスクの高いクライアントには、チャージレートを引き上げ、短期的に監査労力の増分コスト（特別なテストを実施、監査手続の実施範囲を拡大、別の人員配置による）を回収するという結果を得ている。また、利益操作リスクと監査労力との関係は、コーポレートガバナンス・リスクが高いときにより強くなるという関係を見いだしている。なお、同研究では、コーポレートガバナンス・リスク単独の場合には、監査労力に影響は及ばない。この他、Johnstone and Bedard（2001）は、不正リスクと専

門家の配置，調書の査閲にかける監査時間との関係を検討している。

(iii) 監査人自体のビジネス・リスクの要因，すなわち訴訟リスクと監査報酬との関連性を分析したものとして，Pratt and Stice（1994）やSimunic and Stein（1996）が挙げられる。このうちPratt and Stice（1994）は，財政状態や資産構造に関係するような訴訟リスクが高い場合に，監査報酬は追加的な監査証拠の収集コストに加えてリスク・プレミアムを反映して高くなるという結果を示している。他に，Bell et al.（2001）は，監査人自体のビジネス・リスクが高い場合に，監査事務所はチャージレートを上げずに監査時間を増加するという結果を示し，当該リスクと監査報酬との正の関係を論じている。

先行研究をみるかぎり，クライアントのビジネス・リスク，重要な虚偽表示のリスク，および監査人自体のリスク，つまり契約にかかるリスク[7]を包括的に同時に捉えてクライアントのリスクとみなし，監査報酬との関係を検証した研究はない。

(3) 制度等

わが国の上場企業は，2004年3月期以降に提出された有価証券報告書から「提出会社の企業統治に関する事項」に監査報酬の内容を任意開示しており，2008年3月期以降に提出された有価証券報告書からは，「コーポレート・ガバナンスの状況」の区分において，提出会社と連結子会社に区分した統一様式で監査報酬と非監査報酬を記載することを要求されている。

また，アメリカでは，2000年から監査報酬および非監査報酬の金額が業務ごとに開示されており，諸外国でも同様の開示が義務づけられている。

わが国では，監査チームの人数について，監査概要書の「監査の実施状

7．AICPA（1994）の契約リスク（engagement risk）の定義が参考となる。AICPA（1994）によれば，契約リスクとは，「新規監査契約の締結あるいは既存監査契約の継続の可否を判断する段階から，監査報告書の発行の段階にわたり考慮されるリスクであり，監査契約に関係する全体的なリスクとして捉えられている。契約リスクの構成要素は，クライアントのビジネス・リスク，監査人自体のビジネス・リスク，および監査リスクの3つである。また，Ethridge et al.（2007）は，契約リスクにかかる3つのリスクの構成要素を簡潔に具体化して分類し，監査事務所のリスク管理戦略を考察しており，リスクの定義を行う上での参考となる。

況」において，従業者の内訳，人数，および従事日数または時間数が開示されるが，一般には公開されない。

　日本公認会計士協会が2003年に公表した「監査報酬算定のためのガイドライン」によると，監査報酬の計算方法としては，①監査報酬をタイムチャージ方式で算出する方法と，②監査報酬を基本報酬と執務報酬とに区分して算出する方法とがある。タイムチャージ方式は，諸外国においては一般的な方法である。いずれの方法においても，スタッフのランク別のチャージレートが算出されて監査報酬算定の基礎となる。したがって，チャージレートがより高い場合あるいは監査時間が増加するほど，監査報酬はより高くなる。ガイドラインは，リスク・プレミアムを課すという考え方を想定していない。ガイドラインでは，監査報酬算定の考え方や処理指針について一定の方向性を示しているが，監査事務所によって監査の体制や事務所施設等の条件が異なるため，監査報酬は異なることとなる。

　なお，日本公認会計士協会は，法定監査関係書類等提出規則により会員から監査概要書等の提出を求めており，当該概要書等から抽出したデータをもとに，被監査会社を監査の種類別，資本金区分別，負債総額区分別等に区分して，監査責任者や監査補助者（公認会計士，会計士補等）別の監査時間数や監査報酬（平均値，最高値，1時間当たり値）を統計資料として取りまとめ，「監査実施状況調査」として公表している。

　監査時間にかかる制度については，AQI 11を参照されたい。

(4)　AQIとしての課題

　以上のように，監査報酬とリスクとの関係については，さまざまな観点から研究の蓄積が行われているが，本指標を具現化するためには，「クライアントのリスク」の定義を明確にしたうえで，監査報酬と監査時間（全体および職位ごとの変動）やチャージレートの変動，人員配置の変動等との関係性を算定する必要が認められる。また，先行研究を概観すると，ここでいうクライアントのリスクは，クライアントのビジネス・リスク，重要な虚偽表示リスク，および監査人自体のビジネス・リスクにより構成さ

れると考えられる。この意味で，本指標は，AQI 11と統合して検討されるべきである。

　監査リスク・アプローチのもとでは，事業上のリスクを重視したアプローチが採用されており，重要な虚偽表示リスクを評価し，重要な虚偽表示リスクが高い場合には，監査労力を増大させることが求められている。したがって，クライアントのビジネス・リスクおよび重要な虚偽表示リスクと監査報酬，監査労力との関係を表す指標は，監査労力の増加という側面で，監査事務所がこれらのリスクにどのように対応したのかを計る指標となる。

　また，監査時間の増加，人員配置の変更ではなく，チャージレートの引上げのみによって監査報酬が増額されている場合には，クライアントのビジネス・リスク，重要な虚偽表示のリスク，あるいは監査人自体のビジネス・リスクを軽減する監査事務所のリスク管理戦略として，単にリスク・プレミアムを課したにすぎないことを示す可能性がある。

　なお，わが国で本指標を適用する場合には，SEC登録企業とそれ以外の上場企業を区分して考察する必要がある。監査証明業務に基づく監査報酬が多い企業のほとんどはSEC登録企業であるとの指摘があるが[8]，基準や規制に準拠しているかどうかの検証により多くの監査労力をかけたために監査報酬が高いのか，あるいは訴訟リスクなどを回避するためにリスク・プレミアムを課したことで監査報酬が高いのかを別途考察する必要がある。

　監査事務所がクライアントのリスクにどのように対応しているのか，本指標やAQI 11の開示により，監査事務所間のリスク管理戦略の違いが明らかになるかもしれない。

〈参考文献〉

Bedard, J. C. and K. M. Johnstone (2004), Earnings Manipulation Risk, Corporate Governance Risk, and Auditors' Planning and Pricing Decisions, *The*

---

[8] 監査人・監査報酬問題研究会（2016），「監査報酬の実態調査結果について」『会計・監査ジャーナル』に詳しい。

Accounting Review 79 (2): 277-304.

Bell, T. B., W. R. Landsman and D. A. Shackelford (2001), *Journal of Accounting Research* 39 (1): 35-43.

Hay, D. C., W. R. Knechel and N. Wong (2006), Audit Fees: A Meta-Analysis of the Effect of Supply and Demand Attributes, *Contemporary Accounting Research* 23 (1): 141-191.

Simunic, D. A. (1980), The Pricing of Audit Services: Theory and Evidence, *Journal of Accounting Research* 18 (1): 161-190.

Pratt, J. and J. D. Stice (1994), The effects of Client Characteristics on Auditor Litigation Risk Judgments, Required Audit Evidence, and Recommended Audit Fees, *The Accounting Review* 69 (4): 639-656.

福川裕徳 (2012),『監査判断の実証分析』中央経済社。

16 独立性に関する要求事項の遵守
AQI 16：Compliance with Independence Requirements

(1) PCAOBおよびCAQの提案

　本指標は，監査事務所による独立性に関する研修および監視プログラムと，監査事務所が当該プログラムを重視している度合いを測定するものであり，PCAOB（2015a）では「監査プロセス」区分に含まれる。

　監査人の独立性は，監査品質の重要な前提条件であり，本指標はその前提条件に対して間接的な取組みを試みている。つまり，この指標では，独立性の遵守に対して監査事務所の取組みの度合いを確認することをねらっている。

　本指標の具体的な測定方法として，監査業務レベルでは，監査事務所による独立性遵守レビューの対象となっている専門要員の割合，および独立性に関して義務づけられている業務担当チームメンバー1人当たりの研修時間の平均によって測定される。また，監査事務所レベルでは，次の5つにより測定される。①監査事務所による年次の独立性遵守レビューの対象となっている専門要員の割合，②SEC独立性規則の対象となる監査業務専門要員およびそれ以外の専門要員それぞれに対して，独立性に関して義務づけられている1人当たりの研修時間の平均，③監査事務所内部の独立性遵守に関する年次の品質管理レビューの対象となっている監査業務の割合，④公開会社の監査クライアント100社当たりの独立性に関する要求事項の遵守の集中管理，および監視のために監査事務所が行った投資水準，ならびに⑤独立性の違反により公開会社の監査クライアントを失った割合，が挙げられている。

　なお，本指標は，CAQ（2014）では言及されていない。

(2) 先行研究・調査

　監査人の外観的独立性に影響を与える要因については多くの研究の蓄積があり（Shockley, 1982; DeAngelo, 1981など），わが国では，鳥羽・川北（2001）などが存在する。

　また，規制の必要性の観点からは，Watts and Zimmerman（1981）が規制の有無にかかわらず監査人は独立性を維持しようとするインセンティブがあると主張し，Poneman and Gabhart（1993）は，監査事務所が自主規制を行うのは政府が介入する可能性があるからであると指摘している。他方，弥永（2002）は，市場メカニズムによって監査人の独立性確保が動機づけられるという見解は，市場が監査人の独立性について観察可能な場合にのみ妥当すると指摘している。

　外観的独立性を確保する仕組みはさまざま考えられる。独立性にかかる先行研究は多数存在するが，監査事務所の品質管理の観点，つまり監査事務所自体がコストを払って情報開示し市場メカニズムを機能させるという観点からは，先行研究を確認できない。

(3) 制度等

　SECの独立性規則は2000年に改正され，不正会計事件等を契機としたSOX法の成立に伴い，非監査サービスの同時提供の禁止，ローテーション期間の短縮等の規制強化がされ，2003年に同規則は再度改正されている。また，IFAC倫理規程の独立性については，独立性に対する概念フレームワーク・アプローチが採用され，2001年に全面的に改正された。

　わが国においては，2003年に改正公認会計士法が公布され，非監査サービスの同時提供の禁止，ローテーション，被監査会社等の役員等への就職制限，被監査会社株式への直接投資の全面禁止等に関する規定が設けられた。ただし，わが国では，経済的利害関係について，直接投資の定義が明確になっていないこと，間接投資の規定がないこと，関与した社員以外の社員が経済的利害関係および身分的利害関係の規制対象者となる反面，補

助者は規制対象者となっていないことなど検討すべき課題がある。また，わが国では，独立性を損なう非監査業務について個別に具体的なサービスを列挙しているが，その範囲はたとえばSEC規則と比較して狭く，かつ独立性を損なう非監査業務について明確な基本的考え方を規定していない[9]。わが国では非監査業務の提供によって独立性が侵害されて不正事件につながった事例があまりなく，今後の検討課題でもあろう。

　監査人の独立性については，わが国の監査基準「第二　一般基準」2，公認会計士法，施行令，内閣府令等の法令により外観的独立性の要件が規定されており，倫理規則第13条において法令を補完し，精神的独立性をも含めた独立性全般にわたって自主規制がされている。また，品質管理基準委員会報告書第1号「監査事務所における品質管理」および監査基準委員会報告書220「監査業務における品質管理」において，それぞれ監査事務所および監査責任者が独立性の保持のために実施しなければならない事項が規定されている。

　監査事務所が独立性遵守についてどのように取組みを図っているのかは，監査事務所が公認会計士法第34条の16の3の規定に基づき作成する「業務及び財産の状況に関する説明書類」が参考になる。監査事務所はこの書類を公衆の縦覧に供しており，独立性の確保に関する記載を行っている。同書類では，独立性に関する内部規程とこれを遵守するためのプロセスを設けていることの記載，および被監査会社の株式・債券等の保有禁止の遵守状況のモニタリング，登録内容の正確性についての内部検査の実施，定期的な研修の実施，被監査会社との独立性に関する年次確認手続の実施，社員ローテーションの実施等について記載がされている[10]。しかし，独立性に関する要求事項の遵守にかかる研修，監視プログラムの具体的な実施状況や実施結果は開示されておらず，現状では本指標の測定方法による数値は把握できない。

9．たとえば，人事関連，法律業務，専門家業務について公認会計士法は規定していない。
10．なお，PwCあらた有限責任監査法人は2015年度から，その他の大手監査法人（新日本有限責任監査法人，有限責任監査法人トーマツ，有限責任あずさ監査法人）は2016年度から監査品質に関する報告書（名称は監査事務所により異なる）を開示している。

一方，AQIに対しては世界各国でさまざまな取組みが行われている。FEE（2016）によると，本指標を提示しているのはPCAOBのほか，NBA，ACRA，およびIOSCOの3機関である。

たとえば，NBAは，重要な監査品質の指標の1つとして，監査事務所内部で独立性規則違反と報告された数の専門要員全体に占める割合を挙げている[11]。

また，2016年6月17日以後に適用されるEU監査規則（No 537/2014）第13条第2項では，年次の透明性報告書には，監査事務所内部の独立性遵守に関するレビューが実施されたことを確認する法定監査人または監査事務所の実務説明を含めなければならないものとされている。オランダは上記のEU監査規則の国内法化を完了しているが，2016年6月17日より前に適用される監視政令第30条においても，公開会社を監査する監査事務所は，独立性規定の遵守に関して監査事務所内部の監視が実施されたことを確認する報告書を作成しなければならないと規定されている[12]。オランダの監査事務所の透明性報告書では，上記規定に従うにあたって，NBAが提示する数値指標がすでに開示されており，実務が先行している。たとえば，PwCの透明性報告書（2014年度，2015年度）では，「倫理および独立性」に対する指標として，独立性遵守レビューの対象となった専門要員の数とそのうちの違反数，発行した警告書・処分書の数，ならびに業務委員会に対する内部および外部の通知数などが開示されている。また，本指標以外の指標についても，NBAが提示する監査品質の指標を含め，それ以外の指標が開示されており，すでに実務が浸透している状況が確認できる。

また，ACRAは，2016年1月から監査委員会が任意で利用できるAQIの開示フレームワークを公表しており，監査事務所は監査委員会とAQI情報（8指標）を共有するよう奨励されている。なお，ビッグ4の監査事務所は，上場企業の監査委員会に対してAQIを開示することに合意して

---

11. NBA (2016), Reporting on general audit quality factors.
12. NBA (2016), Appendix: Relevant regulation.

いる。ACRAは，AQI開示のフォーマットを具体的に例示している[13]。たとえば，本指標に関して，監査事務所レベルでは，独立性遵守テストの対象者，内容，対象となった数と違反数，および違反があった場合の内容説明と改善措置の説明を求めている。また，監査業務レベルでは，独立性レビューの対象となった専門要員と違反の有無，および監査事務所による付随説明を求めている。

NBAやACRAでは，独立性に関する監視という点から指標の開示が提案され，あるいは実務が先行しているが，PCAOBが求める独立性に関する研修の指標については提案されていない。

なお，PCAOBがSAGにおいて提示したコメントレターの分析結果によると，本指標に対しては，「支持する」が18.2%，「一部支持」36.3%，「支持しない」が45.4%（回答数11）となっている。

(4) AQIとしての課題

監査人の独立性は，監査品質の前提条件であり，独立性の保持の実効性を高めるためには，PCAOB（2015a）が提案するように，監査人の独立性の遵守状況を監視するシステムや研修プログラムの構築に関する指標の開示が有用であると考えられる。しかし，独立性にかかる研修プログラムについては先行事例においても開示例がなく，PCAOB（2015a）のみの提案にとどまっている。

法令や自主規制による取組みに加えて，監査事務所が十分な情報開示を行いオランダやシンガポールの事例のように実務が浸透すれば，市場で実質的な規制の効力が機能し，監査人の独立性は向上する可能性があるかもしれない。ただし，わが国の文化・社会環境では，自主的な情報開示によって実質的な規制の効力が発揮されるのは難しいと考えられる。また，わが国で本指標を採用する場合には，情報開示が機能するのかに加えて，先に述べた課題を含めた検討が必要であるかもしれない。

---

13. ACRA (2016), Sample Presentation Format on ACRA's AQI Disclosure Framework.

〈参考文献〉

Accounting and Corporate Regulatory Authority (ACRA) (2016), *Deepening the Audit Quality Conversation*.

DeAngelo, L. (1981), Auditor Independence, Low Balling and Disclosure Regulation, *Journal of Accounting and Economics* 3 (2): 113-127.

NederlandseBeroepsorganisatie van Accountants (NBA) (2016), NBA Practice Note1135 *Disclosure of Audit Quality Factors*.

Poneman, L. A. and D. R. L. Gabhart (1993), *Ethical Reasoning in Accounting and Auditing* (CGA-Canada Research Foundation).

Shockley, R. A. (1982), Perceptions on Audit Independence: A Conceptual Model, *Journal of Accounting Auditing and Finance* 5 (2): 126-143.

Watts, R. L. and J. L. Zimmerman (1981), *Auditor Independence*, Working Paper, University of Rochester.

鳥羽至英・川北博他（2001），『公認会計士の外見的独立性の測定』白桃書房。

弥永真生（2002），『監査人の外観的独立性』商事法務。

17 監査の質を支えるインフラストラクチャーへの投資
AQI 17：Investment in Infrastructure Supporting Quality Auditing

(1) PCAOBおよびCAQの提案

　本指標は，監査業務ないしは監査事務所に関連する監査の質の基礎を支えるために，人材，監査プロセス，ならびに監査技術に対して，監査事務所が投資する金額で測定される指標である。PCAOB（2015a）では，本指標を「監査プロセス」区分に含めており，インフラストラクチャーの項目に分類している。監査実務のインフラストラクチャーへの事務所の投資，すなわち，その人材，監査プロセス，ならびに監査技術への投資は，監査の質への貢献を説明するものである。しかしながら，当該投資を示す支出額を明確にするのは難しく，事務所が提供する監査や会計における高度な訓練は，そのすべてが監査の質に係わるものではないものの，ある程度は関与していると考えられる。監査技術への投資は，よりよい監査を生み出すことができるが，時には監査の有効性を改善するというよりも効率性を改善するための一連の手続として設計される。

　本指標の具体的測定方法は，監査業務レベルでは，監査業務で生じる収入に対する監査チームへの投資の割合として，また監査事務所レベルでは，事務所収入に対する監査実務への投資の割合として測定される。

　このようなPCAOBによる指標化案に対して，自主規制団体であるAICPAのCAQ（2014）では，このような監査実務へのインフラストラクチャー（基盤）への投資に関する指標化に言及していない。またFEE（2016）のなかでは，オランダ，英国，オーストラリア・ニュージーランドがこの指標に対応している。オランダがインプットの指標として，監査事務所による監査業務に寄与する技術や手法への投資として，年次レベルでの監査収入に対する割合を開示するように求めている。英国は，監査事務所によ

る開示が望ましい実施業務に関する測定基準（Metrics）の１つとして「監査実務への投資（Metrics on investment in the audit practice）」を挙げており，自発的に透明性報告書に記載することを求めているが，その記載は原則主義に基づくため，柔軟性が認められており，事務所側も量的・質的側面から自由に説明を行っている。FRCは，当該報告書を定期的に検査し，概要をまとめているが，この指標に限らず，開示の有無自体も含め，PCAOBの意図するような客観指標による測定と結果の開示とはなっていないことが示されている[14]。さらにオーストラリア・ニュージーランドでは，直接的な投資の公表ではないものの，監査手法や技術のプラットフォームを公表することが求められている。

(2) 先行研究・調査

わが国を含む各国において，監査基盤への事務所における投資にしても，監査チームへの投資にしても，もともとパートナーシップとして発展してきた監査事務所には情報開示に対する意識は低い。このため公開データとしての開示がなされてこなかったために，本AQIに関連する先行研究の数は極めて限定的である。

そのなかでも，Hermanson et al.（2007）は，PCAOBの小規模CPA事務所に対する検査報告書に基づき，監査事務所の財務的特性とPCAOBの検査報告書において事務所に指摘された不備との関係を分析し，不備の可能性の高さは事務所のクライアントの数，パートナー１人当たりのクライアント数，ならびに事務所の成長性と関係のあることを明らかにした。

またCheng et al.（2009）では，監査事務所レベルでの人的資源と監査の質の関係を分析し，台湾における監査事務所の研修費，監査人員の経験年数，およびCPAの数が，監査の質，すなわち監査事務所の収入と肯定的な関係があったことを明らかにしている。

---

14. 透明性報告書の作成と開示は2010年より強制されているが，たとえば，FRCは2015年３月に2013，2014年における32事務所の透明性報告書のレビューを行った結果をまとめて公表している（FRC, 2015）。

さらに，Chen et al.（2013）でも，同じく台湾において政府が公表した調査報告書のデータに基づき，監査の質を人的資源，すなわち教育水準，監査実務の経験，CPAのライセンス保有，事務所の研修費によって捕捉し，全国規模・複数地域規模・地域限定規模といった監査事務所の規模別の監査の質と経営成績との関係を分析し，規模の大きな事務所ほど監査の質が高く経営成績もよいという肯定的関係を見いだしている。

　以上のような間接的な開示情報を用いた先行研究に対し，監査事務所自らが開示した公開データを用いた先行研究として，Kang et al.（2016）を挙げることができる。そこでは，監査事務所における人的資源への投資と監査の質との関係が分析される。この人的資源への投資としては，事務所の財務諸表を公開データとして入手できる韓国において，事務所における会計士に対する報酬の多寡を人的資源への直接投資として，また事務所内における研修費用を間接投資として捕捉する。一方，監査の質については，裁量的会計発生高の絶対値とクライアントの財務諸表における保守的経理のレベルとして捉える。その結果，事務所における報酬に伴う支出は，裁量的会計発生高でも保守的経理の面でも監査の質に対して肯定的に影響するのに対して，研修費については保守的経理で計った監査の質には肯定的な影響が検出されている。

　このように本AQIとして測定される尺度のうち，先行研究では監査事務所レベルでの人的資源投資に関する先行研究はあるものの，監査チームへの投資に関する先行研究は存在しない。

(3) 制度等

　アメリカにおいては，SOX法・§102(d)に基づき，PCAOBルール「登録と報告」のPart 2「報告（Reporting）」のなかでルール2200「年次報告書」で人員に関する詳細の開示が，2009会計年度以降，登録監査事務所に対して要求されているが，人的資源投資に関する情報はその財務諸表では明らかにされていない。

　一方，台湾では，統計法に基づき金融監督委員会（Financial

Supervisory Committee)と財務省(Ministry of Finance)が，1996年以降の調査報告書において，登録監査事務所に対する質問票調査に基づいて各事務所の総収入，総支出，人員構成，固定資産の期末額と変動額に関するデータを収集し公表している。また韓国でも，2004年から株式会社外部監査法(the Act on External audit for Stock Companies・§3(2))に基づき，監査事務所はその財務諸表を開示している。

わが国では，2005年改正公認会計士法34条の16に基づき，監査法人は計算書類と業務の概要，ならびにその他，監査法人に関する内閣府令で定められた業務報告書を内閣総理大臣に提出するとともに公衆縦覧(同条の16の3)に供しなければならない，とされる。特に業務報告書に記載すべき事項は，業務の概況のみならず，社員や使用人等の概況および事務所の概況について記載することが求められている。

さらに当然のことながら，品質管理に関する国際基準(International Standard on Quality Control: ISQC)1でも，また日本公認会計士協会による品質管理基準委員会報告書第1号でも，監査事務所に対して，特に資格と能力，ならびに監査業務を遂行するのに必須の倫理原則を遵守する人員を十分に確保することも求めている。

(4) AQIとしての課題

監査の質，すなわち有効性，を直接かつ客観的に測定することが不可能である以上，その質に影響を及ぼす監査業務への資源投入を当該品質の間接的な評価尺度の1つとすることには一定の合理性が認められる。このため，本指標のように，監査業務ないしは監査事務所に関連する監査の質の基礎を支える業務および事務所の基盤への投資額(人材，監査プロセス，監査技術)の業務および事務所における収入に対する割合として測定し，業務別ないしは事務所別の比較することは考えられうる1つの方法である。

既述のように，事務所レベルの決算書とその細目が開示される場合には，業務収入，人件費，研修費(人材開発費)，設備投資(ファシリティ費用)・監査技術投資(情報システム費用)といった項目として金額を捕捉し，本

AQIとして測定することができる,という点で適用可能性はある。このため,香港や韓国ではそのような先行研究が見いだされた。

しかし業務レベルでの収入を,個々の監査契約から生じる監査報酬の額として捉えたとしても,業務レベルでの人件費,研修費,設備投資費,情報システム投資が開示されていないため,また特定の業務に紐付けして開示され得ない間接コストであるため,本指標を測定するための情報の入手可能性に問題があり,監査業務レベルでの本AQIは実質的に測定不可能と解される。

このような,いわゆる監査のインプットに関する指標は,監査業務の結果として生み出される成果の指標そのものではない,という点を看過してはならない。当然のことながら,本指標は,あくまでも高い成果を獲得するために必要な監査業務の基盤を形成しているかどうかに関する指標であって,成果そのものを計る指標ではない。これは監査のインプットに関する指標すべてに当てはまる限界といえる。

〈参考文献〉

Chen, Y., J. Hsu, T. Huang and S. Yang (2013), Quality, Size, and Performance of Audit Firms, *The International Journal of Business and Finance Research* 7 (5): 89-105.

Cheng, Y., Y. Liu and C. Chien (2009), The Association between Auditor Quality and Human Capital, *Managerial Auditing Journal* 24 (6): 523-541.

Financial Reporting Council (FRC) (2015), *Transparency Reporting by Auditors of Public Interest Entities—Review of Mandatory Reports*.

Hermanson, R., R. Houston and J. Rice (2007), PCAOB Inspection Reports of Smaller CPA Firms: Initial Evidence from Inspection Reports, *Accounting Horizons* 21: 137-152.

Kang, M., H. Lee, M. Son and M. Stein (2016), The Association between Human Resource Investment by Audit Firms and Their Audit Quality, *Asia-Pacific Journal of Accounting & Economics*, November 28.

SEC (2008), File No. PCAOB 2008-04, Form19b-4 Proposed Rule Change.

SEC (2009), Release No. 34-60497, Public Company Accounting Oversight Board;

Order Approving Proposed Rules on Annual and Special Reporting by Registered Public Accounting Firms, August13.

新日本有限責任監査法人(2016),「第17期　業務及び財産の状況に関する説明書類」9月6日。

有限責任あずさ監査法人(2016),「第32期　業務及び財産状況説明書」9月8日。

有限責任監査法人トーマツ(2015),「業務及び財産の状況に関する説明書類第48期」12月17日。

18 監査事務所による内部の品質管理レビューの結果
AQI 18：Audit Firms Internal Quality Review Results

(1) PCAOBおよびCAQの提案

　PCAOBの提案による監査品質指標として，本指標は，「監査プロセス」という大分類のなかの「監視および改善」に分類される。本指標は，監査業務実施の一環である業務品質管理レビューではなく，監査事務所内部のモニタリング，特に検証結果を意味している。したがって，この指標は，「監査事務所内部による監査品質のモニタリング結果」を意味する。なお，モニタリングとは，「事務所の品質管理のシステムに対する継続的な検討と評価，および選定した完了業務に対する定期的な検証のプロセス」をいう（IAASB, 2009, par.12）。

　コンセプト・リリースでは，監査事務所が品質管理の検証対象とした公開会社の監査の割合，当該検証のうちPCAOBのPart I指摘事項と同程度の監査の不備が1つまたは複数指摘された場合のそれぞれの割合，ならびに監査業務レベルでの品質管理の検証結果およびPart I指摘事項と同程度の監査の不備の数の記載を求めている。

　他方，CAQのⅢ-A（内部品質レビューの発見事項）では，数値の提案ではなく，識別された問題の討議，ならびに追加的な監査手続が要求された指摘事項および当該年度の監査に与える影響の討議が提案されている。

(2) 先行研究・調査

　業務品質管理レビューや規制機関によるモニタリングに関するものと比較して，事務所内部のモニタリングに関する先行研究の蓄積は少ない。まず，事務所内部のモニタリングを監査基準や品質管理基準に照らして触れたものとしてBedard et al.（2008）が挙げられる。また，モニタリングに

関する開示の観点から検討したものとしてDeumes et al. (2012) がある。同研究では，EUにおける透明性報告書の開示は，監査事務所間における実際の監査品質の差異を明らかにできるのかについて，独自の透明性報告書スコアを用いて検証している。この研究では，透明性報告書における開示は，監査事務所の監査品質を明らかにしておらず，開示に関する指標の再考を要すると結論づけている。ただし，監査事務所による品質管理システムの有効性についての記述のみ，証拠力は弱いが有益な情報であるとしている。

その他，監査事務所によるモニタリングと規制機関による検証について，パートナーがどのように認識しているのかを比較した研究として，Houston and Stefaniak (2013) がある。同研究では，モニタリングの予測可能性，レビューワーに対する認識，検証結果が事務所に与える影響などを検証している。

後述のように，監査事務所によるモニタリングに関する現状の開示は，定型句によるかあるいは事務所の裁量により開示内容が異なるため，監査事務所間での比較可能性に乏しい。監査事務所内部のモニタリングの実態調査としては，たとえばFRC (2016) がある。同調査では，FRCの監査品質レビュー・チームが，ISQC 1 (UK and Ireland) と英国の監査規制が要求する監査の品質管理システムに関して，9つの監査事務所が事務所内部で実施したモニタリングを対象として調査している。この調査によれば，モニタリングの頻度，サンプル数，サンプルの選定方法，検証範囲，投入する資源，問題に対する追跡調査，検証対象，通知時期，レビューワーの属性，検証時期，検証日数，検証手法，結果のランク付けの有無，指摘事項に対する対処状況，および根本原因分析の手法や投入資源について，監査事務所間で大きな差異があることが示されている（FRC, 2016, pp.8-16）。

(3) 制度等

監査事務所内部による監査品質のモニタリングに関する情報は，わが国

では，監査事務所が公認会計士法第34条の16の3の規定に基づき，「業務及び財産の状況に関する説明書類」を公衆の縦覧に供している。しかし，同報告書は，制度上の要求事項に対して定型句による開示を行うにとどまり，モニタリングの内実や監査事務所間の監査品質の違いを読み取ることができるような有用な情報を提供するものではない[15]。

これに対して，EUの会社法指令（第8号指令）[16]第40条は，法定監査を行う監査事務所に年次の透明性報告書を公表するよう要求しており，監査事務所による品質管理のモニタリングに関する開示は同報告書のなかで行われている。品質管理のモニタリングについて制度上要求されている開示事項は，「監査事務所の内部の品質管理システムに関する説明およびその機能の有効性に関する経営体の声明」ならびに「最新の品質保証レビューがいつ実施されたかを示すもの」の2点である[17]。英国では，この2点に限らず，多くの監査事務所が透明性報告書に毎年のモニタリング結果を自発的に開示している。

また，アメリカでは財務省の監査専門家に関する諮問委員会（The U.S. Department of the Treasury's Advisory Committee on the Auditing Profession: ACAP）がPCAOBに上記のEU第8号指令と同様の措置を講じるよう求めたが，PCAOBは同措置を講じていない。

制度上の開示規制は詳細な開示項目を規定していないため，そのような規制の有無にかかわらず，開示に積極的姿勢をとる場合には，英国の監査事務所のように，ウェブサイト上であるいは透明性報告書内でモニタリング結果について任意に開示しているのが現状である[18]。

---

15. なお，大手監査事務所は監査品質に関する報告書（名称は監査事務所により異なる）を任意に開示している。
16. 2014年4月に欧州議会・理事会指令2014/56/EUに置き換えられている。
17. Directive 2006/43/EC, Article 40, 1(d) and (e).
18. アメリカでは，Deloitte LLPが「透明性による品質の向上」という表題で品質管理を含む報告書を2010年に最初に公表しており，2016年度では大手3事務所が品質管理報告書において内部の品質管理レビューの結果について定量情報を公表している。わが国では，大手監査法人が，監査品質に関する報告書を任意に作成し，内部モニタリングに関して，限定的な内容（十分かつ適切な監査証拠が入手されていると判断された監査業務の割合，および対象となったパートナーのカバー率）であるが公表している。

(4) AQIとしての課題

　FRC（2016）で示されているように，モニタリングの実態は監査事務所間で大きく異なっている可能性があるため，コンセプト・リリースで算定例とされている，監査の不備の数や割合を単に指標としても現状では比較可能性がなく意味をなさない。このことは，わが国においても当てはまる可能性がある。また，監査の不備の数や割合を指標とする場合にも，どの程度の不備かを表す指標が必要となるかもしれない。

　したがって，モニタリングの実施方法や実施内容を監査事務所間である程度収斂したうえでAQIの算定項目を導出するか，あるいは比較可能性を保つために，現状のモニタリングの実態や背景を映す測定可能な算定項目を選定するほかない。しかし，後者の場合には，AQIの算定項目数が増えると考えられる。

　監査事務所によるモニタリング結果の利用者は，監査委員会等である。監査委員会等は，監査事務所による最新のモニタリングに対して毎年質問し，自社の監査が検証されたのかどうかを把握したうえで，指摘事項とそれに対する是正措置を討議したいというインセンティブを有する。

　FRC（2016）では，監査委員会は，透明性報告書における開示よりも詳細な開示を要求する可能性があり，監査事務所のモニタリング活動に関する年次のアニュアル・レポートを示すよう監査事務所に要求する可能性があると指摘している（FRC, 2016, pp.6-7）。このような動向は，本指標が現実的な監査品質の指標となる可能性を大きくするものである。

　さらに，「監査事務所内部による監査品質のモニタリング結果」は，規制機関による検証結果と比較・分析される必要がある。たとえば，FRCは，検証の概要を示す全体のアニュアル・レポート[19]のほか，各監査事務所に対するFRCの主要な指摘事項を記載した報告書を監査事務所ごとに公表

---

19. FRC (2015b), 3.5 Analysis of audit inspection findings.

している[20]。わが国ではこのような報告書は公表されていない。なお，FRCは，検証結果を4分類（良好，限定的に改善が必要，改善が必要，重要な改善が必要）して評価していることが特徴である。この分類には，指摘事項の数と改善を要する領域の重大性を区別する意図があり，本指標における監査の不備の程度を表す指標として参考となる。

なお，PCAOBがSAGにおいて提示したコメントレターの分析結果によると，本指標に対しては，「支持する」が57.1％，「一部支持」が28.6％，「支持しない」が14.3％（回答数14）となっており支持割合は高い。また，AQIの取組みを行う諸外国の規制機関においても本指標を提示する機関は多く，実務において任意開示される傾向にある（FEE, 2016）。

〈参考文献〉

Bedard, J. C., D. R. Deis, M. B. Curtis and J. G. Jenkins (2008), Risk Monitoring in Audit Firms: A Research Synthesis, Auditing: *A Journal of Practice & Theory* 27 (1): 187-218.

Deumes, R, C. Schelleman, H. V. Bauwhede and A. Vanstraelen (2013), Audit Firm Governance: Do Transparency Reports Reveal Audit Quality ? , *Auditing: A Journal of Practice & Theory* 31 (4): 193-214.

Financial Reporting Council (FRC)(2015a), *Audit Quality: Practice aid for audit committees*.

FRC (2015b), *Audit Quality Inspections Annual Report 2014/2015*.

FRC (2016), *Audit Quality Thematic Review: Firms' audit quality monitoring*.

Houston, R. W and C. M. Stefaniak (2013), Audit Partner Perceptions of Post-Audit Review Mechanisms: An Examination of Internal Quality Reviews and PCAOB Inspections, *Accounting Horizons* 27 (1): 23-49.

International Auditing and Assurance Standards Board (IAASB) (2009), International Standard on Quality Control1, Quality Control for Firms that Perform Audits and Reviews of Financial Statements, and Other Assurance and Related Services.

---

20. たとえば，Financial Reporting Council (2016), Ernst & Young LLP: Audit Quality Inspection. を参照されたい。

19 PCAOBによる検査結果
AQI 19：PCAOB Inspection Results

(1) PCAOBおよびCAQの提案

　本指標は，監査業務ないしは監査事務所に関連したPCAOBの検査結果に係わる情報を提供する指標であり，PCAOB（2015a）では「監査プロセス」区分に含まれており，監視および改善に分類される。PCAOBによる検査の焦点は，監査がPCAOBのルールと基準に従って実施されたかどうかにあり，検査報告書のPart I検出事項は，監査上の欠陥を生じさせうる不備に関して一定の洞察を供しうる。特にPart IIで記載されるすべての品質管理上の欠陥は，もし品質管理上の欠陥のある事務所による十分な改善がなされなかった場合に，公表され一般に入手可能となる。PCAOB検査による検出事項は，ほかの指標を評価（たとえば，スタッフ活用割合や，専門的スキルや知識を備えた人材の利用を，検出事項と比較）するためや，事務所の内部品質管理システムの有効性テストのための基準となりうる。

　本指標の具体的な測定方法としては，監査業務レベルでは，PCAOBによる監査業務の検査結果，およびPart I検出事項の数と種類によって測定される。また監査事務所レベルでは，以下のような4パターンで測定される。(1)Part I 検出事項記載に至ったPCAOBが検査した監査業務の数と割合，(2)複数のPart I 検出事項に至ったPCAOBが検査した監査業務の数と割合，(3)修正再表示となったPCAOBが検査した監査業務の数と割合，(4)公表されたPCAOB検査報告書Part IIで扱われた品質管理上の欠陥の数，種類，および日付（ならびにその公表の日付），またもしある場合には，監査事務所の事後的な改善努力に関する情報も含める。

　このような規制当局による検査結果については，CAQ（2014）でも重要な潜在的AQIとして扱っており，監査チームから監査委員会へのコミュニケーション対象として重視している。殊に監査チームに対する検査結

果だけではなく,監査事務所全体に対する検査結果に関する情報も監査委員会にとっては有用となる。コミュニケーション対象の具体的なものとしては,(1)検査された監査業務の数,(2)Part I 検出事項を伴う検査の数,(3) Part I 検出事項を伴う検査の割合,(4)Part I 検出事項における共通の問題点/テーマ,が挙げられている。

　FEE (2016) の調査では,「外部機関による検査」という指標として,オランダ,フランス,シンガポール,IOSCOが扱っている。オランダは,監査報告書発行後になされた外部品質管理レビュー数の,発行済監査報告書の総数に対する割合,ならびに品質管理レビューの結果を公表するように,また英国は,監督の測定基準として,外部調査に関する基準を透明性報告書に原則主義に則って量的・質的側面から記載するよう求めている。一方,シンガポールは,事務所レベルの指標として,外部および内部検査の結果を公表するように指示する。IOSCOは,監査監督機関による検査結果について,①個々の監査業務に伴う守秘義務の対象となる情報以外の重要な,あるいは全般的な不備およびその他検出事項を含めた監査品質監督の検査の範囲と結果,②観察された不備に関して報告する監督機関の名前,③監査事務所による矯正活動を公表することを指示する。

(2)　**先行研究・調査**

　個々の監査業務レベルの監査上の欠陥に関するPart I 検出事項は,PCAOBのウェブサイトで開示されるものの,会計事務所全体の品質管理上の欠陥に関するPart IIは必ずしも公表されることはない。このため検査報告書を監査の品質の代理変数として用いるとしても,それは個々の監査業務に関するPart I 検出事項に限られる。Part I 検出事項は,原初的な財務報告の質とそれに対する監査業務の品質との結合変数である監査済み財務報告の質から,監査業務の質の影響を切り出すことに役立つため,特定の監査業務に関する貧弱な監査の品質の強力かつ正確なシグナルといえるが,公開される検査報告書では企業名は隠されており,そのため検査対象となった監査業務のデータも,また検出事項も公には入手不可能という

限界がある。

　Aobdia（2015）は，Part I検出事項におけるこのような限界をクリアするため，PCAOBから独自にPart I検出事項の対象となった監査業務と企業に関する具体的な情報を入手している。その結果，すでに先行研究（たとえば，DeAngelo, 1981; DeFond and Zhang, 2014）で分析済みの企業固有および監査業務固有の関連財務データや継続企業の前提に関する情報等を収集し，検定のための変数として利用し，監査の品質を代理させたPart I記載の有無を従属変数（1/0）として，その関係を分析している。このほか，Part II検出事項が，監査事務所の品質管理上の欠陥の指摘後，12ヵ月経過後に改善がなされていない場合に公表される点に着目し，指摘時と公表時との間での監査市場の得失を評判の喪失（監査の品質の低下）と見なし，改善の時期や監査人の規模との関係を統計的に分析したNagy（2014）がある。

　これに対し，Part Iで記載されている監査業務の欠陥の数や種類に着目し，監査が失敗した対象となった財務諸表項目の領域と失敗した監査手続を検出事項における記載から抽出・分類し，記述的・実態的分析を試みたものが，Landis et al.（2011）である。

　以上のように，PCAOB検査報告書を監査の品質を代理させる方法としては，その記載内容ではなく公表のタイミングや有無によって監査の品質を代理させ，先行研究によって検証済みの独立変数との関係を分析するアプローチと，検査報告書に記載されている監査上の欠陥や品質管理上の欠陥を主観的に抽出し分析する方法がある。

(3)　制度等

　SOX法101条に基づき設立されたPCAOBは，連邦証券諸法の規制下にある公開企業の監査およびその他関連する事項を監視し，証券発行・取引を行う企業向けの情報価値のある正確かつ独立した監査報告書により，投資者の利益を保護し，公益に資することを目的としている。その任務として，同法107条によるSECの監督の下で，(1)公開企業向けに監査報告書を

発行する公共会計事務所の登録（102条），⑵公開企業向け監査報告書に関する監査，品質管理，倫理，独立性，その他の基準の設定ないし採用（103条），⑶SEC規則に従い登録公共会計事務所の検査の実施（104条），⑷登録公共会計事務所およびその提携事務所に関する調査および懲戒手続の実施，ならびに正当化される場合には妥当な制裁の賦課などの任務が与えられており，この104条とSEC規則による検査は，次のような頻度，すなわち，100社を超える公開企業クライアント向けに，監査報告書を定期的に提供する登録公共会計事務所に対しては年1回，ならびに，100社以下の公開企業クライアント向けに監査報告書を定期的に提供する登録公共会計事務所に対しては，少なくとも3年に1回で実施されている。

　検査の結果まとめられる検査報告書は，上記のようにPart IとPart IIから構成されるが，次のような相違がある（PCAOB, 2012）。すなわち，Part Iは，監査意見の根拠となる十分な監査証拠を監査人が入手していない，と検査スタッフが見なした場合に，当該監査上の欠陥に関する記載であり，財務諸表が適正に表示している旨の意見，ないしは企業の内部統制が有効である旨の意見に関連しうる。これらのPart I検出事項は公表され，PCAOBのウェブサイトから入手可能である。これに対しPart IIは，監査事務所の全体的な品質管理システムが専門職業基準への合致に関する合理的な保証を提供していることにPCAOBが疑念をもつような，当該システムにおける欠陥に関する記載である。PCAOBは，事務所側が検査報告書の発行から12ヵ月以内にPCAOBが満足できる程度にこれら検出事項を改善しない場合でないと，Part II検出事項を公表することは法によって禁じられている。しかし会計事務所自体が，これらPart II検出事項の写しを保有し，公表することは常に妨げられない。このため，監査委員会と監査事務所とのコミュニケーションの一環として，Part IIに記載された品質管理上の欠陥への対応，PCAOBに事務所が提出した改善プロセスの進捗状況，PCAOBが事務所の改善努力を認めた検査年度，ならびにPCAOBが当該項目の改善が必ずしも十分ではないとした判断の有無について，監査委員会が情報提供を求めることは考えられる。

(4) AQIとしての課題

　Part I検出事項において，欠陥のある監査業務が遂行された場合の定型文は，「……財務諸表に重要な虚偽表示がなく，かつ，会社は財務報告にかかる有効な内部統制を保持しているとの合理的な保証を獲得するための基本的な義務を果たすことなく監査報告書を発行した」という紋切り型の文章であり。またPart IIにおける監査事務所全体の品質管理に関する欠陥は，事務所による改善がなされると公に開示されることがない。

　このためわが国の公認会計士・監査審査会による検査結果事例集の抽象的表現よりは，PCAOB検査報告書の方が具体的に監査上の，あるいは品質管理上の欠陥を識別できるとはいえ，対象となった業務内容や対象企業が明らかにされないかぎり，指摘された欠陥の数およびその割合といった指標にとどまらざるを得ない。また品質管理上の欠陥は大半が公にはされないため，事務所における品質管理について外部者は把握しようがなく，指標化はほぼ不可能といえる。

　しかし，ISA 260「ガバナンスに責任を負うものとのコミュニケーション」やそれを受けての監査基準委員会報告260「監査役等とのコミュニケーション」，さらにはPCAOB（2012）や公認会計士・監査審査会（2015）が監査委員会等とのコミュニケーションを監査人に求めるようになったことから，本来，公にはならない品質管理上の欠陥について，単なるその数にとどまらず，具体的内容や背景情報，そして改善策が可視化され，被監査会社の監査委員会等に伝達されるようになれば，監査人の選解任に当たっての貴重な指標となるだけでなく，監査事務所による品質管理のよりいっそうの向上への牽制効果が期待される。

　したがって，監査業務の品質および監査事務所の品質管理を改善ないし向上させるためには，監査の品質に関する指標を他覚的で，かつ高度なものとし，単なる検査報告書の開示の有無や欠陥の個数にとどまるのではなく，Bonner et al.（1998）やLandis et al.（2011）のように，その欠陥の内容や対象を主観性は介入したとしても，専門知識に基づいて分類し可視

化(指標化)するプロセスが不可欠と考えられる。

 とはいえ，社会的に監査の品質に対する疑念がヨーロッパやアメリカでは喧しいほどに提起され数々の報告書が公表される中にあって，わが国の議論は相対的に低調な印象が拭えない。もし監査の品質の向上を社会的に期待するのであれば，「検査対象となった52の監査業務のうち28(54%)の業務に欠陥が指摘された」(Rapoport, 2015) とか，「監査業務の49%に不備=PCAOB検査」(Rapoport, 2014) というように，利用者を代表するマスメディアは常にPCAOB等の規制当局の報告書を読み解くべきであろう。しかし，わが国では監査の失敗が特定の粉飾決算の露見によって集中的に特集されることはあっても，残念ながら検査結果事例集のような報告書がマスメデイアに常時的かつ積極的に採り上げられることはほとんどない，という状態を啓蒙・改善しなければならないと思われる。

〈参考文献〉

Aobdia, D. (2015), The Validity of Publicly Available Measures of Audit Quality, Evidence from the PCAOB Inspection Data, Working Paper of Kellogg School of Management, Northwestern University, ver. June.

Bonner, S.E., Z-V. Palmrose and S.M. Young (1998), Fraud Type and Auditor Litigation: An Analysis of SEC Accounting and Auditing Enforcement Releases, *The Accounting Review* 73 (4).

DeAngelo, L. (1981), Auditor Size and Audit Quality, *Journal of Accounting and Economics* 2 (3).

DeFond, M. L. and J. Zhang (2014), A Review of Archival Auditing Research, *Journal of Accounting and Economics* 58: 2-3.

Landis, M., S.I. Jerris and M. Braswell (2011), An Account Analysis Of PCAOB Inspection Reports For Triennially-Inspected Audit Firms, *Journal of Business & Economics Research* 9 (3).

Nagy, A. L. (2014), PCAOB Quality Control Inspection reports and Auditor Reputation, *Auditing: A Journal of Practice & Theory* 33 (3).

Palmrose, Z-V. (2001), Studies in Accounting Research #33, *Empirical Research in Auditor Litigation: Considerations and Data*, Sarasota: AAA.

Public Company Accounting Oversight Board (PCAOB) (2012), Release No. 2012-003: Information for Audit Committees about the PCAOB Inspection Process, August 1.

Rapoport, M. (2014), Ernst & Young 2013 Audit deficiency Rate 49%, Rgulators Say, *The Wall Street Journal*, August 29.

Rapoport, M. (2015), Audit Regulator Finds 28 Deficient Audits By KPMG in Annual Report, *The Wall Street Journal*, November10.

公認会計士・監査審査会 (2015), 「検査結果等の第三者への開示」。

日本公認会計士協会・監査基準委員会 (2011), 「報告書260『監査役等とのコミュニケーション』」。

20 専門能力のテスト
AQI 20：Technical Competency Testing

(1) PCAOBおよびCAQの提案

PCAOB（2015a）によれば，本指標は，監査事務所に属する監査要員の専門能力の水準，および専門能力を維持する取組みの成功度合いを測定するものである。

企業および監査事務所を取り巻く環境変化が激しい今日，監査品質を維持するために専門能力がきわめて重要であることはいうまでもない。しかし，現時点では，たとえばアメリカのいくつかの州における医療専門家や証券業務従事者にみられる資格更新試験（recertification examination）の仕組みは，会計職業専門家には存在しない。公認会計士団体は会員に対して継続的専門研修を課しているが，資格更新試験までは要求していない[21]。

PCAOBは，この指標を「監査人（能力）」ではなく「監査プロセス（監視および改善）」という区分に属する指標として位置づけている。つまり，専門家としての資格を認定するための「入り口」における試験ないしテストを意味しているのではなく，専門能力を維持していることを確認するためのテストを意味する。

本指標の測定方法は，監査事務所レベルおよび監査業務レベルともに提

---

[21]. 日本も同じ状況である。日本公認会計士協会が継続的専門研修を義務付けており，継続的専門研修義務不履行者に対しては，氏名等の公示，会員権の停止及び金融庁長官への行政処分請求等の懲戒，監査業務の辞退勧告等の措置を行うことがある。

　公認会計士以外の日本の国家資格（登録免許税額6万円）には，医師，歯科医師，弁護士，税理士，弁理士，一級建築士，一級水先人，不動産鑑定士があるが，水先人を除いて資格更新の制度はない。水先人免許は5年ごとに更新しなくてはならないが，登録水先人免許更新講習を受講することにより更新できる。また，国家資格ではないが，教員免許にも更新制度があり，これも教員免許更新講習を受講することにより更新される。

　さらに，民間団体等の資格に目を向けると，たとえば，損害保険募集人（日本損害保険協会）やネットワーク情報セキュリティマネージャー（ネットワーク情報セキュリティマネージャー推進協議会）には免許更新試験があり，日本臨床腫瘍学会専門医（日本臨床腫瘍学会）や証券外務員（日本証券業協会）は，免許更新の講習を受講しなければならない。

示されておらず，監査事務所が専門能力を測定する方法，当該測定方法の開発・維持を監査事務所に促す方法，および監査事務所が測定結果を報告する方法に関するコメントが求められている。したがって，国家や職業専門家団体による資格付与（qualification）制度を構成する仕組みとしての資格更新試験ではなく，監査事務所ごとの取組みとしての専門能力の確認テストを想定していると解される。

なお，この指標はCAQ（2014）では言及されていない。また，AQIをめぐる国際的な動向を概観しているFEE（2016）に基づいて個別に確認したところ，この指標は，NICA（2014），FAOA（2015），FRC（2008），CPAB（2014; 2016），ACRA（2015a; 2015b），IOSCO（2015）でも言及されていない。

(2) 先行研究・調査

この指標に関連する先行研究は発見できなかった。

(3) 制度等

この指標に関連する確立された制度は存在しないと思われる。そこで，実務の現状を確認する。

EU域内の監査制度の調和を図ることを目的として2006年に制定，公布された「年次財務諸表及び連結財務諸表の法定監査に関する指令」(European Parliament and the Council of the European Union, 2006) は，社会的に影響度の高い事業体（Public-Interest Entities: PIEs）の法定監査人に対して，透明性報告書（Transparency Report）の公表を要求した。この透明性報告書では，監査事務所のパートナーの報酬に関する情報の開示が求められている。現在では，多くの国で透明性報告書が公開されているが，ここでは，英国に所在する大手4監査事務所（Deloitte, Ernst & Young, KPMG, PwC）の透明性報告書の記載内容を確認す

る[22]。英国は，2010年にいち早く「監査事務所ガバナンス・コード」(Audit Firm Governance Working Group, 2010)を公表し[23]，上場会社の監査を20社以上担当している監査事務所に対して当該コードの適用を求めている。

　英国の大手4監査事務所の透明性報告書を確認したかぎりでは，監査事務所はそれぞれ，所属する会計士に対して各種の研修を実施しており，研修の受講状況や達成度合いの確認はしているようだが，専門能力を確認するテストを実施しているという記述は発見できなかった。

(4) AQIとしての課題

　監査事務所レベルでの専門能力の確認テストの前提として，会計士は登録更新のために継続的専門研修を受講していると想定してもよいであろう。したがって，本指標は，所属する会計士の専門能力の水準を維持・向上させるために，監査事務所として，継続的専門研修に加えてどのような取組みを行っており，どのような成果が得られているかを示すものと解される。たとえば，(1)事務所内研修の回数，受講率，受講結果（たとえば，提出レポートの評価）などの利活用，(2)昇進に関わる評価の方法，内容およびその結果などが，本指標の候補として考えられる。

　なお，「テスト」という表現に拘れば，筆記や口頭などの方法を問わず，合否や達成度の判定を伴う客観テストの実施が求められることになるが，これには，すでに実務に従事している会計士の専門能力をどのように定義し，どのように測定するかという難題が待ち構えている。このことは，免許更新制度における一般的な更新方法が試験ではなく研修の受講であるという実態からも明らかであろう。

---

22. 日本においても，ここで紹介する4大会計事務所と提携している大手監査法人（あずさ，新日本，トーマツ，PwCあらた）は，ここ数年，透明性報告書に相当する報告書を公表している。2017年3月31日に『監査法人の組織的な運営に関する原則《監査法人のガバナンス・コード》』が公表され，この原則の適用の状況や，会計監査の品質の向上に向けた取り組みについて，一般に閲覧可能な文書（たとえば透明性報告書）の形での説明が求められたことから，今後一層の拡がりが予想される。

23. その後，2016 年 7 月に改訂版が公表されている（FRC, 2016）。

〈参考文献〉

Accounting and Corporate Regulatory Authority (ACRA) (2015a), *Guidance to Audit Committees on ACRA's Audit Quality Indicators Disclosure Framework*, ACRA.

ACRA (2015b), *Guidance to Audit Firms on ACRA's Audit Quality Indicators Disclosure Framework*, ACRA.

Audit Firm Governance Working Group (2010), *The Audit Firm Governance Code*, Institute of Chartered Accountants in England and Wales and Financial Reporting Council.

Canadian Public Accountability Board (CPAB) (2014), *Audit Quality Indicators: In Search of the Right Measures*, CPAB.

CPAB (2016), *Transparency into the Audit—Audit Quality Indicator and Transparency Reporting*, CPAB

European Parliament and the Council of the European Union (2006), Directive 2006/43/EC of the European Parliament and of the Council of17 May 2006 on the statutory audits of annual accounts and consolidated accounts, amending Council Directives 78/660/EEC and repealing Council Directive 84/253/EEC, Official Journal, L157, 9.6.2006: 87-107.

Federal Audit Oversight Authority (FAOA) (2015), *Activity Report 2015*, FAOA.

Financial Reporting Council (FRC) (2008), *The Audit Quality Framework*, FRC.

FRC (2016), *Audit Firm Governance Code*, Revised 2016, FRC.

International Organization of Securities Commissions (IOSCO) (2015), FR24/2015, *Transparency of Firms that Audit Public Companies*, Final Report, IOSCO.

Netherlands Institute of Chartered Accountants (NICA), Future Accountancy Profession Working Group (2014), *In the Public Interest: Measures to Improve the Quality and Independence of the Audit in the Netherlands*, NICA.

第6章

監査品質の指標（AQI）の検討⑶
監査結果等

21 虚偽表示による財務諸表の修正再表示の頻度と影響
AQI 21：Frequency and Impact of Financial Statement Restatements for Errors

(1) PCAOBおよびCAQの提案

PCAOBの提案するAQIの1つに，監査事務所が監査を実施した，財務諸表の虚偽表示の修正再表示の頻度と影響がある。この測定方法として，監査業務レベルでは，年間の財務諸表の虚偽表示による修正再表示の数および重大度が挙げられている。また，監査事務所レベルでは，1年間に当該事務所が行う監査業務において発生した財務諸表の虚偽表示の修正再表示の数，割合および重大度，あるいは当該監査事務所における年間で最も重大な修正再表示の上位5件が挙げられている。

他方，CAQのⅣ-A（修正再表示の再発行と監査報告書の撤回）においても同種の概念が提示されている。その測定指標として，監査事務所レベルにおける修正再表示の再公表および内部統制にかかる財務報告に関して監査人が報告書を取り下げられた数を提示している。

(2) 先行研究・調査

日本における修正再表示制度の適用は，後述のとおり，2011年4月から開始されたこともあり，虚偽表示による財務諸表の修正再表示の頻度と影響に関する先行研究はもちろん，修正再表示全般に関する分析もほとんど行われていない状況にある。

数少ない研究として，たとえば佐久間（2017）は，修正再表示と役員構成および外部監査人との関係について実証している。

なお修正再表示が運用される以前における財務諸表の訂正に関する分析として，奥村（2014）がある。奥村（2014）では，2004年から2009年までに開示された決算短信に関する利益訂正情報をもとに，外部監査人の指摘

による訂正が自発的な訂正よりも大きく株価を下落しないものの，証券取引等監視委員会の指摘による訂正は自発的な訂正よりも大きく株価を下落することを明らかにした。

　他方，海外においては，すでに修正再表示が実施されていることもあり，多数の先行研究がある。Christensen et al. (2016) は，監査の品質について，投資家と監査人に対しアンケート調査や追加のインタビュー調査を実施した。その結果，修正再表示がある場合，監査の品質が低いと理解されていることを示す証拠を得た。また，外部監査人と修正再表示との関係に関する研究として，監査人の規模との関連についての研究がある。たとえばFiles et al. (2014) は，繰り返し修正再表示する企業は，non-Big Nに監査されている傾向にあることを指摘し，またEshleman and Guo (2014) は，Big 4のクライアントは，ほかの監査人のクライアントよりも，あまり修正再表示を選択しない傾向にある点を指摘した。またStanley and DeZoort (2007)，Romanus et al. (2008) やChin and Chi (2009) は，監査人の専門性が高い場合，修正再表示の可能性を減らすことを示した。

　そのほかに，修正再表示と監査人の交代との関係（Mande and Myungsoo, 2013；Irani et al., 2015）がある。たとえば，Mande and Myungsoo (2013) は，クライアントが監査の品質を向上させるために監査人を解雇するという関係を示した。また修正再表示と監査に関する研究は，監査法人レベルよりもさらに踏み込んだ，監査法人の事務所レベル（Francis and Michas, 2013；Swanquist and Whited, 2015）やパートナーレベル（Wang et al., 2015）の関係が指摘されている。

(3) 制度等

　日本における修正再表示制度は，企業会計基準第24号「会計上の変更及び誤謬の訂正に関する会計基準」及び企業会計基準適用指針第24号「会計上の変更及び誤謬の訂正に関する会計基準の適用指針」に基づき，2011年4月以降に開始する事業年度からはじまった。

　また，修正再表示に関する監査における対応については，上記の基準に

■ 図表6-1　会計上対応が必要な事象と遡及処理の取扱

会計上対応が必要な事象				会計上の原則的な取扱
会計上の変更	会計方針の変更	会計基準等の改正に伴う会計方針の変更	基準に変更時の取扱の指示あり	基準に従った処理
			その他	遡及処理する（遡及適用）
		上記以外の正当な理由による会計方針の変更		遡及処理する（遡及適用）
	表示方法の変更			遡及処理する（財務諸表の組替え）
	会計上の見積りの変更			遡及処理しない
過去の誤謬の訂正				遡及処理する（修正再表示）

あわせて，2010（平成22）年の「監査基準の改訂に関する意見書」前文および監査基準委員会報告書710「過年度の比較情報—対応数値と比較財務諸表」において定めがある。

なおFASBでは，FASB-ASC Topic250「会計上の変更及び誤謬の訂正」が規定され，財務諸表の公表後に誤謬が発見された場合には，日本基準と同様に，過去の財務諸表を修正再表示する会計処理を求めている。

他方，IFRSでは，IAS第8号「会計方針，会計上の見積りの変更及び誤謬」において，財務諸表の公表後に発見された誤謬については，財務諸表の公表後の比較財務諸表のなかで訂正することとされている。この取扱いは，日本基準とおおむね類似した取扱いとなっている。ただし日本基準では，過去の誤謬の修正再表示が実務上不可能な場合に関する取扱いを設けていないが，IAS第8号では，その状態に至った状況および誤謬について，いつから，どのように訂正されているかの説明を求めている（para. 43）。

なお，企業会計基準第24号の適用にあたっては，誤謬，金融商品取引法との関係について論点がある。

まず誤謬に関しては，企業会計基準第24号がIFRSと同様に「重要性」を定義し，重要な誤謬である場合，原則として修正再表示を求めることとするかどうかについての論点がある（企業会計基準第24号，42項）。重要

性は誤謬に限らずすべての項目について考慮されるべきものであることや，IAS 第8号で規定されている財務諸表の作成および表示に関するフレームワークや，IAS 第1号で規定されている重要性に基づいて，会計方針の変更および誤謬の訂正に関する重要性を定めていることも勘案し，企業会計基準第24号では，誤謬の重要性について，具体的な判断基準が企業の個々の状況によって異なりうることを考慮し，特段の記載は行わないこととした（42項）。

金融商品取引法との関係については，以下のような論点がある。そもそも修正再表示を行うかどうかの判断は，財務諸表利用者の意思決定への影響に照らした重要性に基づく（企業会計基準第24号35項）。同様に，金融商品取引法においては，重要な事項の変更その他公益または投資者保護のため当該書類の内容を訂正する必要があるものとして内閣府令で定める事情があるときは，訂正報告書を提出しなければならない（金融商品取引法第24条の2，第7条）。このように修正再表示を行うかどうかについては，異なる定めがある状況にある。なお企業会計基準第24号では，「各開示制度の中で対応が図られるものと考える」（63項）という立場をとっている。

これまで開示された状況では，修正再表示による処理よりも先に，訂正報告書が提出されることが多い。この訂正報告書を提出することによって，提出済みの有価証券報告書はすでに上書きされているとみることができる（あらた監査法人編，2011，p.273）。そうであれば「訂正報告書を提出した場合にはその後の財務諸表で修正再表示を行う必要はない」（あらた監査法人編，2011，p.271）。このため企業会計基準第24号に基づき，修正再表示として処理され，有価証券報告書に開示されるケースは極めて少ない状況にある（佐久間，2017）。

なお本指標については，PCAOB（2015b）によると，AQIに対するコメントにおいて「支持する」3通，「一部支持する」3通，「支持しない」8通という結果であった。

またFEE（2016）は，本指標について，IOSCO（2009）やACRA（2015）も提案していることを示している（pp.18-20）。たとえばIOSCO（2009, p.16）は，アウトプットの指標の1つとして「修正再表示と検査結果」を挙げている。なぜなら修正再表示の情報は，監査の品質に対する投資家やその他の利害関係者の信頼に影響を与えるためである（IOSCO, 2009, p.16）。とはいえ，このようなアウトプットの尺度は，インプトの尺度より客観的な情報を提供できるものの，最適な監査の品質を表す指標ではないとも指摘している（IOSCO, 2009, p.17）。

(4) AQIとしての課題

PCAOBでは，修正再表示の重大度は，多くの方法で測定できるとしている。たとえば収入，キャッシュ・フロー，貸借対照表，株式時価総額における修正再表示の重大度などである。そのため，検討事項として，虚偽表示による修正再表示の重大度を測定するベストな方法を図るなどを提示している。

しかし，以下に示す5つの問題が考えられる。

まず第1に，監査を実施した年度と修正再表示が生じた情報を投資家等が利用可能となる状況とにタイムラグがあるため，修正再表示が監査の品質にどれだけの影響を与えているか把握することが困難であるという問題がある（PCAOB, 2015a, p.15）。

第2に，修正再表示は，これまでの監査が信頼できないことを示す指標となりうるものの，逆に，修正再表示が不正な財務報告に対し，より頑健な監査手続を実施したことにより発見されたとも考えられる（IOSCO, 2009, p.17）。そのため修正再表示の存在自体が，監査の品質に関してネガティブな指標になるか，ポジティブな指標になるか一概にいえないという問題もある。

第3に，修正再表示などは，コンテクストを抜きにして，単独で生じうる（PCAOB, 2015a, p.23）。したがって，投資家にとって，監査手続の要素に焦点をあてることに役立つことはなく，さらに重要なことに，修正再表示を開示するだけでは，監査がどのような品質で計画され，実行されるかについて情報をほとんど提供しないという課題がある（PCAOB, 2015a, p.23）。

 第4に，PCAOBでは，監査業務レベルでの，財務諸表の虚偽表示の修正再表示の数および重大度を提示しているが，その把握方法を検討する必要があると思われる。

 最後に，修正再表示の頻度と影響をAQIとして利用する場合，修正再表示の内容を詳細に把握する必要がある。とりわけ修正再表示の具体的な公表内容は企業ごとに任意に開示されるため，企業間の比較に問題が生じる可能性がある。先行研究で明らかにされたように修正に関する指摘を行った主体によって投資家への影響が異なることから，詳細な内容の開示を実施すべき考える。とはいえ，先行研究でも明らかになったように，修正再表示を指摘した主体の違いによる市場へのネガティブな影響を考えると，導入にあたっては企業側の抵抗が強いと思慮される。

 とはいえ，日本におけるAQIとして修正再表示を検討する場合，まずは日本の修正再表示の実態を詳細に調査することから始める必要があると考える。

〈参考文献〉

Accounting and Corporate Regulatory Authority (ACRA) (2015), *Deepening the Audit Quality Conversation*, ACRA.

Chin, C.-L. and H.-Y. Chi (2009), Reducing Restatements with Increased Industry Expertise, *Contemporary Accounting Research* 26 (3): 729-765.

Christensen, B. E., S. M. Glover, T. C. Omer and M.K. Shelley (2016), Understanding Audit Quality: Insights from Audit Professionals and Investors, *Contemporary Accounting Research* 33 (4): 1648-1684.

Eshleman, J. D. and P. Guo (2014), Do Big 4 Auditors Provide Higher Audit Quality after Controlling for the Endogenous Choice of Auditor? *Auditing : A Journal of Practice & Theory* 33 (4): 197-219.

Files R., N. Y. Sharp and A. M. Thompson (2014), Empirical Evidence on Repeat Restatements, *Accounting Horizons* 28 (1): 93-123.

Francis, J. R. and P. N. Michas (2013), The Contagion Effect of Low-Quality Audits, *Accounting Review* 88 (2): 521-552.

Hennes, K. M., A. J. Leone and B. P. Miller (2008), The Importance of Distinguishing Errors from Irregularities in Restatement Research : The Case of Restatements and CEO/CFO, *Accounting Review* 83 (6): 1487-1519.

The International Organization of Securities Commissions (IOSCO) (2009), Transparency of Firms that Audit Public Companies, IOSCO.

Irani, A. J., S. L. Tate and L. Xu (2015), Restatements: Do They Affect Auditor Reputation for Quality? *Accounting Horizons* 29 (4): 829-851.

Labo, G. J. and Y. Zhao (2013), Relation between Audit Effort and Financial Report Misstatements: Evidence from Quarterly and Annual Restatements, *Accounting Review* 88 (4):1385-1412.

Mande, V. and S. Myungsoo (2013), Do Financial Restatements Lead to Auditor Changes?, *Auditing: A Journal of Practice & Theory* 32 (2): 119-145.

Romanus, R. N., J. J. Maher and D. M. Fleming (2008), Auditor Industry Specialization, Auditor Changes, and Accounting Restatements, *Accounting Horizons* 22 (4): 389-413.

Stanley, J. D. and T. F. DeZoort (2007), Audit Firm Tenure and Financial Restatements: An Analysis of Industry Specialization and Fee Effects, *Journal of Accounting and Public Policy* 26 (2): 131-156.

Swanquist, Q. T. and R. L.Whited (2015), Do Clients Avoid "Contaminated" Offices? The Economic Consequences of Low-Quality Audits, *Accounting Review* 90 (6): 2537-2570.

Wang Y., L. Yu and Y. Zhao (2015), The Association between Audit-Partner Quality and Engagement Quality: Evidence from Financial Report Misstatements, *Auditing: A Journal of Practice & Theory* 34 (3): 81-111.

あらた監査法人編（2011），『過年度遡及の会計実務Q&A』中央経済社。

奥村雅史（2014），『利益情報の訂正と株式市場』中央経済社。

佐久間義浩（2017），「修正再表示の実態と要因分析：役員構成および外部監査人に焦点をあてて」『會計』191巻3号，376-389頁。

22 不正及びその他の財務報告の不祥事
AQI 22：Fraud and other Financial Reporting Misconduct

(1) PCAOBおよびCAQの提案

　本指標は，監査業務および監査事務所レベルにおける，不正およびその他の財務報告の不祥事を測定する。不正な財務報告が投資家に及ぼす影響や財務諸表の重要な虚偽表示に影響を与える不正の防止または発見に資するという監査人の責任を踏まえると，不正分野における監査人の作業に関するAQIをいくつかでも開発できれば有益と考えられる。たとえばポジティブな指標として，以下の2つがある。

1．すでに生じている虚偽表示や不正が実際に特定されているわけではないが，監査事務所が指摘した，不正による重要な虚偽表示リスクに対応する内部統制に関する重大な不備や重大な欠陥の数
2．公表する財務諸表の虚偽表示を避けるため，監査事務所により明らかにされた不正およびその他の財務報告の不祥事による財務諸表における重要な，あるいは重要でない虚偽表示の数およびその重大度

またネガティブな指標として，以下の2つを挙げている。

1．内部統制の重大な不備が報告されていなかったにもかかわらず，不正やその他の財務報告の不祥事による財務諸表の虚偽表示の修正再表示が行われた数
2．公表する財務諸表の虚偽表示を避けるために修正再表示となる前に，監査事務所が発見しなかった，不正やその他の財務報告の不祥事による財務諸表の重要な虚偽表示の数および重大度

　なお測定方法については，監査事務所レベルおよび監査業務レベル，いずれも今後の調査が必要とされている。

他方,CAQにおいては,同様の項目は提示されていない。

また本指標とAQI 21 Frequency and Impact of Financial Statement Restatements for Errors（虚偽表示による財務諸表の修正再表示の頻度と影響）との関係は,AQI21はErrors（誤謬）を対象とし,本指標は,Fraud（不正）を中心とした虚偽表示の原因の違いによる区分と解する。

(2) 先行研究・調査

不正等についての調査研究としては,The Commission on Auditors' Responsibilities（1978）があり,不正な財務報告の原因とその防止策を検討している。さらに,National Commission on Fraudulent Financial Reporting（1987）やその後を調査したBeasley et al.（1999）やBeasley et al.（2010）においては,SEC会計・監査執行通牒における不正な財務報告事案の分析報告を行っている。

また同時期にCOSO（1992）から,内部統制に関する調査・提言がなされている。

他方,不正等と監査の品質,とりわけレピュテーションの観点からの分析として,Skinner and Srinivasan(2012)がある。Skinner and Srinivasan（2012）は,カネボウの不正会計を取り上げ,不正会計によるレピュテーションへの影響を検証している。

(3) 制度等

AU Section 110において,監査人は,財務諸表に誤謬あるいは不正を原因とする重大な虚偽表示が存在していないかどうかについて,合理的な保証を得るために監査を計画し,実行する責任があると定めている（para. 2）。そして,この規定を踏まえ,AU Section 316では,一般に公正妥当と認められた監査の基準に従い,財務諸表の監査を実施するにあたって,不正について,監査人が責任を果たすための基準とガイダンスを示している（para. 2）。

同様に,Auditing Standard No. 5 では,財務報告にかかる内部統制監

査を計画し実施する際，監査人は，自ら行った不正リスクの評価の結果を考慮に入れなければならない（para. 14）。事業体レベルのコントロールの識別及びテストの一環として，そしてテストすべきその他のコントロールの選定の一環として，監査人は，会社のコントロールが十分に不正による重要な虚偽表示の識別されたリスクに十分に対応しているか，およびコントロールがその他のコントロールを経営者が無視するリスクに対応することを意図していたかどうかを評価しなければならない（para. 14）。

また2002年，SAS99「財務諸表監査における不正の検討」が公表された。SAS99は，職業的専門家として懐疑心をもって監査することの重要性を規定している。すなわち不正による重要な虚偽表示が行われている可能性を認識して監査契約に臨むことを求めている。さらに，不正による重要な虚偽表示リスクについて監査チームにおける議論の実施を定めた。くわえて評価結果に対する監査人の対応，すなわち不正による重要な虚偽表示リスクが認識された領域における関係者に対するインタビューの実施や，不正による重要な虚偽表示の可能性のある取引について検討することなどが求められた。

なおISA240「財務諸表の監査における不正に関する監査人の責任」は，SAS99の内容を反映させたものである。

日本においては，監査基準委員会報告書240「財務諸表監査における不正」が規定されている。この監査基準委員会報告書240は，不正に対応する特別に強い職業的懐疑心の保持を強調し，かつ不正による重要な虚偽表示リスクの識別のための具体的かつ広範な評価手続を規定した。

また2013年には，監査における不正リスク対応基準も新設された。不正リスク対応基準は，①職業的懐疑心の強調，②不正リスクに対応した監査の実施，および③不正リスクに対応した監査事務所の品質管理の3つから構成される。

なお本指標については，PCAOB（2015b）によると，AQIに対するコメントにおいて「支持する」2通，「一部支持する」2通，「支持しない」9通という結果であった。

またFEE（2016）は，本指標について，明確に指摘していない。しかしIOSCO（2009）において，修正再表示の要因の1つとして言及がされている。

(4) AQIとしての課題

不正と監査の品質との関係については，多くの調査研究があり，両者の関係を検討しつつ，これまで規制が行われてきた。また，実証研究においても，両者の関係を指摘している研究もある。それゆえ不正やその他の財務報告の不祥事は，AQIの1つとして考えられるといえるであろう。

また不正やその他の財務報告の不祥事は，通常，事後的に問題が明るみになってはじめて検証される場合が多い。この点，本指標を有効活用することが可能になれば，これまでのような後付けになる監査の品質の検証を早めに行うことが可能となるかもしれない。

しかしPCAOBでも指摘しているが，AQIとして活用するにあたって，多くの問題を含んでいる。

まずAQIとして利用する際のデータの入手困難性についてである。すなわち，不正を防止することに関係している内部統制に不備があるかどうかについて，あるいは財務報告における虚偽表示が不正およびその他の財務報告の不祥事の結果かどうかについて決定するための必要なデータをどうやって入手することができるかである。また仮にデータを入手できたとしても，どのようにAQIとして活用するかについても，さらなる検討を要すると考える。

第2に，提示したAQI（たとえば，PCAOBが掲げたポジティブ・ネガティブの指標など）は，監査の品質というよりも，クライアント自身の危険性を反映するかもしれない。ダイレクトに監査の品質の指標とするには，検討する要素が多い。

第3に，PCAOB（2015a, A-21）のQuestion 66にもあるように，本指標は，今後の調査が必要とされるものの，そもそもなにが適切な指標となるかという根本的な問題がある。不正やその他の財務報告の不祥事に関す

る先行研究からも，多数の指標が想定できるが，なにをもって最適な指標とするか一義に定まらないといえるであろう。

　第4に，不正やその他の財務報告の不祥事は，これまでの監査が信頼できないことを示す指標となりうるものの，逆に，不正な財務報告に対し，より頑健な監査手続を実施したことにより不正やその他の財務報告の不祥事が発見された結果とも考えられる（IOSCO, 2009, p.17）。そのため不正やその他の財務報告の不祥事の存在自体が，監査の品質に関してネガティブな指標になるか，ポジティブな指標になるか一概にいえないという問題もはらんでいる。

　第5に，監査を実施した年度と不正やその他の財務報告の不祥事が発見された情報が利用可能な状況になった年度とにタイムラグがあるため，監査の品質にどれだけの影響を与えているか把握することが困難であるという問題もある（PCAOB, 2015a, p.15）。

　第6に，不正や不祥事などは，修正再表示と同様に，コンテクストを抜きにして，単独で生じうる（PCAOB, 2015a, p.23）。そのため投資家にとって，監査手続の要素に焦点をあてることに役立つことはなく，さらに重要なことに，監査がどのような品質で計画され，実行されるかについて情報をほとんど提供しないという課題がある（PCAOB, 2015a, p.23）。

　また，通常，不正やその他の財務報告の不祥事が明るみに出ると，監査の品質が低いと解されることとなる。しかし逆に，監査事務所側の対応として，不正やその他の財務報告の不祥事が行われやすい環境にある企業に対し，優秀な人材をあてて監査を実施しているという場合は，監査の品質が高いことを示す指標となりうるであろうということも考えられる。

　第8に，監査を実施し，検出事項として指摘した場合であればともかく，検出事項一覧表にのらない不正やその他の財務報告の不祥事の件数をどうカウントするかの問題がある。

　第9に，本指標を開示する対象をどうするかという問題がある。クライアントや監査契約にあたって利用する場合であれば有用と考えられるが，一般に開示された場合，監査事務所に対する不信感，ひいては監査制度に

対する不信感を生じかねない指標となりうるおそれもある。

　最後に，監査業務レベルの指標と監査事務所レベルの指標として，どこで区分するか困難な場合が多くあると考えられる。

　このように，不正やその他の財務報告の不祥事は，AQIとして，概念上，当てはまる可能性が高い。とはいえ，AQIとして用いる実行可能性の観点から考えると，検討課題が山積みの指標といえるであろう。

〈参考文献〉

Beasley, M. S., J. V. Carcello and D. R. Hermanson (1999), *Fraudulent Financial Reporting:1987-1997 An Analysis of U.S. Public Companies*, COSO.

Beasley, M. S., J. V. Carcello, D. R. Hermanson and T. L. Neal (2010), *Fraudulent Financial Reporting:1998-2007 An Analysis of U.S. Public Companies*, COSO.

Committee of Sponsoring Organizations of the Treadway Commission (COSO) (1992), *Internal Control-Integrated Framework*, COSO（鳥羽至英・八田進二・高田敏文訳（1990），『内部統制の統合的枠組み』白桃書房）.

(The) Commission on Auditors' Responsibilities (1978), *Report, Conclusions, and Recommendations*, AICPA（鳥羽至英訳（1990），『財務諸表監査の基本的枠組み 見直しと勧告 コーエン委員会報告書』白桃書房）.

The International Organization of Securities Commissions (IOSCO) (2009), *Transparency of Firms that Audit Public Companies*, IOSCO.

(The) National Commission on Fraudulent Financial Reporting (1987), *Report of the National Commission on Fraudulent Financial Reporting*, AICPA（鳥羽至英・八田進二共訳（1991），『アメリカ公認会計士協会・アメリカ会計学会・財務担当経営者協会・内部監査人協会・全米会計人協会，不正な財務報告全米委員会トレッドウェイ委員会　不正な財務報告―結論と勧告―』白桃書房）.

Skinner, D. J. and S. Srinivasan (2012), Audit Quality and Auditor Reputation: Evidence from Japan, *Accounting Review* 87 (5): 1737-1765.

23 財務報告品質の測定指標を利用した監査品質の測定
AQI 23：Inferring Audit Quality from Measures of Financial Reporting Quality

(1) PCAOBおよびCAQの提案

　本指標は，証券アナリスト，研究者，および規制当局が利用している財務報告の品質によって監査の品質を測定しようとするものであり，PCAOB（2015a）では「監査結果」に区分されている。具体的な測定方法については分析の必要があるとされているが，例としては会計発生高（accounting accruals）の規模，継続的なあるいはわずかな利益目標の達成，または財務諸表の複雑性や目的適合性（relevance）などが挙げられている。本指標がAQIに妥当するか否かについては，(1)各指標が確かに財務報告の品質を捉えているか，および(2)監査の品質に関する有用な推定値となりうるかを検討しなければならないとされている。また，もしこれら2つの用件が満たされた場合でも，本指標が監査事務所レベルと監査業務レベルのいずれか，または両方の指標となりうるかの議論が必要となる。なお，CAQ（2014）とFEE（2016）では，当該指標に関連する指標の記述はない。

(2) 先行研究・調査

　近年のアーカイバル研究では，監査の品質の代理変数として，財務報告の品質の測定指標を利用することが一般的になっている。この研究系譜において，嚆矢となった研究は必ずしも明確ではないが，監査関連データがアメリカで利用可能になり，企業改革法（SOX法）が規定されたころ（2000年代前半）からは，財務報告の品質指標により監査の品質を代理させるという研究手法が一般的になったと思われる（たとえば，Frankel et al., 2001）。PCAOB（2015a）で具体的に言及されている指標との関係では，会計発生高に関連する指標として①裁量的（異常）会計発生高

(discretionary（abnormal）accruals），②会計発生高の見積り誤差に基づく会計発生高の品質（accrual quality），ベンチマーク利益の達成に関連する指標として③アナリスト予想の達成（または減益・損失の回避）は，すでに先行研究において監査の品質を代理する尺度として頻繁に利用されている。監査の品質に関するアーカイバル研究を包括的にレビューしたDeFond and Zhang（2014）によれば，④保守主義（または非対称的な損失認識（asymmetric loss recognition））も財務報告の品質の代理変数であり，かつ監査の品質の代理変数としても広く学術研究において用いられているものであるという。また，PCAOB（2015a）の例示に基づけば，財務諸表の複雑性に関連する指標として⑤年次報告書の長さや文字数，目的適合性との関係では⑥価値関連性（value-relevance）などが監査の品質尺度となりうるかもしれないが，少なくともアーカイバル・データを用いた先行研究において，これらの指標によって監査の品質を代理させようとするものは（著者の知るかぎりほとんど）存在しない。

　ここで，各指標が捉える財務報告の品質を，PCAOBで例示されており，かつ先行研究でも監査の品質の代理変数として利用されているものに限定して，もう少し具体的にみていくと，まず，①と③は利益調整（earnings management）の指標として考えられており，経営者が（会計発生高を用いて）裁量的な操作を行っている程度を捉えている。次に，会計発生高の品質（②）は，それが意図的な操作等であるか否かにかかわらず，キャッシュによる裏付けのない会計発生高が計上されている程度を測定している。近年の研究では，「監査の結果」によって監査の品質を捉えようとする場合，これら3つを含むさまざまな指標から1つ以上の指標を用いて分析しているケースが多い。そのロジックは研究によってやや異なるが，「品質の高い監査が提供されるほど，クライアントの開示情報は品質が高い」という関係が前提とされている。

　AQI 23で議論されている各指標が監査の品質の代理変数として使われることが多くなったのは，過去15年ほどのことであるが，その背景には，おそらく，大手監査事務所等による監査の品質を分析した研究の蓄積があ

る[1]。たとえば，Becker et al.（1998）およびFrancis et al.（1999）による裁量的発生高を用いた研究である。これらの研究では，監査事務所の規模と利益調整の程度の関係が分析されており，大規模監査事務所のクライアントほど利益調整が抑止されている，という結果が得られている。こういった初期の研究では，監査のインプット変数（監査事務所の規模）と財務報告の品質（利益調整の程度）には正の関連があるか否かそのものが分析課題であった。換言すれば，財務報告の品質を監査の品質の代理変数として利用しようとする意図は基本的に存在しない。しかし，こういった研究によって，監査の品質の高さを捉えると思われる指標と財務報告の品質の間で正の関係を示す結果が複数蓄積されたことで，「財務報告の品質≒監査の品質」という構図ができ上がったのかもしれない。また，Christensen et al.（2016）のアンケート調査も，財務報告の品質を監査の品質の代理変数として利用することの妥当性を示す証拠を提示している。すなわち，彼らのアンケート調査から，評価される側である監査人と評価する側である投資家が，ともに保守的な利益計算（利益調整）を行う企業の監査の品質は高いと考えることが明らかになったのである。

(3) 制度等

　FEE（2016）では，本指標について言及がなく，各国主体の規定内容をみても，AQI 23に関連する指標の記述はない。そこでここでは，各国の開示制度をみていく代わりに，財務報告の品質に関する指標について，日米間で制度に差異が存在するものを検討していく。まず，会計発生高の推定に関連する違いをみる。歪みの少ない方法で会計発生高を推定するためには，利益からキャッシュフローを控除するというキャッシュフロー・アプローチが採用される。アメリカの場合，これを算定するために利用される利益は異常項目加減前利益（earnings before extraordinary items）であることが多いが，日本の場合，アメリカの異常項目に該当するものが

---

1. ほかにも，監査人の業種特化（industry specialization）や監査業務の継続期間（tenure）などの属性について，財務報告指標との関係を分析した研究が数多く存在する。

損益計算書で区分表示されないため，（税引後）経常利益または当期純利益から営業活動によるキャッシュフローを控除するという計算方法で会計発生高を算定することになる。つまり，企業によって開示された情報に基づいて算定された会計発生高は，日米企業の研究間で，そこに含められる内容が異なる可能性がある。あるいは，推定者が独自に特別損益項目の内訳等を識別して再計算すれば，アメリカと同じレベルの報告利益に基づいて会計発生高を算定する余地はある。

次に，ベンチマーク利益の達成については，アメリカではアナリスト予想をベンチマークとして捉えるのが一般的であるのに対して，日本ではそれが必ずしも適切ではない。日本では，証券取引所からの要請により経営者による予想利益が公表されていることもあり，アナリストによる利益予想がそれほど重要視されていないためである。また，アメリカの経営者はアナリスト予想の達成を重要視している（たとえばMatsumoto, 2002）といわれるが，日本では損失回避に対する動機が最も強いことを示すような利益分布も提示されている（首藤, 2010）。この意味で，どういった指標をベンチマークとするべきかについては，日米で異なる可能性が高い。

(4) AQIとしての課題

財務報告の品質を監査の品質の代理変数として利用する場合，少なくとも2つの段階で議論が必要となる。第1に，財務報告の品質の決定要因として監査がどの程度寄与しているのか，という問題がある。定量化手法には議論の余地があるにせよ，先行研究の蓄積により，財務報告の品質を捉える指標はある程度確立されている。そして，企業によって財務報告の品質が異なることを示す数多くの証拠も存在する。しかし，監査が財務報告の品質に対してどの程度寄与しているのか，は必ずしも明らかではない。本質的には，監査前の財務諸表と監査後の財務諸表を比較しないかぎり，財務報告の品質によって監査の品質を確実に捉えることはできない。たとえ監査済み財務諸表の品質が高くても，監査前の財務諸表の品質が高い場合と低い場合では，監査の貢献度合いが異なるからである（たとえば

DeFond and Zhang, 2014)。また，財務報告の品質に関する指標は一般に，GAAPの範囲内での会計数値の歪みを捉えることを前提としたものが多い。財務報告の品質を監査の品質の代理変数として利用する場合には，こういった歪みに対して，どのように，あるいはどの程度，監査人による関与を期待するものかも明らかにしなければならないであろう。

　しかし，たとえ財務報告の品質を監査の品質の代理変数として利用することが正当化されたとしても，どういった指標を用いるのがよいか，という第2段階目の問題が存在する。財務報告の品質を捉えるために利用可能な指標は複数あり，どの指標が監査の品質を捉えるために妥当するのか，は必ずしも明らかではない。そもそも，たとえば利益調整という概念は確立されているし，その存在を解明した研究は数多存在するが，いままでのところ，利益調整の指標に関して，合意された定量化手法は存在していない。つまり，ある財務報告の品質を監査の品質の代理変数として利用できたとしても，その定量化手法には複数の方法があり，異なるモデルから異なる結果が導き出される可能性がある。また，定量化によって生じる測定誤差は，どういったモデルを用いた場合でも避けられない問題である。こういった場合には，財務報告の品質に関する複数の指標を用いて監査の品質の代理変数として議論するという方法が妥当なのかもしれない（DeFond and Zhang, 2014）。

　以上のように，財務報告の品質指標をAQIとして用いるためには，解決すべき問題が多く存在する。実際，PCAOB（2015b）でも，当該指標に対する9件のコメントのうち，この指標を支持するものは1件も存在せず，部分的な支持が1件あるのみで，残りはすべて否定的なコメントであった。これは，学術研究において有用性が認められる指標と，実際に開示の対象となるAQIには乖離があることを示しているのかもしれない。

〈参考文献〉

Becker, C. L., M. L. DeFond, J. Jiambalvo and K.R. Subramanyam (1998), The effect of audit quality on earnings management, *Contemporary Accounting*

Research 15 (1): 1-24.

Christensen, B. E., S. M. Glover, T. M. Omer and M. K. Shelley (2016), Understanding audit quality: Insights from audit professionals and investors, *Contemporary Accounting Research* 33 (4): 1648-1684.

DeFond, M. and J. Zhang (2014), A review of archival auditing research, *Journal of Accounting and Economics* 58 (2-3): 275-326.

Francis, J. R., E. L. Maydew and H. C. Sparks (1999), The role of big 6 auditors in the credible reporting of accruals, *Auditing: A Journal of Practice and Theory* 18 (2): 17-34.

Frankel, R. M., M. F. Johnson and K. K. Nelson (2002), The relation between auditors' fees for nonaudit services and earnings management, *The Accounting Review* 77 (Supplement): 71-105.

Matsumoto, D. A. (2002), Management's incentives to avoid negative earnings surprises, *The Accounting Review* 77 (3): 483-514.

首藤昭信 (2010),『日本企業の利益調整－理論と実証－』中央経済社。

24 内部統制の重要な不備の適時の報告
AQI 24：Timely Reporting of Internal Control Weaknesses

(1) PCAOBおよびCAQの提案

　PCAOBは，監査事務所レベルおよび監査契約レベルの双方において開示される指標であり，企業の財務報告にかかる内部統制の重要な不備を適時に発見した程度を測定するものとしている。

　具体的には，当期において識別された財務報告にかかる内部統制に重要な不備のうち，(ⅰ)虚偽表示にかかる修正再表示または(ⅱ)既知の虚偽表示に対応しないものの割合，ならびに，前期において識別された重要な不備のうち，当期の(ⅰ)修正再表示または(ⅱ)既知の虚偽表示に対応しないものの割合を，監査事務所レベルおよび監査契約レベルで開示することを提案している。

　PCAOBによれば，監査事務所が重要な不備を発見できないことは，人材配置，教育訓練，またはそれらにかかる監査上の焦点（COSOの"focus point"に対応）に関する問題を提起することとなる。

　また，PCAOBは，本AQIの開示によって，財務報告にかかる重要な不備が財務報告の欠陥の先行指標または遅行指標であるのかどうかについてのデータを提供することとなるとしている。

　ここで留意すべきは，本AQIで扱われる重要な不備が，報告された重要な不備だけでなく，監査人によって識別された重要な不備であるのかという点であり，この点について，Concept Releaseでは，明確な説明はない。仮に，前者であった場合には，内部統制報告の制度上の意義として，期末日の評価時点までに是正された重要な不備が反映されないこととなり，AQIとしての意義を低下させるであろうし，また，前者であれ後者であれ，重要な不備を企業側が識別した場合と監査人が識別した場合との相違が問題として残るであろう。

(2) 先行研究・調査

内部統制報告制度がアメリカにおいて実施されるようになった2004年以後，material weaknessの開示データを利用したアーカイバル研究は数多く行われており，すでにその文献レビューの論稿も公表されてきている。たとえば，Schneider（2009），Asare et al.（2013），Kinney Jr. et al.（2013）などがある。これらによれば，先行研究は，①利益の質（Ashbaugh-Skaife et al., 2008; Doyle et al., 2007a; Bedard et al., 2012），②市場の反応（Zang, 2007），③資本コスト（Ashbaugh-Skaife et al., 2009），④利益予想（Feng et al., 2009）等の観点から，以下のような研究が行われている。

1）内部統制報告制度の導入前後の比較を通じて制度の効果を検討するもの（Ashbaugh-Skaife et al., 2007）

2）内部統制報告によってmaterial weaknessが報告された企業の特性を識別しようとするもの（Doyle et al., 2007b; Choi et al., 2013）

3）内部統制報告によってmaterial weaknessが報告された場合の，監査人の特性を識別しようとするもの（Doyle et al., 2007a）

4）内部統制報告によってmaterial weaknessが報告された企業の報告前後の状況を比較して，内部統制報告の影響を検討しようとするもの（Dechow et al., 2010）

5）アメリカにおける内部統制報告制度が，実質的には2007年，制度上は2010年に改訂されたことを受けて，その制度改訂の効果を検討しようとするもの（Sin et al., 2015）

これらのうち，AQIとの関連では，直接的には3）が関連性があるが，あくまでも開示された監査報告書に基づく研究である。

なお，アメリカにおける研究成果を整理すると以下のようになる。

内部統制報告制度の導入は，マクロ的には，必ずしも財務報告の質の改善に効果があったという証拠が得られなかった。

material weaknessを開示した企業は，①規模が小さく，②設立年数が浅く，③事業構造が複雑で，④業績が悪いという特性が指摘されるが，

2007年以降の制度改正では，そうした特性は緩和された。

また，material weaknessを指摘された企業は，その後，ガバナンス等の改善を図るとする研究と，大きな変化がないとする研究とがあるが，material weaknessのその後の開示がなく，監査報酬が高いなどの関連指標によって限定すると，前者の結果が一般的となっている。

内部統制監査によるmaterial weaknessの開示は，監査の品質との関連性があるとする証拠と関連しないとする証拠が挙げられており，一定の結論は得られていない。

日本では，日本の制度および開示データをもとにして，須田・花枝（2008），Muramiya and Takada（2010），矢澤（2010; 2012），藤原（2014），Nakajima（2015），Yazawa（2015）などがある。

日本の研究とアメリカでの研究の相違としては，日本では，マクロ的にも制度の導入によって財務報告の質の改善が認められるものの，日本における2011年の制度改正以後は，制度の効果が識別できなくなっていることが挙げられる。また，material weaknessの開示の少なさや内部統制の大幅な絞込みと隔年評価の容認によって，研究がさまざまな制約条件を伴っていることも指摘できる。

(3) 制度等

内部統制報告制度は，各国において，さまざまな形態で展開されている。

アメリカの内部統制報告制度は，2002年SOX法によって導入され，適用は2004年であるが，その後，2007年に制度の改定が行われ，特に内部統制監査がdirect repottingとなり，評価の方法も大きく改められた。また，適用対象は，全SEC登録企業ではなく，直近の期末時価総額25百万ドル未満の企業は，監査が義務付けられていない。また，2013年には，内部統制の評価のフレームワークであるCOSOの内部統制フレームワークが改訂されている。

これに対して，同種の内部統制報告制度を実施しているのは，日本，中国，韓国であるといわれているが，韓国は，監査人の保証の水準がレビュ

ーであり，中国については，開示実態が不明である。

　日本の場合，アメリカと異なるのは，全上場企業に内部統制報告と内部統制監査が義務付けられているものの，内部統制の評価範囲に大きな絞込み，および2011年の制度改訂後は隔年評価を認めていることから，「内部統制が有効である」という評価結果に異論があること，ならびに，内部統制監査が経営者の評価した範囲に対するattestation型の監査報告であり，実務的には，特に2011年の制度改訂以後，内部統制監査の範囲と財務諸表監査の範囲が一致しないのではないか，という問題が指摘されている。

　また，先にも述べたように，material weaknessの報告件数が少ないこと，および現在では，当初の報告時点では「内部統制は有効」としながら，不正等が発覚した後の訂正報告によってmaterial weaknessを報告するケースが，当初のmaterial weaknessの報告件数を上回っているという，一種のモラルハザードが疑われる状況も散見される。

　なお，EUでは，フランスが，経営者（取締役会議長）による内部統制報告書を事業報告に添付して開示しているが，その内容は，財務報告に限らない内部統制全般を対象に「説明」するものであり，監査人の関与もレビューであり，監査人による「観測事項」の指摘が求められている。

　また，英国やドイツでは，コーポレートガバナンス・コードにおいて，

■図表6-2　開示すべき重要な不備の報告状況

内部統制報告書提出日	2009年6月～2010年5月	2010年6月～2011年5月	2011年6月～2012年5月	2012年6月～2013年5月	2013年6月～2014年5月	2014年6月～2015年5月
内部統制報告書提出企業数[*1]	3,785	3,718	3,644	3,589	3,580	3,593
開示すべき重要な不備を報告した企業数	92 (2.43%)	34 (0.91%)	15 (0.41%)	22 (0.61%)	23 (0.56%)	18 (0.50%)
評価結果不表明の企業数	15	6	6	1	2	0
訂正により開示すべき重要な不備を報告した企業数[*2]	9	19	31	57	40	49

[*1] 任意の内部統制報告企業数を含む。
[*2] 当初は，内部統制は有効として報告したものの，その後訂正報告によって開示すべき重要な不備（重要な欠陥）を報告した企業数。2014年12月末までの訂正分。

内部統制の評価と，コードの遵守状況についての監査人のレビューの一環としてのレビューが行われている。

(4) AQIとしての課題

以上のように，AQIとして内部統制のmaterial weaknessを考える場合には，それがすでに報告されたものに限定されるのか，それとも報告されていないものも含むのかという問題があり，仮に，前者であれば，監査人が指摘してすでに是正されたmaterial weaknessをどう考えるか，という問題が残る。すなわち，内部統制報告制度の目的は，評価プロセスを通じてmaterial weaknessが発見され，財務報告が行われるまでにそれが是正されることにある。監査の質が高ければ，事前に指摘して，是正を指導していることが想定されるが，本AQIでは，それが十分に反映されない。他方，後者であれば，material weaknessにかかる新たなデータを開示するのか，それはせずに，修正再表示との関連での割合のみを開示するのかが問題である。

また，アメリカにおいては，内部統制監査を適用されていないSEC登録企業の取扱いが問題となるであろう。また，グローバルには，内部統制監査を実施していない国においては，適用の困難が伴うであろう。

翻って日本においては，前項で述べた制度の実質的な相違や現状での課題が問題となる。日本公認会計士協会が「会計監査の在り方に関する懇談会」において表明したように，事前に，内部統制の評価範囲の形式的な絞込みの撤廃等の措置が必要かもしれない。

〈参考文献〉

Asare, S. K., B. C. Fitzgerald, L. E. Graham, J. R. Joe, Eric M. Negangard and Christopher J. Wolfe (2013), Auditors' Internal Control over Financial Reporting Decisions: Analysis, Synthesis, and Research Direction, *Auditing: A Journal of Practice & Theory* 32 (Supplement 1): 131-166.

Ashbaugh-Skaife, H., D. W. Collins and W. R. Kinney, Jr. (2007), The Discovery and Reporting of Internal Control Deficiencies prior to SOX-mandated Audits, *Journal of Accounting and Economics* 44: 166-192.

Ashbaugh-Skaife, H., D. W. Collins, W. R. Kinney, Jr. and Ryan LaFond (2008), The Effect of SOX Internal Control Deficiencies and their Remediation on Accrual Quality, *The Accounting Review* 83 (1): 217-250.

Ashbaugh-Skaife, H., D. W. Collins, W. R. Kinney, Jr. and Ryan LaFond (2009), The Effect of SOX Internal Control Deficiencies on Firm Risk and Cost of Equity, *Journal of Accounting Research* 47 (1): 1-43.

Bedard, J. C., R. Hoitash and U. Hoitash (2012), Material Weakness Remediation and Earnings quality: A detailed Examination by Type of Control Deficiency, *Auditing: A Journal of Practice & Theory* 31 (1): 57-78.

Choi, J-H., S. Choi, C. E. Hogan and J. Lee (2013), The Effect of Human Resource Investment in Internal Control on the Disclosure of Internal Control Weaknesses, *Auditing: A Journal of Practice & Theory* 32 (4): 169-199.

Dechow, P., W. Ge and C. Schrand (2010), Understanding earnings quality: A review of the proxies, their determinants and their consequences, *Journal of Accounting and Economics* 50 (2): 344-401.

Doyle, J., W. Ge and S. McVay (2007a), Accruals quality and internal control over financial reporting, *The Accounting Review* 82 (5): 1141-1170.

Doyle, J., W. Ge and S. McVay (2007b), Determinants of Weaknesses in Internal Control over Financial Reporting, *Journal of accounting and Economics* 44 (1): 193-223.

Feng, M., C. Li and S. McVay (2009), Internal Control and Management Guidance, *Journal of Accounting and Economics* 48: 190-209.

Kinney Jr., W. R. Forster, R. D. Martin and M. L. Shepardson (2013), Reflections on a Decade of SOX 404 (b) Audit Production and Alternatives, *Accounting Horizons* 27 (4): 799-813.

Muramiya, K. and T. Takada (2010), "Reporting Internal Control Deficiencies, Restatements and Management Forecast," DP2010-32, Kobe University.

Nakajima, Masumi (2015), *Earnings Management and Earnings Quality: Evidence from Japan*, Hakuto Shobo Publisher.

Schneider, A., A. Gramling, D. R. Hermanson, and Z. Ye (2009), A review of academic literature on internal control reporting under SOX, *Journal of Accounting Literature* 28: 1-46.

Sin, F. Y., R. Moroney, and M. Strydom (2015), Principles-Based versus Rules-Based Auditing Standards: The Effect of the Transition from AS2 to AS5, *International Journal of Auditing* 19 (3): 282-294.

Yazawa, K. (2015), The incentive factors for the (non-)disclosure of material weakness in internal control over financial reporting: Evidence from J-SOX mandated audits, *International Journal of Auditing* 19: 103-116.

須田一幸・花枝秀樹（2008），「日本企業の財務報告―サーベイ調査による分析―」『証券アナリストジャーナル』46巻5号，51-69頁。

藤原英賢（2014），「内部統制の問題を開示した企業の性質と問題の深刻度に関する研究」『月刊監査研究』484号，41-55頁。

矢澤憲一（2010），「内部統制の実証分析―決定因子，利益の質，証券市場の評価―」『インベスター・リレーションズ』（日本IR学会）4号，3-28頁。

矢澤憲一（2012），「内部統制監査のコストと効果―監査の質の解明に向けたニューアプローチ―」『証券アナリストジャーナル』50巻5号，39-48頁。

25 継続企業問題の適時の報告
AQI 25：Timely Reporting of Going Concern Issues

(1) PCAOBおよびCAQの提案

　PCAOB（2015a）は，監査事務所が継続企業として存続する能力に重大な疑義のある企業を適時に認識して報告する程度を監査の有効性の尺度と捉え，本指標を「監査結果」という大分類に属する指標として位置づけている。

　この背景には，被監査企業が合理的に予見しうる事業活動上の困難（当該困難が倒産，テクニカル・デフォルト，または救済的な買収や資金援助に至るかどうかは問わない）に直面しているにもかかわらず，継続企業の前提に関する重大な疑義の存在を示すパラグラフを監査報告書に記載しないことは，監査の有効性に問題があることを示しうるという認識がある。

　本指標の測定方法として，①被監査企業の財務的困難（たとえば，倒産，救済的な債務再編，救済的な買収，または緊急資金援助）に先立つ年度に継続企業問題に言及していない監査報告書の数と割合（事務所レベルおよび業務チームレベル），および②上記①の被監査企業のうち時価総額上位5社（事務所レベル）が例示されている。

　この指標は，CAQ（2014）では提案されていない。また，AQIをめぐる国際的な動向を概観しているFEE（2016）に基づいて個別に確認したところ，この指標は，NICA（2014），FAOA（2015），FRC（2008），CPAB（2014; 2016），ACRA（2015a; 2015b），IOSCO（2015）でも言及されていない。

(2) 先行研究・調査

　Carson et al.（2013）は，継続企業問題の監査に関する既存研究の主な研究課題を4つに大別している。まずは，①財務的困難に直面している企

業の識別である。Kida（1980）やMutchler（1984）に代表される初期の研究により，継続企業問題に言及した監査報告（以下，GC監査報告という）の候補となる財務的困難に直面している企業を識別することは，監査人にとってそれほど難しい作業ではないことが明らかにされた。そのため，その後の研究のほとんどはGC監査報告に関する意思決定に焦点をあわせており，それらは，②GC監査報告の決定要因，③GC監査報告の正確性（発行された場合と発行されなかった場合の両方を含む），および④GC監査報告の結末に分類される。

②GC監査報告の決定要因に関する研究では，監査人がGC監査報告を行うか否かの意思決定を左右する要因として，被監査企業の特性（収益性，レバレッジ，流動性，規模，債務不履行，前年度のGC監査報告などの一般に入手可能な財務諸表情報と，産業，時価総額，ガバナンスの特性などの非財務情報），監査人の特性（被監査企業への経済的依存，規模，業種特化，および報酬体系），監査人と被監査企業との関係（交代，オピニオン・ショッピング，個人的人間関係，監査報告の遅れ），および環境（訴訟の起きやすさ，規制の影響，および監査市場の構造変化）が議論されている。日本における継続企業に関する監査研究の多くは，このカテゴリーに当てはまる。たとえば，高田（2010）は監査報酬とGC監査報告の関係を，稲葉（2012）および酒井（2014）は監査人の交代とGC監査報告の関係を検証している。これらの要因のうち，たとえばガバナンスの特性，業種特化，報酬体系などは，PCAOB（2015c）が示した監査の質の指標に関連している。

③GC監査報告の「正確性」については2つの誤分類が関係する。1つは，GC監査報告がなされたにもかかわらず倒産しなかった場合で，もう1つは，GC監査報告なしに倒産した場合である。監査人がGC監査報告を行う経済的インセンティブは，前者の場合の監査人交代による収益喪失のコストと，後者の場合に被る訴訟および評判悪化のコストの比較考量による。GC監査報告なしに倒産した企業の割合は，時代によって異なる数値が報告されている。たとえば，1988年の監査基準書第59号（AICPA, 1988）公表後しばらくは40〜50％であり，エンロン事件（2001年12月）前は60％，

事件後は30％という調査結果が示されている。一方，GC監査報告がなされたにもかかわらず倒産しなかった場合についての研究は多くない。GC監査報告を受けた企業のうち80〜90％は倒産しなかったと理解されている。

　監査事務所による正確性の差異については，大手監査事務所（Big N）はそれ以外の監査事務所（non-Big N）に比べていずれの誤分類も少ないことが確認されている（Geiger and Rama, 2006）。監査人の任期および非監査報酬がGC監査報告の正確性に及ぼす影響も研究されているが，任期の長さ（たとえば，Geiger and Raghunandan, 2002）または非監査報酬の金額（Robinson, 2008; Callaghan et al., 2009）がGC監査報告の正確性に及ぼす影響の研究では，任期の長さが監査人の独立性を弱め，GC監査報告が行われにくくなるという仮説，あるいは監査報酬が高いとGC監査報告が行われにくくなるという仮説を裏付ける証拠は得られていない。日本のデータに基づく研究としては，町田・林（2013）がある。この研究では，監査人（事務所または監査責任者）の継続監査期間が長くなるほどGC監査報告をしない傾向が確認され，さらに監査事務所については，継続監査期間が長くなるほどGC監査報告の正確性も低くなることが確認されている。

　なお，本指標はGC監査報告の「適時性」を監査の有効性の指標として捉えているが，GC監査報告の適時性に関する先行研究は見当たらない。適時な報告か否かを判断するためには，判断基準となる事象または状態を定義する必要がある。たとえば，企業倒産（会社更生法や破産の申請など）という事象についての適時な監査報告とは，倒産前にGC監査報告が行われていることを意味する。GC監査報告をしたにもかかわらず倒産しなかった場合は適時な報告とはいえない。早期警戒情報としての有効性という観点から適時性に着目することは理解できるが，どのような事象または状態を判断基準とするかが問題となる。また，もし「2期連続営業CFがマイナス」や「債務超過」など，GC監査報告のトリガーを画一的に決めておくのであれば，そもそも適時性は問題とはならないと考える。

　最後に，④GC監査報告の帰結については，証券市場における株価反応や自己成就的予言に関する研究が行われている。

(3) 制度等

　国際監査基準（ISA）570「継続企業」（IAASB, 2015）は，経営者が財務諸表の作成にあたって継続企業の前提を用いることに関する財務諸表監査上の監査人の責任を規定している。また，国際会計基準（IAS）1「財務諸表の表示」（IASB, 2007）は，継続企業としての存続能力の評価を経営者に要求する規定と，継続企業に関連して考慮し，開示すべき事項に関する規定を置いている。

　監査人の責任は，財務諸表の作成と表示にあたって経営者が継続企業を前提とした会計基準を用いることの適切性に関する十分かつ適切な監査証拠を入手し，被監査企業の継続企業としての存続能力に重要な不確実性が存在するかどうかを結論することである。財務諸表の作成に用いられる財務報告の枠組みが，継続企業としての存続能力の評価を経営者に対して明確に要求していない場合であっても同様である（ISA 570, par.6）。

　監査人の結論と監査報告は，以下のように整理できる（ISA 570, pars. 21-23）。

① 継続企業を前提とした会計基準を用いて財務諸表が作成されているが，継続企業を前提とした会計基準を使用することが適切でないと判断したとき……不適正意見

② 継続企業を前提とした会計基準を用いて財務諸表を作成することは適切であるが，重要な不確実性が認められる場合で，関連する財務諸表注記が適切なとき……無限定意見＋「継続企業に関する重要な不確実性」区分[2]

③ ②の場合で財務諸表注記が適切でないとき……限定意見または否定的意見

　なお，継続企業の前提に重要な疑義を生じさせるような事象または状況

2．継続企業としての存続能力に関する重大な疑義を生じさせるかもしれない事象，または状態に関する重要な不確実性は，その性質上「監査上の最重要事項（key audit matters）」であるが，「監査上の最重要事項」区分ではなく「継続企業に関する重要な不確実性」区分に記載される。

を識別したが、重要な不確実性は認められない場合（close call situation）、監査人は、適用される財務報告の枠組みの要求事項に照らして、財務諸表に当該事象または状況が適切に開示されているかどうかを評価することが求められている（ISA 570, par.20）。

日本では、監査基準や連結財務諸表規則などにより、上記の国際基準と同様の枠組みが用意されている。アメリカでも、PCAOBの監査基準2415「継続企業として存続する事業体の能力に関する考慮」（PCAOB, 2015c）が、経営者が財務諸表の作成にあたって継続企業の前提を用いることに関する監査人の責任を規定している。また、アメリカ財務会計基準審議会（FASB）の会計基準コード化体系（Accounting Standards Codification）205-40「財務諸表の表示—継続企業」（FASB, 2014）は、継続企業としての存続能力の評価を経営者に要求する規定と、継続企業の存続能力に関して考慮し、開示すべき事項に関する規定を置いている。

継続企業問題に関する注記情報開示およびGC監査報告が必要となる条件（重要な不確実性[3]か重大な疑義[4]か）や、企業存続能力の評価期間（決算日から1年間か財務諸表公表日または公表が可能となる日から1年間か）に差異はあるが、国際基準、日本およびアメリカにおける継続企業問題に関する制度枠組みに実質的な差異はなくなったと理解できる。また、具体的な内容はさておき、英国、カナダ、ドイツ、フランスでもGC問題への制度的対応がなされており、GC監査報告に関するデータは多くの国において入手可能である。

(4) AQIとしての課題

財務諸表利用者ないし社会の期待を念頭に置けば、監査の有効性の尺度として、早期警戒情報としてのGC監査報告の適時性に着目することは理

---

[3] 重要な不確実性は、財務報告の枠組みの趣旨に照らして、当該不確実性がもたらす影響の大きさおよびその発生可能性により、不確実性の内容および影響について適切な注記が必要であると監査人が判断した場合に存在する（ISA 570, par.18）。

[4] 重大な疑義は、財務諸表の公表日または公表が可能となる日から1年以内に支払期日が到来する債務を支払えない可能性が高い（probable）場合に存在する（FASB, 2014, par.2）。

解できる。また，GC監査報告のデータも入手可能である。しかし，先述のとおり，適時か否かの判断にはなんらかの事象の発生または状態への遷移が必要であり，GC監査報告の適時性は，正確性（財務的困難に先立つGC監査報告のない企業の数と割合）の意味合いをもつ指標として提示されていると考えられる。このように考えた場合，監査の本来的機能に照らして，そもそもこのような正確性を質の尺度としてもよいのかという問題が残る。GC監査報告は正確である方が望ましいが，そのことと正確性の程度で監査の質を評価することとは別問題であろう。また，2つの誤分類（エラー）の一方にのみ注目することの弊害もある。いうまでもなく，財務的困難に先立つGC監査報告のない企業の数と割合を下げようと思えば，限度はあるもののGC監査報告の意思決定を保守的に行えばよいということになる。つまり，GC監査報告の正確性の指標化は，監査人に対して必要以上にGC監査報告を行うインセンティブを与えることになる。

〈参考文献〉

Accounting and Corporate Regulatory Authority (ACRA) (2015a), *Guidance to Audit Committees on ACRA's Audit Quality Indicators Disclosure Framework*, ACRA.

ACRA (2015b), *Guidance to Audit Firms on ACRA's Audit Quality Indicators Disclosure Framework*, ACRA.

American Institute of Certified Public Accountants (AICPA) (1988), Statement on Auditing Standards No. 59, The Auditor's Consideration of an Entity's Ability to Continue as a Going Concern, AICPA, April.

Callaghan, J., M. Parkash, and R. Singhal (2009), Going-concern audit opinions and the provision of nonaudit services: Implications for auditor independence of bankrupt firms, *Auditing: A Journal of Practice & Theory* 28 (1): 153-169.

Canadian Public Accountability Board (CPAB) (2014), *Audit Quality Indicators: In Search of the Right Measures*, CPAB.

CPAB (2016), *Transparency into the Audit—Audit Quality Indicator and Transparency Reporting*, CPAB.

Carson, E., N. L. Fargher, M. A. Geiger, C. S. Lennox, K. Raghunandan and M.

Willekens (2013), Audit Reporting for Going-Concern Uncertainty: A Research Synthesis, *Auditing: A Journal of Practice & Theory* 32 (Supp.1): 353-384.

Federal Audit Oversight Authority (FAOA) (2015), *Activity Report 2015*, FAOA.

Financial Accounting Standards Board (FASB) (2014), Accounting Standards Codification 205-40, Presentation of Financial Statements—Going Concern, Disclosure of Uncertainties about an Entity's Ability to Continue as a Going Concern, FASB.

Financial Reporting Council (FRC) (2008), *The Audit Quality Framework*, FRC.

Geiger, M. A. and D. V. Rama. (2006), Audit firm size and going-concern reporting accuracy, *Accounting Horizons* 20 (1): 1-17.

Geiger, M. A. and K. Raghunandan (2002), Auditor tenure and audit reporting failures, *Auditing: A Journal of Practice & Theory* 21 (1): 67-78.

International Auditing and Assurance Standards Board (IAASB) (2015), International Standard on Auditing 570 (Revised), Going Concern, IAASB, January.

International Accounting Standards Board (IASB) (2007), International Accounting Standards1, Presentation of Financial Statements, IASB, September.

International Organization of Securities Commissions (IOSCO) (2015), FR24/2015, *Transparency of Firms that Audit Public Companies*, Final Report, IOSCO.

Kida, T. (1980), An investigation into auditors' continuity and related qualification judgments, *Journal of Accounting Research* 18 (2): 506-523.

Mutchler, J. F. (1984), Auditors' perceptions of the going-concern opinion decision, *Auditing: A Journal of Practice & Theory* 32 (Spring): 17-29.

Netherlands Institute of Chartered Accountants (NICA), Future Accountancy Profession Working Group (2014), *In the Public Interest: Measures to Improve the Quality and Independence of the Audit in the Netherlands*, NICA.

Public Company Accounting Oversight Board (PCAOB) (2015c), AS 2415: Consideration of an Entity's Ability to Continue as a Going Concern. (https://pcaobus.org/Standards/Auditing/Pages/AS2415.aspx).

Robinson, D. (2008), Auditor independence and auditor-provided tax service:

Evidence from going-concern audit opinions prior to bankruptcy filings, *Auditing: A Journal of Practice & Theory* 27 (2): 31-54.

稲葉喜子（2012），「ゴーイング・コンサーン情報と監査人の交代」『現代監査』22号，75-83頁。

酒井絢美（2014），「監査人の交代とゴーイング・コンサーン」『會計』186巻1号，94-104頁。

髙田知実（2010），「監査報酬と監査環境の変化がゴーイング・コンサーンの開示に及ぼす影響の実証分析」『現代監査』20号，110-121頁。

町田祥弘・林隆敏（2013），「監査人の継続監査期間によるゴーイング・コンサーン対応への影響」『税経通信』68巻3号，130-144頁。

26 監査委員会メンバーに対する独立的調査結果：RISAC
AQI 26：Results of Independent Surveys of Audit Committee Members

(1) PCAOBおよびCAQの提案

　PCAOB（2015a）の監査品質のコンセプトリリースは，1）監査委員会メンバーに対する独立的無記名調査（Anonymous Independent Survey）の結果を利用することによって，監査プロセスの中心的機能を担う監査人と監査委員会のコミュニケーション（Communications between Auditors and Audit Committees）に対する効果的な尺度が提供されうること，および2）監査人とクライアントのコミュニケーションの水準と品質を評価するために，監査委員会メンバーに対して独立的な無記名調査を実施することによってその指標が導出されうることを示している。また，CAQは監査委員会がAQIのメリットの主たる享受者であることを指摘したうえで，監査人と監査委員会のコミュニケーションのフレキシビリティが潜在的なAQIのセットを形成することを示している。

　なお，FEE（2016）においても，監査業務レベルおよび監査事務所レベルそれぞれにおいてPCAOB（2015a）とほぼ同様のAQIの計算方法を提案している。

(2) 先行研究・調査

　アメリカをはじめとした諸外国においては監査委員会の特性（Audit Committee Characteristics）が財務報告の品質（もしくは監査の品質）にいかなる影響を及ぼすのかテストを実施した研究が数多く蓄積されており，監査品質のコンセプトリリースによって取り上げられている監査委員会メンバーに対する独立的調査結果（以下，RISACという）というAQIについても，数多く存在する監査委員会の特徴の1つとして捉えることが可能

である。よって，監査委員会の特性と財務報告の品質（もしくは監査の品質）との関係をテストした先行研究たる経験的研究をレビューしておくことは，RISACが良好なAQIたりうるのかテストするための重要な示唆を与えるであろう。

先行研究においては，監査委員会の特性として，主として，1）独立性，2）専門性，3）活動水準，に注目してテストを実施している。監査委員会の独立性に注目した代表的な研究として，Klein（2002）とBedard et al.（2004）を指摘できよう。Klein（2002）は異常会計発生高と独立取締役の割合が多い監査委員会との間には統計的に有意かつマイナスの関係を有するが，全員が独立取締役で構成される監査委員会と違いはない証拠を示す一方，Bedard et al.（2004）は，100％独立取締役の場合，攻撃的利益マネジメントが有意に減少するという相反する証拠を提示している。監査委員会の専門性については，Dhaliwal et al.（2010）およびKrishnan et al.（2011）によって提示された証拠が興味深い。Dhaliwal et al.（2010）は，独立性レベルが高く，兼任が少なく，在任期間が短い会計専門家が監査委員会に含まれるならば，財務報告の品質がより高くなることを示す結果を得ているが，会計専門家でない財務専門家の場合には上記のような結果が得られなかった。さらに，Krishnan et al.（2011）は，会計専門家もしくは法律専門家のいずれかが監査委員会のメンバーに入っているならば財務報告の品質が高まることを示唆する証拠を得る一方，会計専門家および法律専門家の両方の属性を有する取締役がメンバーに入っていることを示す変数の係数推計値については，統計的に有意ではないという少々解釈が困難な証拠も同時に提示している。監査委員会の活動水準については，Xie et al.（2003）およびBedard et al.（2004）の証拠を示しておきたい。Xie et al.（2003）は，監査委員会が相対的に活動的であるならば短期異常会計発生高が小さくなることを示唆する証拠を得た一方で，Bedard et al.（2004）は監査委員会の活動水準と利益マネジメントとの間には有意な関係が存在しないという相反する証拠を提示している。

翻って，わが国においては監査委員会の特性と財務報告の品質の関係に

ついてテストを実施した先行研究は見当たらない。わずかに,岩崎（2009），首藤・岩崎（2009），浅野（2015b; 2016）が監査役会の特性と財務報告の品質の関係について証拠を提示しているのみである。

(3) 制度等

アメリカにおいて，当初，監査委員会と監査人との間においてはコミュニケーションが制限されるべきと理解されていたが，SOX法によって財務報告の品質を保証する際に監査委員会の役割が拡張・強調された（Cohen et al., 2002）。監査委員会の責任範囲の拡大によって，監査委員会と監査人のコミュニケーションの必要性が強調されるに至ったのである。他方，わが国における公開大会社（法2条5号，6号）において，監査委員会を有するのは指名委員会等設置会社（法2条12号）のみである。平成26年改正会社法によって，公開大会社は，1）指名委員会等設置会社，2）監査役会設置会社（法2条10号），3）監査等委員会設置会社（法2条11号の2）の中から選択して機関設計を行うことになった。監査役会設置会社もしくは監査等委員会設置会社を選択した場合には監査委員会を置くことができず（法327条4項，6項）．平成26年11月末日時点における上場企業たる公開大会社のうち監査委員会設置会社（現指名委員会等設置会社）の割合は約2％に過ぎない（浅野，2015a）ことにも留意するならば，監査委員会と監査人のコミュニケーションについて議論する際には，監査役（会）と監査人，および監査等委員会と監査人のコミュニケーションについても考慮しなければすべてをカバーできないことになる。したがって，AQIの1つとしてRISACを利用しようとするならば，1）アメリカの監査委員会とわが国の監査委員会の制度上の相違点，および2）監査委員会，監査役会，監査等委員会の制度上の相違点について十分に把握しておくことが肝要となる。

わが国における監査役（会）等と監査人とのコミュニケーションについては，日本公認会計士協会（2015）で詳しく触れられている。また，コミュニケーションをも包含する概念である監査役（会）等と監査人との連携

については，日本監査役協会・日本公認会計士協会（2013）および日本監査役協会（2014）でその概要が示される一方，浅野（2014）および町田（2015）は学術的観点から検討を加えている。

(4) AQIとしての課題

1）どの主体が，2）いかなる頻度で，3）どの対象について，4）どういったレベルで，5）どのような項目および形式で独立的調査を実施するのかといった具体的内容に関する議論はさておき，指名委員会等設置会社が支配的ではない現状において，わが国では，RISACにかえて，監査役に対する独立的調査結果もしくは監査等委員会メンバーに対する独立的調査結果をAQIとして適用することが想定される。このとき，既述したように制度上の相違点を踏まえたうえで，企業の機関設計の違いが独立的調査結果に影響を及ぼすのかどうかについて解明したのちにAQIとして適用の可否を議論すべきである。さらに，監査委員会の特性と財務報告の品質の関係について先行研究では数多くの証拠が提示されているが，互いに相反する証拠も得られている。今後，RISACについて経験的証拠が蓄積されたとしても，互いに相反する証拠であるが故にAQIとしての妥当性が問題とされる可能性がある。その場合，たとえばLin and Hwang（2010）で示されるようなメタ・アナリシスによる統合的証拠を入手するといったことも検討されるべきであろう。

〈参考文献〉

Bedard, J., S. M. Chtourou and L. Courteau (2004), The Effect of Audit Committee Expertise, Independence, and Activity on Aggressive Earning Management, *Auditing :A Journal of Practice and Theory* 23(2): 13-25.

Cohen, J., L. M. Gaynor, G. Krishnamoorthy and A. M. Wright (2007), Auditor Communications with the Audit Committee and the Board of Directors: Policy Recommendations and Opportunities for Future Research, *Accounting Horizon* 21(2): 165-187.

Dhaliwal, D., V. Naiker and F. Navissi (2010), The Association between Accruals

Quality and the Characteristics of Accounting Experts and Mix of Expertise on Audit Committees, *Contemporary Accounting Research* 27(3): 787-827.

Klein, A. (2002), Audit Committee, Board of Director Characteristics, and Earnings Management, *Journal of Accounting and Economics* 33(3): 375-400.

Krishnan, J., Y., Wen and W. Zhao (2011), Legal Expertise on Corporate Audit Committees and Financial Reporting Quality, *The Accounting Review* 86(6): 2099-2130.

Lin, J. W. and M. I. Hwang (2010), Audit Quality, Corporate Governance, and Earnings Management: A Meta-Analysis, *International Journal of Auditing* 14(1): 57-77.

Xie, B., W. N. Davidson and P. J. DaDalt (2003), Earnings Management and Corporate Governance: the Role of the Board and the Audit Committee, *Journal of Corporate Finance* 22(2): 253-263.

浅野信博 (2014),「監査役と監査人等の連携をめぐる研究機会について」『経営研究』第65巻第2号, 41-55頁。

浅野信博 (2015a),「わが国上場企業における監査委員会の特徴について」『経営研究』第65巻第4号, 59-72頁。

浅野信博 (2015b),「社外監査役の専門性属性は財務報告の品質を高めるのか」『経営研究』第66巻第3号, 49-70頁。

浅野信博 (2016),「財務報告の品質は社外監査役の出席率に左右されるのか」『経営研究』第66巻第4号, 225-234頁。

岩崎拓也 (2009),「監査役会と取締役会の特徴が利益調整に与える影響」『六甲台論集―経営学編―』第56巻第1号, 77-105頁。

首藤昭信・岩崎拓也 (2009),「監査役会および取締役会の独立性と保守主義の適用」『産業経理』69巻第1号, 89-99頁。

日本監査役協会 (2014),「会計監査人との連携に関する実務指針」(http://www.kansa.or.jp/support/el002_140410_01.pdf)。

日本監査役協会・日本公認会計士協会 (2013),「監査役等と監査人との連携に関する共同研究報告」(http://www.kansa.or.jp/support/el002_131107_02.pdf)。

日本公認会計士協会 (2015),「監査役等とのコミュニケーション」監査基準委員会報告書260 (http://www.hp.jicpa.or.jp/specialized_field/files/2-24-260-2-20150529.pdf)。

町田祥弘 (2015),「外部監査人と監査役等の連携の新たな可能性: 外部監査人による監査報告書の改革の動向を踏まえて (前編・後編)」『月刊監査役』第635号・第637号, 73-83頁・13-23頁。

27 PCAOB及びSECによる執行活動の傾向
AQI 27：Trends in PCAOB and SEC Enforcement Proceedings

⑴ PCAOBおよびCAQの提案

　本指標は，PCAOB（2015a）では「監査結果」区分に含まれており，監査および監査関連の対象に関連して，監査事務所に対するPCAOBおよびSECの執行活動を測定する。監査および監査関連の対象に関連したPCAOBとSECによる訴訟の頻度，特性，規模，その結果は，事務所の実務の強味と弱味を明らかにすることに役立つと思われる。本指標に基づく情報は，特定の事務所，あるいは監査全般のいずれかに影響するような品質の問題を含みうる。とはいえ，訴訟に必要となる期間の長さは，情報の適時性の問題を生じさせるかもしれない。

　本指標の具体的な測定方法としては，監査業務レベルでは，被監査会社に関連して監査事務所ないしそのパートナーに対して，過去5年間にわたって実施された公的，SEC，あるいはPCAOBの執行活動として測定される。また監査事務所レベルでは，特定の監査の対象に関連して，監査事務所ないしそのパートナーに対して，過去5年間にわたって実施された公的，SEC，あるいはPCAOBの執行活動として測定される。自主規制団体であるAICPAによるCAQ（2014）では，このような監査の結果に起因する事後的な執行機関による処分を扱っていない。

　一方，FEE（2016）のなかでは，執行活動そのものではないものの，「外部機関による検査」という指標として，オランダ，フランス，シンガポール，IOSCOが扱っている。オランダは，監査報告書発行後になされた外部品質管理レビュー数の，発行済監査報告書の総数に対する割合，ならびに品質管理レビューの結果を公表するように，また英国は，監督の測定基準として，外部調査に関する基準を透明性報告書に原則主義に則って量的・質的側面から記載するよう求めている。一方，シンガポールは，事務

所レベルの指標として,外部および内部検査の結果を公表するように指示する。IOSCOは,PCAOB同様に,監査監督機関による検査結果について,①個々の監査業務に伴う守秘義務の対象となる情報以外の重要な,あるいは全般的な不備およびその他検出事項を含めた監査品質監督の検査の範囲と結果,②観察された不備に関して報告する監督機関の名前,③監査事務所による矯正活動を公表することを指示する。

(2) 先行研究・調査

アメリカにおいて,監査結果としての規制当局であるSECとPCAOBによる執行活動の頻度・特性・規模・その結果に関する資料を収集する源泉は,SECが会計・監査執行通牒（Accounting and Auditing Enforcement Release: AAER）,PCAOBが懲戒命令（Disciplinary Orders: DO）となる。従来から規制当局による執行活動に着目した研究は,ケース・スタディとして数多く存在するが,SECによるAAERや訴訟通牒（Litigation Release）,さらには各種判例を盛り込んだKnapp（2011）が代表的なものである。ケース・スタディは,個別の判例や通牒等から当該ケースの特徴を抽出し,任務懈怠と判断された監査人の正当注意義務の水準やその内容,さらには有責と判断された根拠を明らかにしようとするものである。

他方,実証研究の端緒となる代表的なものはPalmrose（2001）である。本研究は,1960年から95年までの監査の失敗に起因する訴訟を公開情報から収集しデータベース化し,クライアントと監査人に関する情報とともに,会計・監査上の争点,法律上の意味や争点,規制当局の執行活動,ならびに判決に関する分析を可能としている。

実際にSECによるAAERの分析から,監査の失敗に起因した訴訟の可能性が高い不正のタイプを実証研究の対象としたものがBonner et al.(1998)である。AAERの対象である390社のケースを分析し,不実表示に頻繁に用いられる項目が根拠となった場合と,架空取引を用いた不実表示を根拠とする場合に,監査人は訴えられる可能性が高いことを明らかにしている。

またSECとPCAOBによる執行活動を対象としたMessier, Jr. et al.

(2010) では，1990年代からSECによる業務品質レビューワー（Engagement Quality Reviewers: EQRs）に対する制裁が増加するとともに，PCAOBもSOX法セクション103によって業務品質レビューに関する監査基準を設定したことを背景に，EQRsへの制裁根拠を調査し分析した。その結果，制裁根拠は会計基準違反と監査基準違反からなっており，特に監査基準違反の内容は正当注意義務違反，すなわち職業的懐疑心の欠如であることを明らかにした。

アメリカにおける規制当局による執行活動に関する研究には，ケース・スタディと統計的手法を用いた実証研究の2つの手法が認められる点に特徴がある。

(3) 制度等

PCAOBは，2002年SOX法，2010年ドッド・フランク・ウォール街改革と消費者保護法（Dodd-Frank Wall Street Reform and Consumer Protection Act: Dodd-Frank法），2012年新興企業ジャンプスタート法（Jumpstart Our Business Startups Act: JOBS法）により，調査や基準設定権限のほか，登録公共会計事務所と事務所の当事者に対する調査とDOを下す権限が与えられている[5]。一方，SECには，証券法（Securities Act）および証券取引所法（Securities Exchange Act）に基づきSEC提出報告書における不実記載に関連して，会計業務ないしは監査業務における瑕疵による会社，監査人，ならびに役人に対する調査と執行活動の権限が与えられている。1937年から82年までは，SECによる会計と監査に関する立場と，採られた執行活動を通達するために，会計連続通牒（Accounting Series Release: ASR）が公表されてきた。1982年以降は，争点となる会計上・監査上・報告上の問題への対応のために財務報告通牒（Financial Reporting Release: FRR）を公表し，調査と執行活動の結果についてはAAERとして公表している。

5．PCAOBによるSOX法以降の執行活動の変遷に関しては，Palmrose（2013）で紹介されている。

わが国では，監査人に対する執行活動は，公認会計士・監査審査会（以下，審査会という）が公認会計士法第49条の4第2項に基づき，審査または検査の結果，行政処分その他を同法第41条の2により金融庁長官に勧告し，金融庁が懲戒処分等の執行活動を行うことになっている。審査会からは，毎年，大部の「監査事務所検査結果事例集」が公表されており，実務の改善に資することが志向されている。また金融庁による懲戒処分は，随時，「監査法人の処分について」といった様式で公表される。

　日米の執行活動結果の公表形態の大きな違いは，個別具体的な監査業務の処分対象・内容と，被監査会社の名称その他の詳細がアメリカでは明らかにされるのに対して，わが国では明らかにされない点である。わが国では，簡潔性・明瞭性が優先されており，要約された形式や匿名化された文書となっている。このことは，判例等の公式資料と執行活動結果の紐付けを難しくしており，ケース・スタディとしても実証研究の対象としても，極めて困難な研究環境を招来している。

(4)　AQIとしての課題

　監査の品質，すなわち監査の有効性が確保されていることを客観的に計ることは不可能であり，その品質ないし有効性は，監査の失敗として否定的に顕在化したときにのみ客観的な把握が可能となる。このため規制当局による執行活動結果は，詐欺的な財務報告に関して極めて高い客観的な分析の基礎を提供する，という長所がある。そのためには，当該執行活動の対象となる監査人，監査業務，被監査会社，不実表示の中身といった詳細がアメリカのように明確にされる必要がある。

　短所としては，執行活動の対象となった事案のみにその分析対象が限定されることとなり，それら事案が必ずしも「マイナスの監査の品質（有効性）」を代表しない可能性もある。また執行活動は，常に監査業務プロセスに対して事後的な措置として生じるものであり，後付けの誤りを免れ得ない。この短所に起因し，PCAOB（2015b）に対して寄せられたコメントでは，この執行活動をAQIと位置付けることについて，ほかのAQIよ

■図表6-3　SECの執行活動パターンと独立性の外観規制

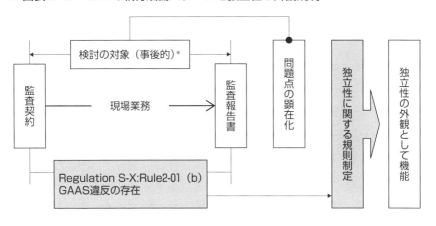

＊事後的に，SECが検討の対象とする監査人の行為は独立性の外観や実質を問わず，「事実として独立性を遵守していないと看做せるか否か」が問題となる（ASR#296）。

りも相対的に支持者が少なくなっている。

　しかしながら，このような短所に対しては，規制活動そのものは常に事後的なものとなるのは当然であり，当該事後的な執行活動が詳細に示されることによって，将来にわたる監査業務に対する規制として機能することは無視できない[6]。そのような発現形態は，独立性規制でも同様であり，事後的な執行活動の結果が外観規制として導入され，監査人に独立性遵守を強制しており，図表6-3のように示される。

　したがって，規制当局による執行活動の結果は，監査業務のインプット（監査人の適格性・独立性や業務プロセス）に関するAQIに比べると，常に後手に回った指標となるものの，いったん，執行活動の詳細が明らかにされれば，そこから抽出されたAQIによって監査の品質を確保するための手段として有効に利用できることは容易に理解できる。

6．監査人の独立性に対する外観規制におけるSECの執行活動の役割は，松本（2004）で明らかにしている。

〈参考文献〉

Bonner, S. E., Z-V. Palmrose and S. M. Young (1998), Fraud Type and Auditor Litigation: An Analysis of SEC Accounting and Auditing Enforcement Releases, *The Accounting Review* 73 (4).

Knapp, M. C. (2010), *Contemporary Auditing: Real Issues and Cases 8th ed.*, Mason: South-Western.

Messier, Jr., W. F., T. M. Kozloski and N. Kochetova-Kozloski (2010), An Analysis of SEC and PCAOB Enforcement Actions against Engagement Quality Reviewers, *Auditing: A Journal of Practice & Theory* 29 (2).

Palmrose, Z-V. (2001), Studies in Accounting Research #33, *Empirical Research in Auditor Litigation: Considerations and Data*, Sarasota: AAA.

Palmrose, Z-V. (2013), PCAOB Audit Regulation a Decade after SOX: Where It Stands and What the Future Holds, *Accounting Horizons* 27 (4).

松本祥尚 (2004),「独立性規制における規則主義アプローチ」『會計』166巻4号。

28 民事訴訟の傾向
AQI 28：Trends in Private Litigation

(1) PCAOBおよびCAQの提案

　本指標は，PCAOB (2015a) では「監査結果」大区分に含まれており，AQI 27「PCAOB及びSECによる執行活動の傾向」とともに中区分「法執行と訴訟」に分類され，監査事務所に対する民事訴訟の傾向を測定する。民事訴訟の頻度，特性，規模，その結果は，事務所の公開会社実務の強味と弱味を明らかにすることに役立つと思われる。本指標に基づく情報は，特定の事務所ないしは監査業務全般のいずれかに影響するような品質の問題を含みうる。とはいえ，特定の訴訟が責任認定に至りうる，あるいは至り得ない一定の事実のもとでは，情報の質は不確実なものであり，また和解に至った訴訟から引き出される情報に基づく金額も曖昧なもの，という制約条件はある。

　本指標の具体的な測定方法としては，監査業務レベルでは，被監査会社に対する監査事務所の監査作業に関連した民事訴訟の頻度，内容，ならびに結果によって測定される。また監査事務所レベルでは，当該事務所の公開会社の監査実務に関連した民事訴訟の頻度，内容，ならびに結果によって測定される。自主規制団体であるAICPAによるCAQ (2014) では，このような監査の結果に起因する事後的な執行機関による処分を扱っていない。

(2) 先行研究・調査

　アメリカにおける「監査結果」としての民事訴訟による頻度・特性・規模・その結果に関する資料を収集する源泉は，全米判例集体系（National Reporter System）であり，現在では，これらの判例集が，LexisNexisやWestlawといった商用の判例データベースで代替される。いずれにしても，監査人を被告とした判例を中心とした研究は，ケース・スタディとして数

多く存在するが，各種判例を盛り込んだCausey and Causey（1995）やKnapp（2011）が代表的なものである。ケース・スタディは，個別の判例から当該ケースの特徴を抽出し，詐欺と判断された独立性の喪失や過失と判断された監査人の正当注意義務の水準やその内容，さらには有責と判断された根拠を明らかにしようとするものである。

他方，実証研究の端緒となる代表的なものはPalmrose（2001）である。本研究は，1960年から95年までの監査の失敗に起因する民事・刑事の訴訟を公開情報から収集しデータベース化し，クライアントと監査人に関する情報とともに，会計・監査上の争点，法律上の意味や争点，規制当局の執行活動，ならびに判決に関する分析を可能としている。

また監査報酬には監査手続の投入量だけではなく訴訟リスクが反映されていることが，Simunic（1980）でモデル化されたことで，IPO市場に関連する訴訟リスクと監査報酬との肯定的な関係を検出したBeatty（1993）や，それらの変数と監査の品質の代理変数として異常会計発生高との関係を明らかにしたVenkataraman et al.（2008），訴訟リスクを構成するクライアントの事業上のリスク（特性）と，それを前提にした監査人の保険料を考慮した監査報酬との関係を分析したPratt and Stice（1994）がある。これらの実証分析の特徴は，訴訟リスクをクライアントの属する市場特性で計るか，企業特性で計るかにある。

アメリカにおける民事訴訟に関する研究には，ケース・スタディと統計的手法を用いた実証研究の2つの手法が認められる。

(3) 制度等

アメリカの判例は，1879年よりWest社の全米判例集体系として，連邦レベル（Federal Reporter）（13の巡回上訴裁判所を含む）[7]と7つの州レベル（Atlantic Reporter, North Eastern Reporter, North Western Reporter, South Eastern Reporter, Southern Reporter, South Western Reporter,

---

7．このほか，連邦レベルでは，Bankruptcy Reporter, Federal Rules Decisions, Military Justice Reporter, Federal Claims Reporterがある。

Pacific Reporter)[8]で法域ごとに収録されている。

　他方，わが国の監査人に関連する民事訴訟の判例は，「民事裁判資料」や「最高裁判所民事判例集」などの公式のものがあるが，われわれが一般に入手できる市販のものは，判例時報社による「判例時報」，有斐閣「ジュリスト」，商事法務研究会「NBL」，判例タイムズ社「判例タイムズ」といった判例掲載雑誌が挙げられ，そのうち影響の大きなものはTKCによるLEX/DBという法律情報データベース化されている。これら市販のものは，編集者によってその掲載の可否が判断されるため，すべての判例が掲載されているわけではない。

　日米の公表判例の大きな違いは，法体系の違いや国民性の違いもあるかもしれないが，もともとの訴訟事例数の蓄積数にある。しかし2004年に改正された民事訴訟費用等に関する法律によって申立の手数料が引き下げられたことから，株主代表訴訟棟の民事訴訟は増加傾向にある。

　判例を研究材料として用いるときの最大の問題は，主に次のような２点が考えられる。

　１つは，これが最大の問題であるが，陪審や裁判官の専門知識レベル影響を所与としても，訴訟自体，原告が提起した訴状に基づいて議論が開始されるため，必ずしも網羅的な監査上の争点が扱われるわけではない点である。つまり監査や会計の争点に関する未熟な原告が訴状を提出した場合，本来検討されるべき会計・監査上の複数の論点が見逃される可能性が避けられない。

　２つには，判例を用いた実証研究の問題として，個別の判例を研究者の目視と解釈により，監査人の瑕疵の内容を分類する作業が必要となる。この結果，通常のアーカイバル研究やモデル化された実験研究のように，アンケート調査によるリッカート尺度化や公表データを用いた単純な変数化はできず，会計や監査に関する専門的な知識・能力による主観的な変換作業が研究者の側に不可欠となる。

8．原則として，事実審レベルの判決は収録されていない。

(4) AQIとしての課題

　監査の品質，すなわち監査の有効性が確保されていることを客観的に計ることは不可能であり，その品質ないし有効性は，監査の失敗として否定的に顕在化したときにのみ客観的な把握が可能となる。このため民事訴訟による判例は，詐欺ないしは過失による不実の財務報告に関して極めて高い客観的な分析の基礎を提供する，という長所がある。そのためには，当該判例の対象となる監査人，監査業務，被監査会社，不実表示の中身といった詳細が明確にされる必要がある。

　一方，短所としては，訴訟の対象となった事案のみにその分析対象が限定されるだけでなく，判例として収録される数が網羅的でないことであり，さらにそれら事案が必ずしも「マイナスの監査の品質（有効性）」を代表しない可能性もある。また訴訟は，常に瑕疵のあった監査業務による損害対して事後的な救済措置として生じるものであり，後付けの誹りを免れ得ない。この短所に起因し，PCAOBに対して寄せられたコメントでは（PCAOB, 2015b），この民事訴訟の傾向をAQIと位置付けることについて，ほかのAQIよりも支持者が極めて少なくなっている。

　しかしながら，このような短所に対しては，民事訴訟そのものは常に事後的なものとなるのは当然であり，当該事後的な判例が詳細に示されることによって，将来にわたる監査業務に対する効果は無視できないであろう。民事訴訟の結果は，監査業務のインプット（監査人の適格性・独立性や業務プロセス）に関するAQIに比べると，必ずしも網羅的なものとはならないし，常に後手に回った指標とはなるものの，いったん，民事訴訟の詳細が判例において明らかにされれば，そこから抽出されたAQIによって監査の品質を確保するための手段として有効に利用できることは容易に理解できる。もちろんそのためには，原告側の知識の高度化により会計・監査上の争点が網羅的に訴状に反映され，法廷において検討されることが不可欠である。

〈参考文献〉

Beatty, R. (1993), The Economic Determinants of Auditor Compensation in the Initial Public Offerings Market, *Journal of Accounting Research* 31.

Causey, D. Y. and S. A. Causey (1995), *Duties and Liabilities of Public Accountants,* Mississippi: Accountants' Press.

Knapp, M. C. (2010), *Contemporary Auditing: Real Issues and Cases 8th ed.,* Mason: South-Western.

Palmrose, Z-V. (2001), Studies in Accounting Research #33, *Empirical Research in Auditor Litigation: Considerations and Data,* Sarasota: AAA.

Pratt, J. and J. D. Stice (1994), The Effects of Client Characteristics on Auditor Litigation Risk Judgments, Required Audit Evidence, and Recommended Audit Fees, *The Accounting Review* 69 (4).

Simunic, D. (1980), the Pricing of Audit Services: Theory and Evidence, *Journal of Accounting Research* 18.

Venkataraman, R., J. P. Weber and M. Willenborg (2008), Litigation Risk, Audit Quality, and Audit Fees: Evidence from Initial Public Offerings, *The Accounting Review* 83 (5).

松本祥尚 (2001),「監査人の情報提供に伴う責任発生とその還元策」『會計』160巻6号。

29 重要性
補：Materiality

(1) 指標の意義

　重要性は，PCAOB（2015a）とCAQ（2014）のいずれにおいても監査の質の指標として識別されていないが，質の指標となりうる候補として考察の対象とする。

　現在の財務諸表監査では，監査リスク・アプローチが採用されている。監査リスクは，監査人が重要な虚偽の表示を発見できず，監査意見を適切に限定できない可能性であるから，監査人は監査リスクとともに重要性を考慮しなければならない。監査リスク・アプローチによる監査意見には，「財務諸表に×××百万円（財務諸表全体についての重要性）を超える虚偽の表示が存在する可能性は○％（監査リスク）である」という意味がある。この文脈での重要性は，監査人が発見しなければならない虚偽の表示の識閾を示す概念である。したがって，重要性に関する指標は，財務諸表利用者が監査の質を理解するのに役立ちうると考えられる。

　また，実務においても，重要性に関する一定の情報を監査報告書に記載するという制度が存在し，監査の質の評価に利用しうる。後述のように英国では，2012年から，コーポレート・ガバナンス・コードの適用に関する開示を要求されている会社か，または自発的にそれを選択した会社に対する監査報告書に，財務諸表全体についての重要性を含めて，監査人が監査の計画と実施にあたって重要性の概念をどのように適用したかの説明を記載することが要求されている。

(2) 先行研究・調査

　Messier et al.（2005）は，1982年以降に公表された重要性に関する実証研究を，アーカイバル研究（監査マニュアルまた監査調書を情報源とする研究，および一般に利用可能な情報に基づく研究）と実験研究（利用者ま

たは監査人対象とする研究，および監査人と裁判官・弁護士の判断の比較研究）に分類している。

監査マニュアルを情報源とする研究では，監査計画上の重要性（planning materiality）の決定は，計算基礎の選択とそれに乗じる割合の選択という2つの意思決定からなること（Steinbart, 1987），量的重要性としては純利益の虚偽の表示が，質的重要性としては虚偽の表示が経営成績に及ぼす影響が，共通して重要視されていること（Friedberg et al., 1989），重要性判断に関する指示の内容は事務所ごとに相当に異なること（Friedberg et al., 1989; Martinov and Roebuck, 1998）が明らかにされている。

また，監査調書を情報源とする研究では，監査人が発見した虚偽の表示を集計するかどうかの決定において，量的重要性（財務諸表全体についての重要性に比した相対的な虚偽の表示の金額の大きさ）が重要な要因であるが，利益への影響，当該虚偽の表示の性質，被監査会社の規模などさまざまな要因も影響していること（Wright and Wright, 1997; Icerman and Hillison, 1991），サンプルにおいて発見した虚偽の表示から母集団全体の虚偽の表示を推定しない最も一般的な理由は，当該虚偽の表示が重要ではないという理由であること（Elder and Allen, 1998; Allen and Elder, 2005），サンプルにおいて発見した虚偽の表示が重要でないことを，母集団全体の虚偽の表示を推定しない理由とする程度は，会計事務所によって大きく異なること（Allen and Elder, 2005）が確認された。また，Blokdijk et al.（2003）は，財務諸表全体についての重要性は被監査会社の規模に応じて高くなるが，重要性の計算に用いる割合は低くなること，財務諸表全体についての重要性は，統制環境の質に関する監査人の評価，被監査会社の利益率，および被監査会社の複雑性と相関すること，大規模会計事務所が設定する財務諸表全体についての重要性は，それ以外の会計事務所が設定する重要性よりも低いこと，および，被監査会社の報告利益がゼロ付近である場合，監査人はより低い重要性を用いることを明らかにした。

最近の研究としては，Eilifsen and Messier（2015）がある。この研究

では,アメリカの大規模会計事務所8事務所の重要性に関する手引書の内容を分類,整理,比較し,以下の結論を導き出している。(1)財務諸表全体についての重要性(overall materiality)を決定するために用いる基準指標(たとえば,税引前利益,総資産または売上高,および純資産)とそれらの基準に適用される割合は,8つの会計事務所全体で相当程度に首尾一貫している。(2)許容虚偽表示額(手続実施上の重要性)を決定するために財務諸表全体についての重要性に適用する割合は,7つの事務所は50%から70%の範囲に含まれており,1つの事務所は70%〜90%の範囲に含まれている。(3)7つの事務所は,明らかに些細な虚偽の表示の大きさを財務諸表全体についての重要性の3%から5%と定めており,残り1つの事務所は5%〜8%を用いている。(4)すべての事務所は,質的要因の考慮を含めて,発見した虚偽の表示の評価に関する詳細なガイダンスを提供している。(5)グループ監査への重要性の適用は,監査基準で提供されているガイダンスとほぼ同じである。(6)未修正の発見した虚偽の表示の評価にあたって,未発見の虚偽の表示の可能性をどのように考慮するかに違いが見られる。Eilifsen and Messier(2015)は,会計事務所が用いているガイダンスそのものを利用しているため,たとえば,財務諸表全体についての重要性を決定する際に用いる基準指標の選択や,手続実施上の重要性を決定するために財務諸表全体についての重要性に適用する割合の決定に関する具体的なガイダンスが明らかにされている点に特徴がある。

最後に,英国上場会社の監査報告書に開示された重要性に関する情報を分析した研究として,FRC(2015)と林(2015)がある。FRC(2015)は以下を明らかにしている[9]。

・財務諸表全体についての重要性を決定するために用いられた基準指標は,153社のうち148社(97%)の監査報告書に記載され,そのうち128社(84%)は基準指標に適用した割合を説明しており,そのうち37社(25.0%)は基準指標の選択理由を開示している

---

9. FRC(2015)は,監査報告書情報の拡充が図られた初年度の実務の状況を調査,分析した報告書である。2年度目の調査,分析結果は,FRC(2016)として公表されている。

- 重要性の概念を適用する際に用いる基準指標はさまざまであり，かつ，同一の基準指標に適用される割合の幅も広い
- 監査人が最もよく使用している閾値は，税引前利益または税引前利益になんらかの調整を加えた利益の5％である
- 79.7％の監査報告書では，財務諸表全体についての重要性は，税引前利益または税引前利益を代理する利益指標のいずれかに基づいている
- 監査委員会に報告する未修正の差異の大きさの閾値にはかなりのばらつきがある
- 手続実施上の重要性に言及している監査報告書は25社（16.3％）である。
- 手続実施上の重要性は，財務諸表全体についての重要性に一定割合を乗じることにより設定されており，その割合は50％，70％または75％である

林（2015）では，上記に加えて，基準指標の選択には被監査会社の業種や資金調達方法が影響していること，および，基準指標に適用された割合および監査委員会に報告する虚偽の表示の閾値には会計事務所ごとに一定のばらつきがみられることが確認された。

(3) 制度等

① 重要性の定義

国際監査基準（ISA）320（IAASB, 2009a, par.2）は，財務諸表監査における重要性を「脱漏を含む虚偽の表示は，個別にまたは集計すると，当該財務諸表に基づいて利用者が行う経済的意思決定に影響を与えると合理的に見込まれる場合に，重要性があると判断される。」と定義している。この定義は，国際会計基準審議会（IASB）の「財務報告の概念フレームワーク」（IASB, 2010, QC11）が示している重要性の定義「情報は，その脱漏又は誤表示により，特定の報告企業に関する財務情報に基づいて利用者が行う意思決定に影響する可能性がある場合には，重要性がある。」に依拠している。すなわち，財務諸表監査における重要性は，財務諸表の作成・表示との関係において論じられる重要性概念を監査に適用したもので

ある。

　また，PCAOBの監査基準第11号（PCAOB, 2010, par.2）は，重要性について次のように述べている。すなわち，連邦証券諸法の解釈にあたり，合衆国最高裁判所は，「ある事実が，合理的な投資者によって，入手可能な情報の『組合せ全体』を著しく変更するとみなされるであろう可能性が相当程度に高い」ならば，当該事実は重要であるとの見解を示した。最高裁判所が述べているように，この重要性の決定には，「『合理的な株主』が所与の事実全体から引き出すであろう推定と，その推定の株主にとっての重大さに関する細心の評価」が要求される。

② **監査の計画と実施における重要性**

　監査人の最終的な目標は，財務諸表における重要な虚偽の表示の有無について合理的な保証を得ることにある。そのため監査人は，監査の計画と実施，発見した未修正の虚偽の表示が及ぼす影響の評価，未発見の虚偽の表示の可能性，および監査意見の形成にあたって，重要性概念を適用しなければならない。たとえば，ISA 320は，①財務諸表全体についての重要性（materiality for the financial statements as a whole）の決定（par. 10），②手続実施上の重要性（performance materiality）の設定（par. 11），および③重要性水準の改訂（par. 12-13）を規定している[10]。また，未修正の虚偽の表示が財務諸表に与える影響の評価については，ISA 450（IAASB, 2009b）が規定している。

③ **監査報告**

　ISA（UK and Ireland）700（FRC, 2013）[11]は，上場規則によってコーポレート・ガバナンス・コードの適用に関する開示を要求されている会社か，

---

10. 財務諸表全体についての重要性は，監査基準委員会報告書320（日本公認会計士協会，2011）では，「重要性の基準値」と表現されている。松本（2009）は，監査基準委員会報告書320における「重要性の基準値」という表現について，用語上の混乱があると指摘している。また，手続実施上の重要性は，PCAOB（2010）では，許容虚偽表示額（tolerable misstatement）と表現されている。

11. この基準は，2013年6月に公表され，（遡って）2012年10月1日以降に開始する期間の財務諸表監査から適用された。現在適用されているISA（UK and Ireland）700は，2014年9月に公表され，2014年10月1日以降に開始する期間の財務諸表監査から適用されているものである。

または自発的にそれを選択した会社に対して，財務諸表全体についての重要性を含めて，監査人が監査の計画と実施にあたって重要性の概念をどのように適用したかの説明を監査報告書に記載することを要求している（par. 19A）。また，任意開示事項として以下を例示している（par. A13B）。

- 特定の取引種類，勘定残高または開示に対する重要性の水準が財務諸表全体についての重要性よりも低い場合，当該重要性の水準
- 手続実施上の重要性
- 監査実施過程における財務諸表全体についての重要性の大幅な改訂
- 監査委員会に対する未修正の差異の報告に用いた閾値
- 監査人の重要性評価に関連する重大な質的考慮事項

(4) AQIとしての適用の課題

　重要性は，監査リスクとともに財務諸表監査の計画と実施における監査人のさまざまな意思決定を導く鍵概念であり，事前（計画）と事後（実績）の両方において監査の質の指標となりうる。指標の測定方法としては，財務諸表全体についての重要性，手続実施上の重要性，監査委員会に対する未修正の差異の報告に用いた閾値などを用いることが考えられる。ただし，重要性の水準やその決定方法は被監査企業ごとに異なるので，監査事務所間の比較可能性を確保できる指標となるよう工夫が必要である。また，重要性の水準が被監査会社の知るところとなることの影響も考慮しなければならない。

〈参考文献〉

Allen, R. D. and R. J. Elder (2005), A longitudinal examination of auditor error projection decisions, *Auditing: A Journal of Practice & Theory* 24 (2): 69-84.

Blokdijk, H., F. Drieenhuizen, D. A. Simunic and M. T. Stein (2003), Factors affecting auditors' assessments of planning materiality, *Auditing: A Journal of Practice & Theory* 22 (2): 297-307.

Eilifsen, A. and W. F. Messier, Jr. (2015), Materiality guidance of the major public accounting firms, *Auditing: A Journal of Practice & Theory* 34 (2): 3-26.

Elder, R. J. and R. D. Allen (1998), An empirical investigation of auditor's decision to project errors, *Auditing: A Journal of Practice & Theory* 17 (2): 71-87.

Financial Reporting Council (FRC) (2013), International Standard on Auditing (UK and Ireland)700, The independent auditor's report on financial statements, FRC.

FRC (2015), *Extended auditor's reports: A review of experience in the first year*, FRC.

FRC (2016), *Extended auditor's reports: A further review of experience*, FRC.

Friedberg, A. H., J. R. Strawser and J. H. Cassidy (1989), Factors affecting materiality judgments: a comparison of 'Big Eight' accounting firms' materiality views with the results of empirical research, *Advances in Accounting* 7: 187-201.

International Accounting Standards Board (IASB) (2010), Conceptual Framework for Financial Reporting, IASB.

International Auditing and Assurance Standards Board (IAASB) (2009a), International Standard on Auditing 320, Materiality in Planning and Performing an Audit, IAASB.

IAASB (2009b), International Standard on Auditing 450, Evaluation of Misstatements Identified During the Audit, IAASB.

Icerman, R. C. and W. A. Hillison (1991), Disposition of audit-detected errors: Some evidence on evaluative materiality, *Auditing: A Journal of Practice & Theory* 10 (1): 22-34.

Martinov, N. and P. Roebuck (1998), The assessment and integration of materiality and inherent risk: An analysis of major firms' audit practices, *International Journal of Auditing* 2 (2): 103-126.

Messier, William F. Jr., Nonna Martinov-Bennie and Aasmund Eilifsen (2005), A review and integration of empirical research on materiality: two decades later, *Auditing: A Journal of Practice & Theory* 24 (2): 153-187.

Public Company Accounting Oversight Board (PCAOB) (2010), Auditing Standard No.11, Consideration of materiality in planning and performing an audit, PCAOB.

Steinbart, P. J. (1987), The construction of a rule-based expert system as a method for studying materiality judgments, *The Accounting Review* 62 (1): 97-116.

Wright, A. and S. Wright (1997), An examination of factors affecting the decision to waive audit adjustments, *Journal of Accounting, Auditing & Finance* 12 (1): 15-36.

日本公認会計士協会 (2011),「監査基準委員会報告書320『監査の計画及び実施における重要性』」日本公認会計士協会。

林隆敏 (2015),「財務諸表監査における重要性概念の適用―イギリス上場会社の監査報告書を手掛かりとして―」『商学論究』63巻3号, 477-503頁。

松本祥尚 (2009),「監査過程における重要性の操作化」『商経学叢』56巻1号, 135-146頁。

第7章

監査品質の指標(AQI)の開示・保証の方向性

1 概要

　AQIを導出する取組みや開示の実務は，国際的に拡がりを見せている。各国の規制当局は，監査事務所が監査の品質を可視化し，ステークホルダーが監査品質を適切に評価できるような枠組みづくりを目指している。つまり，監査事務所は，監査品質向上の取組みを積極的に説明することを求められつつある。現在のところ，監査品質の定義や測定方法にはコンセンサスがなく，各国の規制当局はさまざまなAQIを提示している。

　各機関が提示している複数のAQIは，監査プロセスに投入するインプット，監査プロセス，およびアウトプットの3つに分類できる。ただし，必ずしも体系化して提示されているわけではない。AQIは比較可能性を有する必要があるため，多くの場合，定量情報を中心として想定される傾向があり，それを補完する形で定性情報が開示されている。

　現段階では，どのようなAQIの組み合わせが監査の品質を最適に描写する集合であるのか，国際的に議論が収斂する段階には至っていない。また，国や規制当局によって，提示されるAQI，開示アプローチ，AQI情報の監督体制や信頼性確保の取組みは異なっている。さらに，開示は，透明性報告書または監査品質に関する報告書を媒体とする「一般公開型」，および「監査委員会開示型」のいずれかの形式で実務が進展する傾向にある。

　本書では，PCAOBが提案するAQIを基軸として適用課題を個別に分析するという手法によっている。ただし，この分析はあくまでも研究の出発点として措定したにすぎず，当該AQIのポートフォリオが必ずしも全体としての最適集合を形成するわけではない。

　本章では第4章から第6章での検討に基づき，PCAOB提案のAQIを総括的に考察したうえで，AQIの開示は国際的にどのような枠組みで普及，進展しているのか，および開示情報の信頼性はどのように保証される可能性があるのかについて，先進的事例から得られる知見を手掛かりに将来的な方向性を考察したい。

2 PCAOBの提案

(1) AQIの開示実態

　PCAOBは，AQIの候補として，28項目の指標を①監査人（＝インプット），②監査プロセス，および③監査結果（＝アウトプット）に分類して提示している（PCAOB, 2015）。これらの指標は，基本的に定量的測定を予定して識別されている。また，PCAOBは，ほとんどのAQIについて，監査事務所レベルと監査業務レベルの両方による算定を想定している。なお，これらのAQIをどのような形で開示するのか，開示の枠組みは示されていない。

　28項目のAQIは，最終的には実施可能性や有効性を勘案して絞り込まれていく予定である。PCAOBは，AQIについて今後新たな基準を策定する予定はなく，任意開示のスタンスを示している（SEC et al., 2016）。すなわち，PCAOBは研究の進展や監査事務所による実務の普及を奨励しながら情報を蓄積し，各AQIが比較可能性を満たしかつ標準化した定義づけを行える指標であるかどうかを検討していくという方針を示している。

　では，監査事務所はどのように任意の取組みを実施しているのか。アメリカの4大監査事務所は，AQIに関する情報を透明性報告書と監査品質に関する報告書（報告書名は事務所により異なる）において開示している。ただし，これらの報告書においては，PCAOBが意図するような定量的な指標ではなく，単にAQI項目の一般的な説明にすぎないと考えられる記述が現状では多い。そこで，図表7-1では上記の2つの報告書（2016年12月期）において，PCAOBが想定する指標の性質を有すると考えられる定量的情報を対象とし，4大監査事務所における開示実態を抽出している。

　図表の数値は，4大監査事務所のうちAQIの開示を行っている事務所数を表し，半数以上の事務所が開示している場合には，該当するAQI欄に網かけをしている。全体的に透明性報告書ではAQIに関係する一般的な記述が多くみられるが，単なる項目説明にすぎず，AQIの開示例は極

■ 図表7-1　4大監査事務所によるAQIの開示実態(アメリカ)

分類		AQI	監査品質報告書		透明性報告書		CAQとの対比	国際動向
			業務	事務所	業務	事務所		
監査人	人的リソースの利用可能性	1.スタッフの比率	0	3	0	0		
		2.パートナーの作業負担	0	2	0	0		
		3.マネージャー及びスタッフの作業負担	0	2	0	0		
		4.専門的な会計及び監査のリソース	0	3	0	0		
		5.専門的な技術及び知識を有する者	0	3	0	0		
	能力	6.監査専門要員の経験	0	3	0	0		
		7.監査専門要員の業種に関する専門的知識	0	—	0	—		
		8.監査専門要員の交代・離職	0	4	0	0		
		9.サービスセンターで集約化される監査作業の量	0	2	0	0		
		10.監査専門要員1人当たりの研修時間	0	4	1	2		
	フォーカス	11.監査時間とリスク領域	0	0	0	0		
		12.監査の実施段階ごとの監査時間の配分	0	0	0	0		
監査プロセス	経営者の気風・リーダーシップ	13.監査専門要員に対する独立的な調査の結果	—	3	—	0		
	動機	14.監査品質の評価と個人の報酬・給与	—	0	—	0		
		15.監査報酬,監査労力,クライアントのリスク	0	0	0	0		
	独立性	16.独立性に関する要求事項の遵守	0	2	0	2		
	インフラストラクチャー	17.監査の質を支えるインフラストラクチャーへの投資	0	2	0	0		
	監視・改善	18.監査事務所による内部の品質管理レビューの結果	0	3	0	0		
		19.PCAOBによる検査結果	0	4	1	1		
		20.専門能力のテスト	0	0	0	0		
監査結果	財務諸表	21.虚偽表示による財務諸表の修正再表示の頻度と影響	0	4	0	0		
		22.不正及びその他の財務報告の不祥事	0	0	0	0		
		23.財務報告品質の測定指標を利用した監査品質の測定	0	2	0	0		
	内部統制	24.内部統制の重要な不備の適時の報告	0	0	0	0		
	継続企業	25.継続企業問題の適時の報告	0	0	0	0		
	監査人と監査委員会のコミュニケーション	26.監査委員会メンバーに対する独立的調査結果:RISAC	—	0	—	0		
	執行・訴訟	27.PCAOB及びSECによる執行活動の傾向	0	0	0	0		
		28.民事訴訟の傾向	0	0	0	0		

めて少ない。AQIが開示されている場合にも，「研修時間」，「独立性」，「PCAOBによる検査結果」の3項目に限られている。これに対して，監査品質に関する報告書では，PCAOBが想定する定量的なAQIが幅広く開示されている。ただし，監査事務所レベルでの開示にとどまっており，監査業務レベルでのAQIは公表されていない。

　図表では，CAQの提示項目と対比するために，対応するAQIがある場合には網かけを付している（CAQ, 2014）。CAQが提示する項目は，「監査時間とリスク領域」を除き開示が普及している。同指標は，監査事務所内の業務管理として把握されていると考えられ，測定可能な指標である一方で，監査事務所側では開示に消極的な姿勢がみられる。

　PCAOB提案のAQIのうち，実務で普及しつつあるのはどのようなAQIであるのか。実務普及は，人的リソースや監査人の能力，独立性，インフラストラクチャーへの投資，内部・外部の品質管理結果，および修正再表示に関わる項目に集約されている。図表では，比較のために，国際的に3つ以上の他の規制機関がAQIとして提示している場合には，一番右の列に網かけを付している（FEE, 2016）[1]。これらの傾向と比較すると，アメリカにおけるAQIの開示実態は国際的に提示されているAQIと類似傾向にあることがわかる。

(2) 開示方法に基づくAQIの分類

　PCAOBは，指標の有する性質に基づいてAQIを監査人，監査プロセス，および監査結果の3つに分類しているが，個々のAQIをどのように開示するのかについて言及していない。そこで以下では，AQIがどのような形で開示されうるかという観点から，個々のAQIの分類を試みた。

　28項目のAQIの多くは，監査事務所レベルだけでなく監査業務レベルでの開示が予定されている。前節で考察したように，実務では28項目のすべてについて両レベルでの開示が浸透しているわけではなく，またPCAOBは今後これらのAQIをより少数に絞り込む予定である。以下では，

1．同調査に基づき，9つの規制機関が提示するAQIを参照している。

各AQIが指標として測定可能性，客観性，比較可能性を有するかどうかに着目し，監査業務レベルと監査事務所レベルそれぞれについて，どのような形で開示されうるのかを分類している。ただし，図表7-2では，第4章から第6章における個々のAQIの検討結果に依拠し，本書の執筆メンバーの過半数が開示要と判断したAQIのみを対象として分類している

■図表7-2　AQIの適否

AQI	一般公開		監査委員会宛	
	業務	事務所	業務	事務所
1．スタッフの比率		●		●
2．パートナーの作業負担		●		●
3．マネージャー及びスタッフの作業負担		●		●
4．専門的な会計及び監査のリソース		●		●
5．専門的な技術及び知識を有する者		●		●
6．監査専門要員の経験	●	●	●	●
7．監査専門要員の業種に関する専門的知識		●	−	●
8．監査専門要員の交代・離職		●		●
9．サービスセンターで集約化される監査作業の量		●	●	
10．監査専門要員1人当たりの研修時間		●		●
11．監査時間とリスク領域	●		●	
12．監査の実施段階ごとの監査時間の配分	●		●	
13．監査専門要員に対する独立的な調査の結果		−		−
14．監査品質の評価と個人の報酬・給与		−		−
15．監査報酬，監査労力，クライアントのリスク	●		●	
16．独立性に関する要求事項の遵守		●		●
17．監査の質を支えるインフラストラクチャーへの投資		●		●
18．監査事務所による内部の品質管理レビューの結果		●		●
19．PCAOBによる検査結果		●		●
20．専門能力のテスト		●		●
21．虚偽表示による財務諸表の修正再表示の頻度と影響			●	
22．不正及びその他の財務報告の不祥事			●	
23．財務報告品質の測定指標を利用した監査品質の測定			●	
24．内部統制の重要な不備の適時の報告			●	
25．継続企業問題の適時の報告			●	
26．監査委員会メンバーに対する独立的調査結果：RISAC		−		−
27．PCAOB及びSECによる執行活動の傾向		●		●
28．民事訴訟の傾向		●		●

にすぎない（網かけ部分）。これ以外の「開示が現実的でない」と判断した6項目のAQIについては，同表の分類から除外し，固有の問題点を抽出し整理している（図表7-3）。

図表7-2から，基本的に監査事務所レベルで開示が必要と認められるAQIは一般公開すべきであること，および監査委員会宛に報告する場合には監査業務レベルのAQIが報告の中心になると結論づけられる。

■ 図表7-3　AQI開示の固有の問題点

AQI番号	問題点
17. 監査の質を支えるインフラストラクチャーへの投資	・投資は法人としての説明事項であるが，監査品質と投資との関係が不明確である（数値情報だけが一人歩きする可能性）。 ・メンバーファームによる投資と各監査事務所における利用度合いがより重要な開示事項となる。 ・インフラ投資（人材・プロセス・テクノロジー）の線引きが難しい。
20. 専門能力のテスト	・想定されるテストが現状では存在しない。 ・指標としての測定可能性に疑問がある。 ・監査事務所のテスト内容によって開示内容の比較可能性が担保されない可能性がある。 ・どのようなテストを実施したかを開示することが重要である。
22. 不正及びその他の財務報告の不祥事	・作成者と監査のいずれに問題があるのか判別できない状況で数値の多寡が議論される危険性がある。 ・クライアント自体の特性と不正の発覚数，および監査品質との関係が不明瞭であるため，読者に誤解を与える可能性がある。
23. 財務報告品質の測定指標を利用した監査品質の測定	・客観的に測定できる指標が想定できない。
25. 継続企業問題の適時の報告	・個別の監査では重要であるが，発生頻度をコントロールできないため，合算した数値にも経年比較にも意味がない可能性がある。 ・クライアント自体の特性によっても数値は変動し，読者に誤解を与える可能性がある。 ・測定指標として限界がある。 ・監査人に対して必要以上にGC監査報告を行うインセンティブを与える可能性がある。
26. 監査委員会メンバーに対する独立的調査結果：RISAC	・監査役への調査結果は監査品質と相関性が高いと考えられるが，調査内容によっては比較可能性が担保されない可能性がある。どのような調査を実施したかを開示することが重要である。 ・客観的な測定方法や測定指標が決定できれば比較可能な数値である。

また，図表7-1と対比すると，実務で開示が浸透している監査事務所レベルの多くのAQIについて，図表7-2でも開示が必要と判断する結果となった（AQI番号：1~6, 8, 9, 13, 16, 18, 19）。

　一方，28項目のうち6項目については，開示する場合には図表7-3で指摘する問題があるとの見解に至った。指標の有用性の観点からその根拠を要約すると，次表のように整理できる。ただし，AQI 17とAQI 26については，すでに実務で開示されている。

　以上，PCAOB提案のAQIについて実務動向を考察したうえで，個々のAQIについて開示の適否を検討した。アメリカにおいて，AQIの開示は実務主導で国際動向と類似して部分的に普及しつつある。なお，PCAOBは監査事務所に対する検査結果を事務所別に一般公表しており，これに関連するAQI情報については実質的に監督効力が機能することになる。しかし，PCAOBはそれ以外の開示情報を監督するスタンスをとらず，監査事務所側も公表情報の信頼性について保証を受審する取組みを行っていないため，AQI情報の信頼性についてはなんら担保されてはいない。

3　AQI開示の枠組み

(1)　開示の枠組み

　AQIの開示は，「一般公開型」の開示（透明性報告書による開示または監査品質に関する報告書による開示）と「監査委員会開示型」に大別される。上記の第2節で説明したように，PCAOB提案のAQIは，監査品質に関する報告書と透明性報告書を開示媒体として一般公開型で実務が普及している。また，EUでは，英国やオランダに代表されるように透明性報告書（年次報告書または統合報告書に含まれている場合もある）を開示媒体として実務が進展している。一方，これらの枠組みとは異なり，シンガポールでは，監査委員会宛の説明事項としてAQI開示の枠組みを構築する形で実務が普及している。以下では，特徴的な事例として，これらの国に

おける制度や実務を考察する。

(2) 一般公開型

EU監査規則（No 537/2014）第13条は，透明性報告書に監査事務所の法的構造，ガバナンス，品質管理システム，独立性等に関して開示しなければならないと規定しており，加盟国は当該規定を期限内に国内法化しなければならない。加盟国では，透明性報告書の記載事項に関連してAQIの任意開示が浸透しつつある。たとえば，英国やオランダが代表例である。本章でこれらの国を取り上げる理由は，以下の2点にある。

- 両国ではAQIの任意開示を促進するメカニズムやアプローチは異なっているが，AQI開示の進化を展望するうえで代表的な参考事例となること
- 透明性報告書に対して保証業務を受審する取組みが実務普及しつつあること

① 英国

会社法（2008年規則）は，上場会社を監査する監査事務所を対象とし，透明性報告書に記載しなければならない事項（10項目）を規定している（The Companies Act 2006 Instrument, 2008）。なお，EU監査規則は国内法化されて，2016年6月17日以後開始する会計年度から適用される。また，FRCは，2006年に監査品質の枠組みを考えるうえで，5つの重要な要素（監査事務所内の文化，パートナーおよびスタッフの技能・資質，監査プロセスの有効性，監査報告の信頼性および有効性，監査人の統制外の要因）を指摘している（FRC, 2008）。

これらの状況を背景に，英国におけるAQI開示の取組みは実務レベルで進展し，監査事務所が透明性報告書において任意開示を行っている。具体的には，6大監査事務所が公開討論会において5項目のAQI（外部調査結果，内部および外部の監査品質モニタリング結果，監査業務・監査ス

タッフへの投資,投資者との対話)を識別し,これらのAQI(定量情報)を透明性報告書に開示することに合意している(FEE, 2016)[2]。なお,AQIの開示は,定性情報を補足しながら実務普及しつつある。

これに対してFRCは透明性報告書をレビューし,記載事項について問題点の指摘・勧告を行い一般公表している(FRC, 2015)。指摘事項によっては特定の監査事務所名が記載されることもある。ただし,このレビューは,透明性報告書の記載事項が正しいかどうかを評価するものではない。このように,英国では監査事務所によるAQI情報の開示や開示情報に対する評価はマーケット主導型で行われている。したがって,開示内容に乏しい場合には,監査事務所は評判リスクを負うことになる。

ところで,2016年に公表された透明性報告書をみると,4大監査事務所のうち1事務所(KPMG)では,透明性報告書中の社会・環境情報に対して監査人が保証業務を実施している。後述するオランダの実務に見られるように,今後英国においても保証業務の対象はAQI情報に拡がっていく可能性がある。

なお,透明性報告書の記載内容は,イングランド・ウェールズ勅許会計士協会(Institute of Chartered Accountants in England and Wales:ICAEW)やスコットランド勅許会計士協会(Institute of Chartered Accountants in Scotland:ICAS)による監査品質の検査対象となる監査事務所については,モニタリング作業から得られた知見と整合しているかという点で検証される。

② **オランダ**

透明性報告書に記載しなければならない事項は法令(Audit Firms Supervision Decree, Article 30)で定められており,2016年6月17日以後開始する会計年度からはEU監査規則が適用され,国内法化が完了している。NBAは,2016年にガイドライン[3]を公表し,透明性報告書に開示される品

2.6大監査事務所は,監査事務所の評判に影響を与えるような問題を討議するフォーラムを開催している(Policy and Reputation Group)。

3.Practice Note1135, Disclosure of Audit Quality Factors.

質管理システムについてステークホルダーがより良く理解できるよう、14項目のAQIを推奨事項として提示している。これらのAQIは、主に定量情報であり、インプット、プロセス、およびアウトプットに分類されている。AQIは任意開示であるが、NBAは、社会的な影響が大きい企業（PIEs）[4]を監査する監査事務所に対してガイドラインの適用を強く推奨している。このガイドラインは'comply or explain'アプローチを採用しており、AQIを開示しない場合には非開示理由の説明を行わなければならない。ガイドラインが想定する非開示のケースは、監査事務所が特定のAQIについて情報を有していない場合である。非開示の場合には、監査品質の目標をどのように測定しているのかを説明し、測定していない場合にはその旨を記述しなければならない（NBA, 2016）。このように、オランダの枠組みでは、任意開示の形をとりながらガイドラインを別途定めて非開示理由を実質的に制限しているため、社会的なモニタリングによって実質的な強制力を講じる効果がある。

　2016年に公表された透明性報告書をみると、実際に４大監査事務所は、推奨事項以外にも多数のAQIを開示している。また、後述のように、これらの監査事務所のうち３つの事務所では、透明性報告書に記載されたAQI情報について監査人が保証業務を実施している。このようなオランダの実務は、監査事務所の情報開示と信頼性確保にかかる極めて先進的な枠組みであるといえる。

(3) 監査委員会開示型

　上記(2)の枠組みとは異なり、監査委員会に対するAQI開示の枠組みを構築しているのがシンガポールの事例である。この枠組みは、４大監査事務所が上場企業の監査委員会に対してAQIを開示することに合意した最初の事例である。同国では、外国資本を呼び込むべく、国の政策としてACRA、シンガポール証券取引所（以下、SGXという）、取締役協会（Singapore Institute of Directors: SID）が連携してさまざまなガバナン

4．Public-Interest Entities. 具体的には上場会社、金融機関、保険会社である。

ス改革を行っており，これらの機関と監査事務所が協働してAQIの任意開示が普及している。

　ACRAは，2005年以降の監査事務所に対する検査結果に基づき，パートナー・マネージャーによる監督および人的資源の2側面が重要であると判断し，8項目のAQI[5]（監査事務所レベル，監査業務レベル）から構成される枠組み[6]を2015年に提示している。提示されたAQIは，いずれも国際的に多くの規制機関が提示する指標である。これらのAQIのポートフォリオは，監査事務所と監査委員会との間の対話を経て形成されており，シンガポール金融管理局（Monetary Authority of Singapore）が枠組みの支持を表明しているほかに，SIDがコーポレートガバナンス・ガイドに当該枠組みを組み込むことを提案している（Yap, 2015）。また，ACRAは，SGXと協力し，監査委員会に対して枠組みの認知度を高める努力（すべての上場会社に文書送付）を行っている。さらに開示されたAQIをどのように解釈し利用するのかについて，監査委員会に対するガイド[7]を作成（オーストラリア会計士協会と協力）している。そのねらいは，監査委員会が監査契約の新規締結または継続判断にあたり，AQIを用いて監査事務所を有意味に評価できるようにすることにある。一定期間あるいは監査事務所間でAQI情報に重大な変動がある場合には，監査委員会は監査事務所に説明を求めることを推奨されている。

　その一方で，ACRAは，監査事務所に対してAQIの開示に関する詳細なガイドライン[8]を作成している。ガイドラインは，AQIが比較可能性を有することに重点を置いており，各AQIの算定式（直近2年度を開示），算定に用いる用語の詳細な定義，およびその他に必要な定性情報（たとえ

---

5. 監査時間，経験（年数および業種経験），研修，外部および内部による検査，独立性，品質管理にかかる人的リソース，スタッフの監督，および離職率が提示されている。
6. Groundbreaking Audit Quality Indicators Framework to Raise Quality of Financial Reporting in Singapore.
7. Guidance to Audit Committees on ACRA's Audit Quality Indicators Disclosure Framework.
8. Guidance to Audit Firms on ACRA's Audit Quality Indicators Disclosure Framework.

ば，業種経験の説明）を説明している。AQIは監査事務所から監査委員会に直接提供され，監査委員会は2016年1月からAQI情報を利用可能となっている。また，ACRAは，AQIが当該ガイダンスの作成規準に従って作成されているかどうか，情報の信頼性確保のためにサンプルチェック（定期的検査）を予定している。

このように，シンガポールでは，規制機関，証券取引所，監査事務所，および監査委員会が結束して比較可能なAQIの開示とその信頼性確保に対する取組みを行っている。この枠組みは任意適用であるが，国の政策として関連機関が協働して進展していることから将来的には実務の蓄積を経て強制適用になる可能性もありうる。

4 AQI情報の保証

AQIの開示にかかる議論や実務が進行するなか，開示情報の信頼性確保はどのようにあるべきなのか。AQIの開示が拡がりを見せる状況において，開示情報の信頼性を確保する枠組みづくりが将来的には課題となるであろう。監査事務所のビジネスモデルや長期的な事業戦略について理解するうえで，開示されたAQIが信頼できるものであるかどうかは重要事項となる。

透明性報告書中の情報に対する保証業務は，オランダをはじめ英国で一部普及しつつある。特にオランダでは，監査事務所が持続可能性を強く意識し，AQI情報をはじめその他の非財務情報等に重要な虚偽表示がないかどうかについて信頼性を付与したうえでステークホルダーに情報開示しようとする試みが見られる。AQI情報の保証業務は，以下に示すように実務主導で進行しつつある。

図表7-4に示しているように，現在，オランダの4大監査事務所のうち3つの監査事務所では，透明性報告書中のAQI情報に対して保証業務を受けている（2016年9月期の透明性報告書）。また，図表7-5で示すように，このような取組みは，4大監査事務所において過去5年間で増加傾

向にある。なお，1事務所（EY）は，透明性報告書に保証業務を受けていないものの，他監査事務所の保証業務実施者を3年連続で担っている。

このように，AQI情報の保証業務を担っているのは監査人である。3つの監査事務所では，保証業務実施者が財務諸表監査と保証業務を兼務している。保証業務の対象となった情報（主題情報）の範囲は，監査事務所によって異なる。すなわち，開示された広範なAQIのすべてが主題情報となっている事例がある一方，一部のAQIが主題情報となるがそれ以外の情報（環境情報等の非財務情報や財務情報）も主題情報とされる事例も

■図表7-4　AQI情報の保証（オランダ）[9]

	PwC	KPMG	Deloitte
主題情報	すべてのAQI（1項目を除き定量情報）	選択したAQI（定性・定量情報）を含む非財務情報	選択したAQI（定量情報）を含む財務/非財務情報
報告規準	AQI別に記載	GRIガイドラインG4	AQI別に記載
AQIに対する保証業務基準	Dutch Standard 3000	Dutch Standard 3810N	Dutch Standard 3000
保証水準	合理的保証	限定的保証	合理的保証
保証業務実施者	監査人（KPMG）	監査人（Grant Thornton）	監査人（EY）
開示媒体	透明性報告書	統合報告書（透明性報告書を含む）	透明性報告書

■図表7-5　AQI情報の保証の有無（オランダ）

会計期間(10/1-9/30)	PwC	KPMG	Deloitte	EY
2012年9月期	○	×	×	×
2013年9月期	○	×	×	×
2014年9月期	○	○	○	×
2015年9月期	○	○	○	×
2016年9月期	○	○	○	×

9．保証業務基準は，Dutch Standard 3000'Assurance Engagements Other than Audits or Reviews of Historical Financial Information'またはDutch Standard 3810N'Assurance Engagements Relating to Sustainability Reports'である。

ある。なお，合理的保証業務が実施されているのは，多くの場合，主題情報が定量情報である。

　国際的に，特に上場会社では年次報告書中の重要な非財務情報について任意で保証業務を受審する傾向が高まりつつあるが，監査事務所においても報告主体としてAQI情報をはじめ重要な非財務情報については任意に保証業務を受審する実務が普及し始めていることがわかる。

5 小括

　開示されるAQIのポートフォリオは，規制機関の提案や各国の実務によって異なり，開示媒体も一律ではない。どのAQIの組み合わせが最適なポートフォリオを形成するのかを判断するには実務の醸成が必要であろう。AQIの開示は，各国規制機関の提案や実務動向を考察するかぎり，①人的資源と監査人の資質を中心とする「インプット」，および②独立性，インフラストラクチャー，内部の品質管理・外部による検査を中心とする「監査プロセス」を主として拡がりを見せている。

　今後実務におけるAQIの開示範囲は任意に拡大するであろうし，AQIが比較可能性を有するためには，シンガポールの事例のように重要な情報に絞って一律の算定式を設定するのも1つの方法となる。

　また，監査事務所は，AQI情報の信頼性をどう確保するのかが次の課題になるであろう。将来的にはオランダの事例のように，透明性報告書中のAQI情報に対して，監査事務所の財務諸表監査を担う監査人が保証業務を兼務して信頼性を付与する枠組みが実務レベルで進化していく可能性がある。

〈参考文献〉

Federation of European Accountants (FEE) (2016), *Overview of Audit Quality Indicators Initiatives Update to December 2015 edition.*

Financial Reporting Council (2008), The Audit Quality Framework.

FRC (2015), *Transparency Reporting by Auditors of Public Interest Entities,* Review of Mandatory Reports.

Nederlandse Beroepsorganisatie van Accountants (NBA) (2016), Practice Note1135, Disclosure of Audit Quality Factors.

Public Company Accounting Oversight Board (PCAOB) (2015), Concept Release on Audit Quality Indicators, PCAOB Release No. 2015-005.

SEC and Financial Reporting Institute Conference (2016), PCAOB Update— Recent Activities and Next Steps.

Yap, Kenneth. (2015), Keynote Address, The CPA Australia Congress.

第8章

監査人の評価と監査品質の指標(AQI)

1 監査人評価のためのAQI

　わが国における監査役等，英米における監査委員会は，監査人の選解任，報酬等に関する権限を有するとともに，当該権限の適切な行使を通じて監査人を適切に評価し，監査の品質を維持・向上させることにより財務報告の信頼性を確保する役割を有している。こうした役割から，監査役等や監査委員会は監査人の監査の品質に重大な関心をもつべき利害関係者であり，監査の品質向上のためには，監査役等や監査委員会が，監査人等からもたらされる監査の品質に関する情報を，適切な評価項目に基づき分析し，監査人の評価に関する適切な判断を行うことが重要である。

　こうした観点から，本章では，わが国，アメリカおよび英国における監査役等または監査委員会による監査人に関する権限を確認したうえで，監査役等や監査委員会が当該権限を行使するために行う監査人の評価のための項目や質問例，考慮事項等を比較検討することにより，AQI導入に当たってのわが国における課題を提起する。

2 わが国における監査役等による監査人の評価

　上場会社を前提に，わが国における監査役等による監査人の評価の方法について説明する。

(1) 監査役等の権限

① 会社法の規定

(i) 会計監査人の任期

　会計監査人の任期は，選任後1年以内に終了する事業年度のうち，最終のものに関する定時株主総会の終結の時までとされている（会社法338条1項）。会計監査人は，選任後1年以内に終了する事業年度のうち，最終のものに関する定時株主総会において，別段の決議がされなかったときは，

その定時株主総会において再任されたものとみなされる（会社法338条2項）。このみなし再任の規定により，会計監査人を再任する場合には株主総会の決議は不要であるが，再任しない場合には株主総会決議が必要となる。

なお，公認会計士法にいわゆるローテーション・ルールが定められているが（公認会計士法24条の3，34条の11の3），これは各公認会計士による会計監査期間を限定するものであり，会計監査人が監査法人である場合の会計監査人の任期を制限するものではない[1]。

(ii) **会計監査人の退任**

会計監査人は，株主総会における議案の決議による場合，任期満了時であれば定時株主総会による不再任決議により（会社法338条2項），任期途中であれば臨時株主総会による解任決議により（同339条1項），退任する。

また，緊急の場合における例外的な対応として，監査役（2人以上の場合は，監査役全員の同意）等により解任することができる。

このほか，会社の破産手続開始・会社の解散（合併により会社が消滅する場合を含む（会社法471条4号））による委任の終了（同330条，民法651条1項，653条），会計監査人の辞任，資格喪失（会社法337条3項），死亡による委任の終了（同330条，民法651条1項，653条）により退任する。

(iii) **会計監査人の選解任・不再任議案の内容の決定**

監査役会設置会社においては，株主総会に提出する会計監査人の選任および解任ならびに会計監査人を再任しないことに関する議案の内容は，監査役会が決定することとされている（会社法344条1項・3項）。監査等委員会設置会社においては監査等委員会，指名委員会等設置会社においては監査委員会が決定し（同399条の2第3項2号，404条2項2号），監査役会等が決定した議案は取締役会が株主総会に提出する（同298条1項2号，4項）。これは，会計監査人の代表取締役・代表取締役以外の業務執行取締役・取締役会からの独立性を確保するとともに，監査役等と会計監査人

---

1. ただし，監査法人の場合でも少数の公認会計士全員が，当該会社の会計監査を担当してきて交代できる公認会計士がいないときは，やむを得ない事情があると認められる場合で内閣総理大臣の承認を得て適用が免除されるときを除き，当該会社の会計監査人の任期を制限することとなる。

との職務上の密接な関係に鑑み，その選任につき監査役等の意思を反映させるためである（江頭, 2015, p.612）。

平成26年改正前会社法においては，委員会設置会社の監査委員会に対してのみ会計監査人の選解任等の議案の決定権限が付与されていた（会社法404条2項2号）。また，取締役が当該選任等の議案を株主総会に提出するには監査役会の同意を得なければならず，監査役会は，取締役に対し，会計監査人の選任を株主総会の目的とすることまたは会計監査人の選任に関する議案を株主総会に提出することを請求することができるとされていた（平成26年改正前会社法344条）。この平成26年改正前会社法下の監査役等による拒否権プラス議案提出請求権と現行法の議案決定権限とは，実質において大きな違いはないとの指摘もあるが（江頭, 2015, p.613），現行法下では，監査役等が取締役と意思疎通のうえ，主体的に会計監査人の選任等の議案の決定を行う必要がある点で，監査人の独立性がより強化される面がある。実務上も監査役等と監査人との連携が深まる契機となったように思われる。

また，会計監査人の選任に関する議案を提出する場合には，株主総会参考書類に，監査役等が当該候補者を会計監査人の候補者とした理由を記載しなければならない（会社法施行規則77条3号）。同様に，会計監査人の解任または不再任に関する議案を提出する場合には，株主総会参考書類に監査役等が議案の内容を決定した理由を記載しなければならない（同81条2号）。

(iv) **会計監査人の解任または不再任の決定の方針**

監査役会等は会計監査人の解任または不再任の決定の方針を策定し（監査役監査基準34条1項），これに基づき，会計監査人の解任または不再任の議案の内容を決定する。当該決定の方針は，事業報告の内容としなければならない（会社法施行規則126条4号）。

(v) **会計監査人の監査の相当性判断**

会計監査人の評価と密接に関連するものとして，会計監査人の監査の相当性の判断がある。具体的には，監査役等は，会計監査人の各事業年度の

計算関係書類の監査の方法または結果の相当性を判断し，相当でないと認めたときは，その旨およびその理由，会計監査人の職務の遂行が適正に実施されることを確保するための体制に関する事項を監査報告に記載しなければならない（会社法436条2項1号，444条4項；会社計算規則127条2号，4号，128条2項2号，128条の2第1項2号，129条1項2号）。

監査役等は，監査の方法の相当性については，会計監査人の監査計画の内容聴取と検討，会計監査人の監査が計画どおりに実施されているかの確認により，検討する（監査役監査実施要領5章5項Ⅱ-4）。また，監査の結果の相当性については，会計監査人の監査報告，監査の方法および結果の概要に関する説明書等および会計監査人の独立性に関する事項その他職務の遂行に関する事項の通知（会社計算規則131条）についての内容聴取と検討，財務報告に係る内部統制の有効性に関する経営者評価に対する会計監査人の意思表明の内容聴取と検討により，検討する（監査役監査実施要領5章5項Ⅱ-5）。

このように，この職務を遂行するために事業年度を通して会計監査人と連携を確保し，主体的に会計監査人の監査品質，品質管理，独立性等を判断する。これらの過程で得られた情報は，会計監査人の評価と密接に関連することから，会計監査人の評価においても重要な情報となる。

②　金融商品取引法および上場規程

監査人交代時における開示として，金融商品取引法に基づく臨時報告書による開示および証券取引所の有価証券上場規程に基づく適時開示が求められている。

具体的には，①公認会計士もしくは監査法人の異動（終任または選任）が当該提出会社の業務執行を決定する機関により決定された場合，または②公認会計士等の異動があった場合（当該異動が会社の業務執行を決定する機関に決定されたことについて臨時報告書をすでに提出した場合を除く）には，異動の決定または当該異動に至った理由および経緯と，これに対する異動にかかる公認会計士等の意見，当該意見を表明しない場合にはその

旨およびその理由等を記載することとされている（企業内容開示府令第19条第2項9の4号ハ(4)(5)）。

また，証券取引所の有価証券上場規程において，同様の事項の適時開示を求める規定がある（東京証券取引所有価証券上場規程第402条第2号ｔ）。

③ コーポレートガバナンス・コード

コーポレートガバナンス・コードの適切な情報開示と透明性の確保についての原則を定めた基本原則3に基づき，原則3-2において，外部会計監査人および上場会社を名宛人として，外部会計監査人が株主・投資家に対して責務を負っていることを認識し，適正な監査の確保に向けて適切な対応を行うべきであると定められている。これを受けて補充原則3-2①では，監査役会は，少なくとも下記の対応を行うべきであるとしている。

1) 外部会計監査人候補を適切に選定し外部会計監査人を適切に評価するための基準の策定
2) 外部会計監査人に求められる独立性と専門性を有しているか否かについての確認

ここで，1) は平成26年改正会社法により，株主総会に提出される会計監査人の選解任等に関する議案の内容は，監査役設置会社においては監査役会が決定することとされたこと（会社法344条）も踏まえて，外部会計監査人の選解任プロセスに客観性を求めるものであるとされる（油布ほか，2015, p.37）。

(2) 監査役等による監査人選定・評価

① 会計監査人の交代事例にみる会計監査人の選任理由

最近の会計監査人の交代事例についての適時開示，株主総会参考書類および臨時報告書における会計監査人の交代理由を何社か調査したところ，不再任については任期満了，選任については会計監査人の規模，経験等の職務遂行能力，独立性，専門性，グループのグローバルな活動全体を一元的に監査する体制，内部管理体制，交代等の引継体制，監査報酬，監査チ

ームとしての専門性および監査手続の適切性，効率性等が判断要素として掲げられていた[2]。

　もっとも，監査人の交代理由はパターン化しており，開示資料のみからは詳細な理由はよくわからない。過去に行われた交代の理由に関する調査によれば，不再任の理由については監査報酬の見直しが最も多く，監査人の業務内容に対する不満や監査人との見解の相違を挙げる例も一定程度見られた。また，選任の理由については，監査法人の規模や業容が最も多く，監査計画の内容や監査報酬額がそれに続いている（町田，2016, pp.70-72）。公認会計士・監査審査会が大手監査法人に対する検査および報告徴収で把握した会計監査人の異動理由（前任監査人として回答した理由）も，監査報酬および監査チームに対する不満がともに2割程度となっており，この2つの理由を適時開示における異動理由と比較すると，監査報酬を理由とするケース26件のうち19件，監査チームに対する不満を理由とするケース23件のうち17件が，被監査会社の適時開示上は任期満了を理由としていた（公認会計士・監査審査会，2017a, pp.64-65）。

　金融庁が2016年3月8日に公表した「『会計監査の在り方に関する懇談会』提言—会計監査の信頼性確保のために—」（以下，在り方懇提言という）においても，臨時報告書による開示については，企業による説明の内容が表層的・定型的となっており，株主等の十分な参考になっておらず，監査法人等からも具体的な意見が出しにくいケースがあるとしている（金融庁，2016, p.7）。このため，監査人の交代の理由等についてより充実した開示を求めるとともに，たとえば，日本公認会計士協会において，監査法人等が交代の理由等に関して適時意見を述べる開示制度を設けるなど，開示の主体やその内容などについて，改めて検討がなされるべきであるとした。

　これを受けて，日本公認会計士協会は，2017年6月30日に「監査人の交代理由等の開示の充実に係る日本公認会計士協会の取組について」を公表し，既存の開示制度の運用の改善を図るために会員に留意を求めるとともに，日本公認会計士協会の上場会社監査事務所登録制度に基づく各監査法

2．2016年3月期の交代事例数件の調査を実施した。

人からの監査対象会社の増減の報告の際に，これまで自由記載であった増減理由の記載を選択記載に変更した。これを通じて日本公認会計士協会は，具体的な監査人の交代理由を適時に把握し，交代に関する質問等の実施，品質管理レビューにおける交代理由に関する情報の活用，交代理由の概要についての定期的な公表といった施策を行っている。

② 日本公認会計士協会監査基準委員会研究報告第4号「監査品質の枠組み」

2015年5月29日に，日本公認会計士協会より，監査基準委員会研究報告第4号「監査品質の枠組み」（以下，監基研第4号という）が公表された。監基研第4号は，監査人の監査品質の継続的な改善に資するため，IAASBにおいて公表された"A Framework for Audit Quality"をもとに，わが国において監査品質に影響を及ぼす要因を加味して体系的に取りまとめたものである。

会社法の改正およびコーポレートガバナンス・コードが公表されたことに伴い，今後，監査品質および監査品質に影響を及ぼす要因に関する議論の機会が増えることが想定されることから，そのような監査の利害関係者における議論に資することを期待して公表された[3]。

③ 公益社団法人日本監査役協会会計委員会「会計監査人の評価及び選定基準策定に関する監査役等の実務指針」

公益社団法人日本監査役協会会計委員会は，2015年11月10日に，「会計監査人の評価及び選定基準策定に関する監査役等の実務指針」（以下，評価選定実務指針という）を公表した（最終改正 2017年10月13日）。これは，監査役等が会計監査人を評価および選定するに際し留意すべき点を，指針として供するものである。その目的は，会計監査人の選定および評価の基準の策定において考慮すべき事項として重要なものをできるかぎり多く取り上げ，自社の置かれている環境を念頭に，取捨選択もしくは調整のうえ

3．日本公認会計士協会（2015）『監査基準委員会研究報告第4号「監査品質の枠組み」の公表について』5月29日。

活用されることを期待したものである。

　監査役等の立場からの会計監査人との相互連携については，「監査役監査基準」や「会計監査人との連携に関する実務指針」等にも規定があるが，評価選定実務指針においては具体的な評価・選定基準項目が示されている。評価項目については，②の日本公認会計士協会監査基準委員会研究報告第4号「監査品質の枠組み」も，関連基準等として参照されている。

　評価選定実務指針で掲げられている評価・選定基準項目例は，図表8-1のとおりである。現任の会計監査人を評価する場面で用いられる評価基準項目例は，「監査法人の品質管理」，「監査チーム」，「監査報酬等」，「監査役等とのコミュニケーション」，「経営者等との関係」，「グループ監査」および「不正リスク」に区分，新規に会計監査人を設置したり，会計監査人を解任または不再任としたり，会計監査人が辞任したりする場面で用いられる選定基準項目例では，「監査法人の概要」，「監査の実施体制等」および「監査報酬見積額」に区分し，それぞれについて項目例が示されている。

■ 図表8-1　評価選定実務指針における会計監査人の評価・選定基準項目例
会計監査人の評価基準項目例

評価基準項目例	
第1	監査法人の品質管理
1-1	監査法人の品質管理に問題はないか
1-2	監査法人から，日本公認会計士協会による品質管理レビュー結果及び公認会計士・監査審査会による監査結果を聴取した結果，問題はないか
第2	監査チーム
2-1	監査チームは独立性を保持しているか
2-2	監査チームは職業的専門家として正当な注意を払い，懐疑心を保持・発揮しているか
2-3	監査チームは会社の事業内容を理解した適切なメンバーにより構成され，リスクを勘案した監査計画を策定し，実施しているか
第3	監査報酬等
3-1	監査報酬（報酬単価及び監査時間を含む）の水準及び非監査報酬がある場合はその内容・水準は適切か
3-2	監査の有効性と効率性に配慮されているか

第4	監査役等とのコミュニケーション
4-1	監査実施の責任者及び現場責任者は監査役等と有効なコミュニケーションを行っているか
4-2	監査役等からの質問や相談事項に対する回答は適時かつ適切か
第5	経営者等との関係
5-1	監査実施の責任者及び現場責任者は経営者や内部監査部門等と有効なコミュニケーションを行っているか
第6	グループ監査
6-1	海外のネットワーク・ファームの監査人若しくはその他の監査人がいる場合，特に海外における不正リスクが増大していることに鑑み，十分なコミュニケーションが取られているか
第7	不正リスク
7-1	監査法人の品質管理体制において不正リスクに十分な配慮がなされているか
7-2	監査チームは監査計画策定に際し，会社の事業内容や管理体制等を勘案して不正リスクを適切に評価し，当該監査計画が適切に実行されているか
7-3	不正の兆候に対する対応が適切に行われているか

会計監査人の選定基準項目例

選定基準項目例	
第1	監査法人の概要
1-1	監査法人の概要はどのようなものか。
1-2	監査法人の品質管理体制はどのようものか。
1-3	会社法上の欠格事由に該当しないか。
1-4	監査法人の独立性に問題はないか。
第2	監査の実施体制等
2-1	監査計画は会社の事業内容に対応するリスクを勘案した内容か。
2-2	監査チームの編成は会社の規模や事業内容を勘案した内容か。
第3	監査報酬見積額
3-1	監査報酬見積額は適切か。

④ 公認会計士・監査審査会「監査役等から会計監査人に対する質問例〜会計監査人とのコミュニケーションの活性化に向けて〜」

　公認会計士・監査審査会は，平成27年の「監査事務所検査結果事例集」の参考資料として，「監査役等からの会計監査人に対する質問例〜会計監査人とのコミュニケーションの活性化に向けて〜」を公表した。会社法の改正やコーポレートガバナンス・コードの策定などコーポレート・ガバナ

ンスの強化が行われ，監査役等に対する会計監査人の選解任議案の決定権の付与や会計監査人の選定評価基準の策定が求められるなど監査役等についてもその機能強化が図られていることから，監査役等がこれらの職責を十分果たすため，会計監査人とのコミュニケーションが重要であるとしている。このような状況に鑑み，公認会計士・監査審査会は，「監査事務所検査結果事例集」の指摘事項を踏まえ，特に問題と思われる事項等について，監査役等と会計監査人とのコミュニケーションの際の参考となるよう，監査役等から会計監査人に対する質問例を作成したとしている。

具体的には，図表8-2のとおり，「監査事務所の品質管理」および「当社の監査計画と監査業務」について，それぞれ質問例が示されている。内容的には，日本監査役協会による評価選定実務指針でカバーされていると思われるが，質問例が限定的・具体的であることから，実際のコミュニケーションの場面において質問すべき事項のポイントがより明確になっている。

■図表8-2 監査役等から会計監査人に対する質問例

監査事務所の品質管理に関する質問例

1	監査事務所における，監査の品質を向上させるための取組の内容及び頻度を教えてください。また，その取組の実効性を評価し，改善する方法を教えてください。
2	（協会の品質管理レビューや審査会検査において指摘事項があった場合）指摘事項が発生した根本的な原因は何だと考えますか。根本的な原因の分析を実施していますか。
3	（社員が個人事務所を持っている場合）個人事務所を営んでいる各社員は，監査事務所における担当監査業務の品質を維持・向上するのに十分な時間をどのように確保し，監査事務所はそれをどのように確かめていますか。
4	協会等からの指摘事項や法人内で発見した監査業務上の問題点に対して実施した改善事項のうち，当社の監査の改善の役に立ったものを教えてください。
5	監査チームが実施した監査手続が監査意見を出すために十分であることを確かめる手続に関して，監査事務所が実施する手続と業務執行社員が実施する手続の両方を教えてください。
6	監査事務所の審査の仕組みを教えてください。また，当期の当社の監査に関し，監査チームが審査担当者と協議した又は審査担当者から指摘を受けた項目及びその内容を教えてください。

当社の監査計画と監査業務に関する質問例

1	当社の監査を担当する監査チームは，どのような基準で編成されたのですか。
2	当社又は当社の属する業界を取り巻く経済環境や経営環境の変化をどのように捉えていますか。また，期中における変化をどのように捉え，どのように対応することとしていますか。
3	当社又は当社の属する業界を取り巻く経済環境や経営環境を踏まえ，当社グループのどこにどのようなリスクがあると考えていますか。それは，前期からどのように変化していますか。
4	識別した当社グループのリスクに対して，どのような監査手続で対応することを計画していますか。その計画は前期から変更していますか。 （リスクは変化したとしているが計画が前期と同じ場合，）監査計画が前年と同じなのはなぜですか。
5	特に重要なリスク（特別な検討を必要とするリスク）を適切に識別していることを，どのように確かめていますか。
6	当社が提供している財務報告に関連する資料は正確に作成されていますか。それをどのように確かめていますか。
7	確認状の発送額と回答額の間に差異が発生した時の監査手続を教えてください。
8	当社グループにおける関連当事者との取引（役員若しくは主要株主又はこれらの者が所有する会社との取引，役員若しくは主要株主の近親者又はこれらの者が所有する会社との取引など）は，どのようなものがありますか。これらに対しては，どのような観点で，どのような監査手続を実施していますか。
9	当社グループの財務諸表における会計上の見積り項目（固定資産の減損，繰延税金資産の回収可能性，貸倒引当金など）にはどのようなものがありますか。それに対し，どのような監査手続を実施していますか。
10	会計上の見積りの監査においては，当社の作成した事業計画等をご覧になることが多いと思いますが，事業計画等の将来予測の合理性については，どのように検討していますか。
11	当社の連結子会社を，どのようなところに重点を置いて，どのような方法で監査していますか。また，子会社の監査人の業務については，何をもとに，どのように評価するのか，業務の報告を日本語以外で受ける場合の対応も含めて教えてください。
12	当社の監査業務で，専門家（IT 専門家，年金数理人，不動産鑑定士など）を利用している項目を教えてください。監査において利用する専門家の業務が適切であることをどのように評価するのですか。
13	当社において，不正が発生しやすい領域はどこだと考えていますか。その不正はどのような時にどのような形で発生しやすいと考えていますか。それらに対して，どのような監査手続を実施していますか。
14	財務報告に係る内部統制の監査の範囲が十分であることを，どのように確かめていますか。また，当社による内部統制の評価手続を妥当と判断するポイントと，判断のために実施する監査手続を教えてください。

⑤ 監査人による品質管理システムおよび会計監査の品質の向上に向けた取組みの開示

監査人は，監査役等への会計監査人の職務の遂行に関する事項（会社計算規則131条）の通知をするため，日本公認会計士協会監査基準委員会報告書により，品質管理システムの整備・運用状況の概要を伝達することとされている（監基報260，15-2項，A22-2項）[4]。

品質管理システムの整備・運用状況の概要には，監査事務所の品質管理のシステムの外部のレビューまたは検査の結果が含まれる（監基報260，15-2項）。具体的には，監査契約の新規締結または更新に際して，直近の状況に基づき，図表8-3の事項を伝達し，監査期間中にレビューまたは検査の結果を受領した場合には，個々の状況に応じて適宜伝達することが適切であるとされる（監基報260，A22-3項）。

当該伝達のための書面は各監査事務所が独自に作成しているが，最近は，検査の結果について，検査結果通知書に含まれる「特に留意すべき事項」[5]は，被監査会社の監査役等が有効に活用できるような記載として，当該内容がそのまま監査事務所から監査役等へ伝達されるようになっている（公認会計士・監査審査会，2017a，p.23）。あわせて，公認会計士・監査審査会は，2017年7月に公表した「監査事務所検査結果事例集」[6]に，上場会社等の取締役・監査役や投資者等に対する参考情報の提示という観点から，最近の不正会計事案に関するものも含め，審査会検査で指摘された指摘事例をできるだけわかりやすく記載するほか，監査事務所の改善取組みにおいて優れた事例を取り入れており（公認会計士・監査審査会，2017b，p.4），監査人の監査の品質を評価するにあたって参考になるものと考えられる。

4．公認会計士法上の大会社等の監査，会計監査人設置会社の監査，信用金庫，信用協同組合及び労働金庫の監査の場合に必須となる（監基報260，15-2項）。

5．総合評価ならびに業務管理態勢，品質管理態勢および個別監査業務における不備の内容のほか，検査対象監査事務所が不備の根本的な原因を究明し本質的な対応を行うために参考となる，検査を通じて，公認会計士・監査審査会が把握した事項が含まれる（公認会計士・監査審査会，2017a，p.21）。

6．公認会計士・監査審査会の検査において確認された指摘事項等を取りまとめたものとして，2008年2月に初めて公表されて以降，毎年改訂され，公表されている（公認会計士・監査審査会，2017b，p.1）。

■ 図表8-3　品質管理のシステムの外部のレビューまたは検査の結果の通知事項

対象	日本公認会計士協会の品質管理レビュー	公認会計士・監査審査会の検査
被監査会社	・直近の品質管理レビュー報告書（フォローアップ・レビューを含む）および改善勧告書の日付 ・過去に受領していない場合はその旨	・直近の検査結果通知書の日付 ・過去に受領していない場合はその旨
	・品質管理レビューの結論（限定事項付結論または否定的結論の場合にはその理由を含む）およびその結果に基づく措置 ・フォローアップ・レビューの実施結果（改善勧告書に記載された事項の改善状況を含む）およびその結果に基づく措置	
	・監査事務所における品質管理に関する限定事項および改善勧告事項の有無，その内容の要約および監査事務所の対応状況	・監査事務所の品質管理のシステムの整備・運用等に関する指摘の有無およびその概要ならびに監査事務所の対応状況
	・品質管理レビューの対象業務として選定されたかどうかの事実	・検査の対象業務として選定されたかどうかの事実
検査またはレビュー対象の被監査会社	・当該監査業務における品質管理に関する限定事項および改善勧告事項の有無，当該事項があったときは，その内容の要約および対応状況	・当該監査業務における品質管理に関する指摘の有無，指摘があったときは，その内容および対応状況

出所：監基報260, A22-3項に基づき作成。

⑥　監査法人のガバナンス・コードの適用状況等の開示

　金融庁に設置された監査法人のガバナンス・コードに関する有識者検討会により公表された「監査法人の組織的な運営に関する原則≪監査法人のガバナンス・コード≫」において，監査法人は，被監査会社，株主，その他の資本市場の参加者等が評価できるよう，本原則の適用の状況や，会計監査の品質の向上に向けた取組みについて，一般に閲覧可能な文書でわかりやすく説明すべきとされている（指針5-1）。

　これに基づき，各監査法人が公表した文書をみると，それぞれ定量的な監査品質の指標となるような数値データが開示されている。

3 アメリカにおける監査委員会による監査人の評価

(1) 監査委員会の権限

アメリカでは，ニューヨーク証券取引所の上場規則（NYSE Listed Company Manual: NYSE Manual）が，上場会社に対して，独立取締役により構成される指名・コーポレート・ガバナンス委員会，報酬委員会および監査委員会の設置を義務付けている（NYSE Manual 303A.04, 303A.05, 303A.06）。このうち監査委員会については，SOX法が，1934年証券取引法（Security Exchange Act of 1934）に監査委員会に関する規定を追加し（SOX法・§301, Security Exchange Act of 1934・§10A(m)），法令上設置を強制している。

監査委員会は，外部監査人の選任，解任，報酬の決定および監督等の権限を有する（SEC Rule 10A-3(b)(2), NYSE Manual 303A.07(b)（ⅲ））。

(2) 監査委員会による外部監査人評価

① AQIをめぐる動向

PCAOBは，こうした権限に基づき，監査委員会が適切に会計監査の品質を評価し監査人を選任できるようにするため，AQIの導入について検討を行っている（PCAOB, 2015）。また2017年6月には，投資家が要求しているとして，監査報告書の一項目として，監査事務所の在任期間の記載に関する要求事項を含む監査基準の改訂案を公表し（PCAOB, 2017），SECはこれを承認している（SEC, 2017）。PCAOBによれば，監査報告書における監査人の在任期間の開示は，経営者および監査委員会による監査人の在任期間に関する検討および開示資料における潜在的な開示を促進する可能性を高める場合もあるとされている。

またCAQは，2014年4月に，「CAQのAQIへのアプローチ」（CAQ Approach To Audit Quality Indicators）を公表し，監査品質の4つの要

素，すなわち，①監査事務所のリーダーシップと経営者の姿勢，②監査業務チームの知識・経験・作業負担，③モニタリングおよび④監査報告に基づく指標を提供している（CAQ, 2014）。これに対するフィードバックを踏まえて2016年1月にCAQが公表した，「監査品質指標―途中経過および今後の方向性」（Audit Quality Indicators: Journey and Path Ahead）によれば，このCAQのアプローチは，監査委員会の役割および責任を認識し，監査人による監査委員会とのコミュニケーションの重要性を強調し，対話を充実させるAQIを伝達するものであり，監視責任をサポートするために，特定の監査委員会の情報ニーズおよび関心に基づいて調整可能な，業務レベルの指標の伝達に焦点を当てたものである。また，監査事務所レベルの指標は，業務レベルの指標を補うために利用可能なものとされている。

このように，監査委員会に対するAQIの伝達に焦点を当てることが適切な理由は，以下のとおりとされている。

監査委員会にとって目的適合性のある情報を提供する：AQIは，監査に対する直接の監視責任を負う者にとって大きな価値を提供する。

監査委員会との対話の質を向上させる：監査委員会は，AQIに意味を与えるために必要な背景情報を入手するために監査人と対話し，監査業務の品質維持または向上に役立つ行動をとる可能性がある，特別な立場にある。

外部監査人の選任・評価を支援する：ガバナンス権限および監査業務の特定の状況に対する認識があることから，監査委員会は，監査人の再任，新たな監査人の選任および筆頭業務執行社員の選任を決定するために伝達された情報に基づいて行動する立場にある。

② CAQによる外部監査人評価ツール

CAQは，2012年10月に初めて「外部監査人評価ツール」（External Auditor Assessment Tool）を発行している。直近では，2015年6月2日にアメリカ版とワールドワイド版の2種類を公表しているが，アメリカ版については2017年4月に更新されている。このツールは①で述べたCAQ

による監査品質の4つの要素を反映するために更新されている。

　本ツールには評価の質問票が含まれており，それは監査委員会による外部監査人の評価を補助することを目的としている。また，監査委員会は，当期のエンゲージメントでの監査人の対応に基づき，外部監査人を評価し，必要に応じて前年における評価も考慮する。それぞれの評価には，企業が直面するリスクと，経営者がそのリスクにどう対処しているかに関する外部監査人の見解も反映される。このため，本ツールでは，経営者や内部監査機能を含む企業内のほかの者から，外部監査人に対する意見を聞くことも適切であるとして，企業内の意見を聞くための調査票のサンプルも添付されている。

　本ツールは，CAQが提示する監査品質の要素に対応する形で，「外部監査人が提供するサービスの質およびリソースの十分性―監査チーム」，「同一監査事務所」，「外部監査人とのコミュニケーションおよびやりとり」ならびに「監査人の独立性，客観性，職業的懐疑心」の4つのパートからなるが，図表8-4はそれぞれに関連する質問例を示したものである。

　これをみると，CAQのAQIへのアプローチがそうであるように，定量的なAQIの利用は，監査チームレベルでのサービスの質およびリソースの十分性といったインプットに関する判断等の限定的な場面での利用にとどまっている。また，監査リスク領域への対応状況，他の監査人のレビュー・監督の状況といったものから，わが国でも重要なコミュニケーション事項である外部による品質管理レビュー・検査結果と対応状況，監査事務所経営者の姿勢，専門知識，監査費用，監査委員会またはエグゼクティブ・セッションにおけるコミュニケーションの質，会計上の見積りや判断の合理性を含む財務報告の質，経営者との重要な意見の相違に至るまで，幅広くコミュニケーションを行えるような質問例となっている。

■図表8-4　外部監査人評価の質問例
パート1：外部監査人が提供するサービスの質およびリソースの十分性─監査チーム

質問例	
1	監査責任者および監査チームは，当該企業の監査を実施するために必要な（企業固有の，また，業界・会計・監査に関する）知識，技能および経験を有していたか。監査には適切なリソースがあてられたか（監査事務所における経験年数，現在の職位での年数，エンゲージメント従事年数）。外部監査人は，提供したサービスの質についてのフィードバックを求めたか。外部監査人は，フィードバックにどのように対応したか。監査委員会と経営者にとって，監査責任者は連絡が取りやすかったか。監査責任者は監査に十分な注意を払い，リーダーシップを発揮したか。
2	監査責任者は，監査工数や関連する時期の傾向について説明を行ったか。説明の対象となる傾向には，たとえば次のようなものがある。 (1)パートナー，マネージャー，スタッフ等，職位別の合計監査業務従事時間（たとえば，本年度計画時間および前年度実績時間に対する割合） (2)監査時間の変更（すなわち，本年度計画時間と前年度実績時間の比較） (3)監査サイクルのフェーズ別の監査時間の内訳（特に計画フェーズ，実施フェーズ，完了フェーズへの時間配分） 監査責任者は，（監査事務所が定める）職位ごとの標準的な作業量に照らして，監査チームの主要なメンバーの作業量や作業量に関する情報を説明したか。
3	監査責任者は，監査計画ならびに企業・業界固有の会計および監査リスク領域（不正リスク含む）にどのように対応したかを監査委員会に説明したか。監査責任者は，監査計画の策定に際して適切なリスクを識別していたか。監査責任者は，監査計画に織り込まれた財務諸表における不正リスクについての説明を行ったか。
4	国内拠点または他の国での監査に，当該監査事務所のグローバル・ネットワークまたはその他の監査法人を通じて他の会計事務所が関与している場合，監査責任者はそれらの外部監査人の専門的な技能，経験，および職業的専門家としての客観性に関する情報を提供したか。監査責任者は，それらの他の監査人をどのようにレビュー・監督しているか説明したか。監査責任者および（または）監査チームは，監査チームとそれらの他の監査人との間で行われた重要なやりとりに関する情報を提供したか。
5	該当する場合，監査法人は，監査責任者または監査チームの上位メンバーの変更やローテーションにどのように対処し，管理するかを十分に説明したか（独立性保持および関連規定の遵守に対する監視を含む）。
6	監査責任者は監査契約書および監査範囲に反映されている，合意した監査実施の要件を満たしていたか。外部監査人は変動するリスクおよび状況に対応するため監査計画の調整を行ったか。監査委員会はそれらの変更を理解し，それが適切であることに同意したか。
7	監査責任者は，監査事務所本部の専門的実務を担う部門やその他専門的リソースに対して行った会計または監査にかかる事項についての専門的な見解の問合せの結果を監査委員会に報告したか。そのような専門的な見解の問合せは透明性をもって適時に実施されたか。特別な検討を必要とするリスクに関連したリソースの配分の計画と実際の配分は適切だったか。

パート2：外部監査人が提供するサービスの質およびリソースの十分性―監査事務所

質問例	
8	企業の監査がPCAOBもしくはその他規制当局の検査または内部品質レビューの対象となった場合，外部監査人は監査委員会に対して，検査対象に選定されたこと，指摘事項および検査が監査の結果にもたらす影響を適時に報告したか。監査責任者は，当該企業に関連する会計および監査上の論点と類似の論点を有する同業他社に対する指摘事項等，監査事務所の検査または内部品質レビューの関連する結果を伝えたか。外部監査人は，検査結果および品質管理プログラムの内部レビュー結果にどのように対応する予定であるかを説明したか。監査責任者は，監査事務所の上層部が，その姿勢を通じてどのように監査品質を強調し，また，どのように監査事務所の品質管理システムに対して責任を負っているかを説明したか。
9	監査事務所は，必要な業界経験，企業の特に重要な会計方針についての専門知識を有しており，当該企業の監査を継続して行う上で必要な地理的範囲に対応しているか。
10	監査チームは監査の際に，専門知識が十分に利用可能だったか。監査手続を適時に完了させるために，必要に応じて追加の適切なリソースが割り当てられていたか。
11	監査費用は，企業の規模，複雑性およびリスクに照らして合理的だったか。監査委員会は費用変更の理由（たとえば，監査業務の範囲の変更）について報告を受けたか。また，その理由に同意したか。

パート3：外部監査人とのコミュニケーションおよびやりとり

質問例	
12	監査責任者は，継続的に監査委員会および監査委員会の議長とプロフェッショナルでオープンな対話を行っていたか。議論は率直で網羅的であったか。監査責任者は，会計および監査上の論点をわかりやすく説明することができたか。
13	外部監査人は，会計上の見積りや判断の合理性を含め，企業の財務報告の質について十分に議論したか。外部監査人は，企業の会計方針が業界の動向や先行実務と比較してどうであるかを説明したか。監査責任者は，監査済み財務諸表を含む文書に含まれるその他の情報（Non-GAAP財務情報等）に関して外部監査人が有する責任を説明したか。
14	エグゼクティブ・セッションにおいて，外部監査人は対応がむずかしい問題（たとえば，経営者の報告プロセスに対する見解（懸念を含む），ICFR（例：内部告発者にかかる方針），企業の財務管理チームの質）について，率直かつプロフェッショナルに議論したか。監査責任者は，企業から十分な協力が得られなかった場合に速やかに監査委員会に報告したか。
15	外部監査人は，企業の財務諸表に関連する会計原則および監査基準の最近の動向および監査への潜在的な影響について監査委員会に説明したか。

パート4：監査人の独立性，客観性，職業的懐疑心

	質問例
16	監査事務所は，独立性要件の遵守における例外事項も含め，監査事務所の独立性に影響を及ぼすと合理的に考えられる可能性のあるすべての事項を監査委員会に報告したか。監査事務所は，独立性に関する問題を検出するために講じているセーフガードについて報告したか。
17	経営者と外部監査人の重要な見解の相違はあったか。あった場合，経営者の当初の見解が異なった会計上の論点について，外部監査人は明確な視点を提示したか。見解を調整するためのプロセスは，適時に，かつ職業的専門家に相応しい方法で行われたか。
18	外部監査人が経営者および内部監査が実施したテストに依拠している場合，監査委員会はその依拠の程度に同意したか。内部監査人と監査事務所の重要な見解の相違はあったか。あった場合，職業的専門家にふさわしい方法で解決されたか。内部監査の結果によって，外部監査人は監査手続を変更または追加したか。
19	すべての非監査業務の提供に対して監査委員会より事前承認を得るにあたり，監査責任者は外部監査人の独立性，客観性，職業的懐疑心を保持するためのセーフガードについて説明したか。

4 英国における監査委員会による監査人の評価

(1) 監査委員会の権限

　英国では，会社法における取締役会に対する規制が少ないため，上場会社は，附属定款により取締役会の権限を定めている。公開会社のモデル定款（Model articles for public companies）には委員会の条項が置かれ，また，上場規則である開示規則および透明性規則（Disclosure Rules and Transparency Rules: DTR）により，すべての上場会社において監査を監視する機関の設置が必須とされ，監査委員会に外部会計監査人の選任についての勧告権を与えている（小俣，2016, pp.131-137）。

　さらに，ロンドン市場で株式をプレミアム上場するすべての会社には，FRCが制定するコーポレートガバナンス・コード（The UK Corporate Governance Code: CGC）が適用される（CGC, "Governance and the Code" para.6）。CGCの「第C章：説明責任」に「C. 3: 監査委員会および

外部会計監査人」に関する原則があり，主要原則は次のとおりとされている。
「取締役会は，事業報告（corporate reporting）やリスク管理・内部統制原則をどのように実施するかについて，また，外部会計監査人との適正な関係の維持について，公式かつ透明な仕組みを確立すべきである。」。

そして，監査委員会の主要な役割と責任として，会計監査人に関する，以下の事項が含まれるべきとされている（CGC, C. 3.2）。

- 外部会計監査人の任命，再任および解任について，これらが株主総会の承認に付されるにあたり，取締役会に提案を行うとともに，外部会計監査人の報酬および任期を承認すること。
- 関連する自主規制・法規制上の要件を考慮しつつ，外部会計監査人の独立性と客観性，監査手続の有効性をモニターし，レビューすること。
- 監査事務所が非監査サービスを提供することに関する倫理ガイダンスを考慮に入れつつ，外部会計監査人による非監査サービス提供に関する方針を作成，これを実施すること，さらに，監査委員会としてなんらかのアクションや改善が必要と考える事項があれば，これを特定したうえで取締役会に報告し，とるべきステップについて提案すること。

また，監査委員会は，外部会計監査人の任命，再任および解任を提案することについて，主たる責任を負うべきであるとし，FTSE350会社は，少なくとも10年ごとに，外部監査契約を入札にかけるべきであるとしている（C. 3.7）。取締役会が監査委員会の提案を受け入れない場合には，年次報告書および外部会計監査人の任命・再任を（株主総会に）提案する文書において，監査委員会が自らの提案について説明した文書を添付するとともに，取締役会が異なる立場を取った理由を記載すべきとしている。

さらに，年次報告書では，一節を割いて，監査委員会の責務遂行について記述すべきとし，外部会計監査人に関する，以下の事項を含むべきとしている（C. 3.8）。

- 外部会計監査人の監査手続をどのように評価したか，外部会計監査人の任命または再任に当たって採用したアプローチ，現在の監査事務所との契約期間および前回入札がいつ実施されたのか。

- 外部会計監査人が非監査サービスを提供する場合，監査人の客観性・独立性がどのように確保されているか。

(2) 監査委員会による外部監査人評価
① 監査委員会に関するガイダンス

　取締役会が監査委員会に対して適切に取り計らい，監査委員を務める取締役が役割を果たすうえで一助となるよう，FRCにより「監査委員会に関するガイダンス」(Guidance on Audit Committees) が作成されている。これには以下のような規定があり，監査の品質を評価するための4つの考慮する要因が提示されている。

　「監査委員会は，監査プロセスの有効性を評価しなければならない。企業の特定の状況において外部監査の品質を評価するには，「考え方および文化 (mind-set and culture)」，「技能，性格および知識 (skills, character and knowledge)」，「品質管理 (quality control)」，そして「判断 (judgments)」(これには，主な判断の取扱い，監査委員会からの質問への回答ならびに監査人の説明における確実性および鋭さが含まれる) を考慮することが必要である (para.78)」。

② 外部監査の有効性の評価の実施方法についての実務指針

　監査委員会に関するガイダンスにおける上述の規定に関し，FRCは，外部監査の有効性の評価の実施方法についての実務指針として，「監査の品質―監査委員会のための実務指針」(Audit Quality: Practice aid for audit committees) を公表している。外部監査プロセスのサービスレベルを評価することは比較的簡単であるものの，監査の品質を評価することはむずかしいとの意見が多く聞かれていたという。

　FRCは，5回のラウンドテーブルを開催し，監査の品質と財務諸表プロセスに焦点を絞って外部監査の有効性評価のフィールドテストを行った。ラウンドテーブルには，監査委員，投資家，財務管理者，監査人等，英国のプレミアム上場会社に関連する主要な市場参加者が出席し，提案された

アプローチに対してフィードバックを行い，自身の経験や期待を共有した。本実務指針は，それらのラウンドテーブルでのフィードバックをもとに作成されたものであり，監査委員会が自身の評価プロセスを構築または更新する際に考慮できるように，監査の品質とベストプラクティスに関してガイダンスを提供している。

本実務指針は，次の４つのセクションからなる。

- 監査の品質の概要を示し，監査委員会が評価を行う際に考慮する要因や評価を行う際のステップに焦点を当てている（セクション２）
- 考えられる評価のインプット（証拠のソース）を説明している（セクション３）
- 監査人が監査に際して行う職業的専門家としての「判断」や監査委員会がそれらの判断をどのように評価できるかについて説明している（セクション４）
- 監査人の質を評価する際に監査委員会が考慮できるその他の要素を３つ挙げている（「技能，性格および知識」，「考え方および文化」ならびに「品質管理」（セクション５）

また，監査の品質を評価するに当たっては，図表８-５に示した４つの要素（評価ピラミッド）を評価するとしている。評価のためのインプット（証拠のソース）は，監査人の観察や監査人とのやりとりのほか，経営者や内部監査人等のほかの従業員とのやりとり，規制当局等の特定の外部当事者から直接または間接的に入手することを提案している。

まとめると，監査人は，能力を有していなければならず，以下を監査委員会に示す必要があるとしている。

- 重要性について適切な判断を行ったこと
- 最もリスクが大きい領域を識別し，当該領域に重点を置いたこと
- 有効な監査手続を立案し実施したこと
- 入手した証拠を理解し解釈したこと
- その証拠について信頼できる評価を行ったこと
- 明瞭かつ率直な報告を行ったこと

■図表8-5　評価の概要

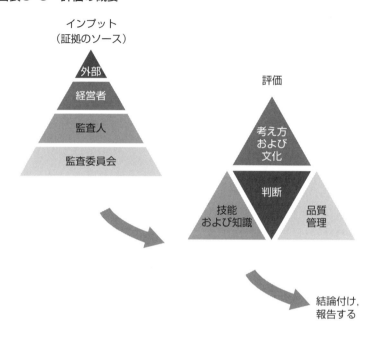

> **判断**——職業的専門家としての判断は，監査の計画と実施におけるすべての段階で行われる。適切な判断を行うことが監査の品質の中核をなし，これを次に示す3つの主要な要素が支えている。
>
> **考え方および文化**——高い職業的専門家としての原則および倫理原則（特に誠実性と独立性）を守り，自らの役割に伴う責任に反するような（および反するように見える）すべての個人的および商業的利害を避けることが，監査人個人としての考え方および監査事務所の適切な文化を支える。
>
> **技能，性格および知識**——高品質な監査を実施するための能力は，効果的な研修と関連する経験によって培われる強い監査スキル（調査，分析および判断），効果的なコミュニケーション能力，高い職業的懐疑心をもって監査を行う強い性格が基礎になる。必要とされる個人的特質には，厳格さ，根気および堅牢さ，事業，業界および経営

> 環境についての確かな知識ならびに監査および財務諸表に関連する法律および規制上の枠組み（職業的専門家としての基準を含む）の理解が含まれる。
>
> **品質管理**——監査業務の有効な品質管理には，監査の品質に対するリスクを識別し，それらのリスクに対応するため，監査事務所レベルでの内部統制を考慮に入れてエンゲージメント・レベルで適切な内部統制を構築することが含まれる。グループ監査では，構成単位の監査人による作業に関係した監査の品質のリスクに対して内部統制を構築することも含まれる。

　本実務指針では，監査の過程で行われる監査人の判断には以下に関する判断が含まれるとし，それぞれについての監査人の判断を評価するにあたり監査委員会が考慮する事項の例として，次頁の図表8-6のような内容が示されている。
　(a)重要性
　(b)リスク評価
　(c)監査上の対応——追加的な監査手続の種類，時期および範囲
　(d)実施および評価に基づく結論および報告

■ 図表8-6　監査人の判断を評価するにあたって監査委員会が考慮する事項の例

重要性
・設定された重要性の基準値の基礎はなにか，また，監査人が重要性の基準値を設定する際に使用したベンチマークはどの程度適切か。それらは，利用者のニーズおよび期待をどのように反映しているか。監査人が利用する最も一般的な基準値に「純利益の5％」があるが，この種の事業に関し，財務諸表の利用者にとってのこの基準値の適合性を監査人はどのように評価していたか。
・手続実施上の重要性はなにであり，それを決定するにあたりどのような要因が考慮されたか。
・重要性の基準値は，監査手続の範囲および水準にどのような影響を及ぼすか。監査人は十分な情報に基づいて判断を行っているか，または判断をほとんど用いることなく監査事務所の手法における基準値を採用しているか。重要性の基準値が変更された理由はなにか，また，これは監査手続の水準にどのように影響するか。
・重要性の定性的な側面に関する監査人のアプローチはどのようなものか。たとえば，監査人は記述式開示(narrative disclosure)の虚偽表示をどのように評価しているか。
・グループ監査において，監査人はグループの子会社に適用される重要性の適切性をどのように評価しているか。監査人は，親会社と子会社への重要性の配分について説明しているか。
・重要性は重要な領域における監査手続の種類および範囲にどのように影響するか。
・年度末近くに生じた重要な事象および（または）計画とは大きく異なる実績を考慮して重要性の基準値が修正されているか。
・識別された虚偽表示をどのレベルで監査委員会に報告しているか。また，その理由はなにか。

リスク評価
・識別された虚偽表示リスクのうち，最も重要なものはなにか。それは企業に固有のものであり，関連性があるか。
・監査人は，そうしたリスクの原因となる可能性がある誘因，文化およびその他事業要因を理解していることを示したか。そうした要因が発生または増強する状況を監査人は把握しているか。
・監査人が事業，経営環境および財務報告の枠組みについて必要な理解を有し，十分な情報に基づく新しい視点でリスク評価を行ったことが明らかであるか。
・重要な虚偽表示リスクではない主要なビジネス・リスクに関連して，監査人はそれらのリスクを監査の基本的な方針に含めなかった理由を説明できるか。
・監査人はビジネス・モデルに内在するリスクを識別しているか。識別している場合，監査人はそれらのリスクおよび企業の戦略への影響に関して的確に説明することができるか。
・監査人は，前年度とリスクが変わらない場合にはそれらのリスクが当年度も適切である理由を的確に説明しているか。また，新しいリスクが識別された場合または従前のリスクが除外された場合にはそれらのリスクが生じた理由またはそれらのリスクに関連がなくなった理由を説明できているか。

- 監査人はリスクを評価するにあたり財務部門以外の従業員とどの程度話していたか。
- 該当する場合，監査人は重要な構成単位（子会社）のリスクを把握していたか。構成単位のリスクを決定するにあたり，グループ監査人はどの程度関与していたか。
- 同じ業界に属する企業は，共通のリスクの影響を受けやすい場合がある。監査人は業界の共通リスクをなぜ識別していないのか，または監査人が明示するリスクが企業の特定の状況を適切に反映していないのはなぜか。たとえば，銀行および住宅金融組合の監査計画では，貸倒引当金に関連するリスクが特別な検討を必要とするリスクとして識別される可能性が高いが，企業の事業に固有の状況においてそのリスクを生み出す要因はなにか。
- 監査人は，規制上のリスク，不正リスク，収益認識リスクおよび経営者による内部統制の無効化リスクを把握しているか。
- 該当する場合，監査人は，財務諸表に著しい影響を及ぼす可能性がある，事業に影響がある法令等を特定しているか。

監査手続上の対応—追加的な監査手続の種類，時期および範囲

- 監査人は手続の方針をわかりやすい形で明確に示すことができていたか。監査人は，特定の領域における方針の選択について，また，ほかの方針が適切ではなかった理由を明確に示すことができていたか。
- 監査委員会がより懸念しており，監査人の判断をより深く精査したいと考える特定のリスク領域はあるか。
- 手続の方針のうち明確でない特定の領域はあるか。たとえば，データ分析技法をどのように適用したかを監査人は明確に説明できるか。
- 監査人は内部統制の有効性にどの程度依拠する予定か。それは，関連する内部統制の信頼性についての監査委員会の理解と整合しているか。
- 財務報告プロセスの質および有効性にかかるリスクは，監査計画でどの程度取り上げられているか。
- 監査人は不正，収益認識，法令等および経営者による内部統制の無効化に関連した手続の方針を明確に説明することができるか。
- 監査人は財務諸表における金額または開示に関連して，どの領域を監査上の特別な検討が必要であるものとして識別しているか。（たとえば，関連当事者に関する開示）
- グループ監査において，監査人は監査の規模，リソースおよび地理的範囲がその状況で適切である理由を明確に示しているか。監査人がグループ・レベルで結論に達することができるように，異なる構成単位からどのように証拠が集められるか。
- FRCの監査品質レビューチーム（FRC's Audit Quality Review team）公表のレポートで特定されていた監査の品質に関する問題はどの程度手続の方針に関連しており，監査人はどのような是正措置を検討しているか。監査人は手続の方針に関して規制当局が最近公表した指針を考慮していたか，また，これはどのように監査計画に織り込まれていたか。

- 監査人は，財務諸表レベルの重要な虚偽表示リスクへの対応も考慮しなければならない。監査委員会は，財務諸表レベルのリスクに監査人がどのように対応する予定であるかについて質問することができる（たとえば，企業の内部統制が有効な場合，監査人は，年度末にすべての作業を行うのではなく，期中により多くの監査手続を実施することを選択する場合がある）。

実施および評価に基づく結論および報告

- 監査人は，会計および監査にかかる主要な判断ならびに結論について監査委員会にわかりやすい形でコミュニケーションを行ったか。そのコミュニケーションから，経営者に対して，批判的な視点から適切に意見したことが明らかであったか。監査人は，会計および監査にかかる主要な判断に関する監査委員会の質問に対し，確実に，かつ鋭い対応を行っていたか。
- 監査人のマネジメント・レターが，企業の事業についての十分な理解に基づいているかどうかを評価するため，その内容をレビュー，監視する。監査人の提案が実行されているかどうかを確認し，実行されていない場合にはその理由を明らかにする。監査人の発見事項および提案に対する経営者の反応をレビューおよび監視する。
- 未修正の虚偽表示がある場合，経営者がその虚偽表示を修正しなかった理由を監査人は説明できたか。監査委員会は，特に経営者の理由が適切であるか，また，監査人が経営者に対して十分に意見したかを確認するため，この事項について経営者に直接聞く場合もある。
- 財務諸表項目の代替的な処理について論争が生じていた場合（例：異なる評価基準），特定の選択肢に関する監査人の結論が適切な考え方を反映しているように監査委員会には見えたか。監査人は，自身の結論および根拠が，監査手続で生じた課題の性質，入手した証拠の証明力，投資家およびその他利害関係者の視点に関係していることを示せなければならない。
- 監査人は，監査の過程で生じた主要な問題がその後どのように解消されたか，また，該当する場合にはそれらの問題が解消されないまま残っている理由を説明できたか。
- グループ監査に関し，監査人は構成単位の監査人が監査した構成単位に関して十分かつ適切な証拠を入手したとどのように判断したか。
- 監査人が合意した監査計画を実行したかどうかをレビューし，識別した監査リスクの変更やそれらのリスクに対応するために監査人が行った作業を含め，変更の理由を入手する。
- 監査人のリスク評価と監査委員会報告書で報告されているリスクとの整合性。監査報告書と監査委員会報告書は内容が同じである必要はないが，違いがある場合には，監査委員会と監査人がそれらの差異について議論し，それらの差異の理由を監査報告書または監査委員会報告書のいずれかで明示する必要性を考慮する。
- 経営者確認書をレビューし，確認を要請した事項のうち，非定型的な問題に関係する事項を特に考慮する。監査委員会の理解に基づき，提供された情報が網羅的かつ適切であるかを考慮する。
- 当初提案のあった重要性の基準値および報告基準値の変更が，監査委員会に報告されているかどうかを確認する。

監査人による監査委員会との主なコミュニケーションには監査計画と監査上の発見事項がある。前者では監査人が計画に際して行った判断が取り上げられ，後者では発生した主要な問題点に関する判断が取り上げられる。よって監査人には，監査の計画段階と実施・評価段階の両方で適切な判断を行ったことを証明する十分な機会が与えられる。これとともに，監査人は，必要な技能，性格および知識ならびに考え方および文化を有しており，監査に関して有効な品質管理を行ったことも示すことができるとしている。

英国の監査委員会の監査人評価のガイダンスは，評価の際に考慮する要素のみならず，評価のためのインプットをどのように入手するかといったことや，考慮要素ごとの評価項目の例示を提示することで，評価を行うステップがわかるようになっている。また，考慮要素の中心となる監査人の判断の評価項目の例示をみると，実務においては，重要性に関する事項やリスク評価の詳細，監査手続の選択についての判断，内部統制の有効性の依拠の程度のように，わが国における監査役等による監査人の評価・選定基準項目例では示されていないような専門的な項目が掲げられていることがわかる。その他の要素に関する評価項目の例示については詳しく取り上げないが，当該項目の例示も含め，評価項目の例には定量的なAQIは特に含まれていなかった。

5 わが国におけるAQI導入にあたっての課題

わが国で監査役等が策定している監査人の評価・選定基準項目について，AQIによって説明できるものは限定的である。在り方懇提言によれば，わが国におけるAQIについてのスタンスは，アメリカにおけるAQIの導入の検討など，諸外国における指標をめぐる動向等をフォローしていくこととされている（金融庁，2016, p.7, 脚注1）。その後，2017年7月20日に金融庁から公表された「監査法人のローテーション制度に関する調査報告（第一次報告）の公表について」では，アメリカにおいて監査法人を監督する責任を有する監査委員会が，適切に会計監査の品質を評価し監査法人

を選任できるようにするため，AQIの導入について検討が行われているとしている。そして，AQIを実施しその内容を会計監査のステークホルダーに開示することは，監査法人の独立性の確保や会計監査の品質向上を図ることにつながると考えられていることを紹介している（金融庁，2017，p.26-27）。

　アメリカでは，CAQによる定性的な監査品質の要因を反映するために監査人評価ツールが作成されており，その質問例をみると，監査チームレベルでのサービスの質およびリソースの十分性といったリソースに関する限定的なAQIを含め，その背景情報を入手するための対話の内容が幅広く提示されている。また，企業内の意見を聴取するための調査票の様式も提示されている。

　英国の監査委員会の監査人評価のガイダンスは，評価の際に考慮する要素のみならず，評価のためのインプットをどのように入手するかといったことや，考慮要素ごとの評価項目の例示を提示することで，評価を行うステップがわかるようになっている。評価項目の例示をみると，定量的なAQIは含まれておらず，重要性に関する事項等，専門的な項目が掲げられていることがわかる。

　英米の実務によって得られる示唆としては，監査役等による監査人の評価にあたっては，AQIは対話を深めるための糸口にはなっても，それだけでは実効的な評価はできないということである。AQIについては現実的な利用可能性を検討するとともに，考慮すべき要因ごとに，AQIの背景情報も含め，幅広くかつ詳細なコミュニケーションを積み上げる必要がある。また，評価のプロセスも含めたベスト・プラクティスの提示等を検討することも有用と思われる。このためには，監査人による情報提供の在り方とともに，監査役等の側のよりいっそうの独立性，技能，経験，知識等の強化が必要と考える。

〈参考文献〉

Center for Audit Quality (CAQ) (2014), *CAQ Approach to Audit Quality Indicators*, April 24 〈http://www.thecaq.org/caq-approach-audit-quality-indicators (2017.0918)〉.

CAQ (2016), *Audit Quality Indicators: Journey and Path Ahead*, January12 〈http://www.thecaq.org/audit-quality-indicators-journey-and-path-ahead (2017.0918)〉.

CAQ (2017), *External Auditor Assessment Tool*, April 〈http://thecaq.org/external-auditor-assessment-tool-reference-us-audit-committees-0 (2017.0918)〉

Financial Reporting Council (FRC) (2015), *Audit Quality Practice aid for audit committees* 〈https://www.frc.org.uk/getattachment/1738ea4e-167a-41e5-a701-f169e6b7e264/Audit-quality-practice-aid-for-audit-committees-May-2015.pdf (2017.09.18)〉.

FRC (2016), *Guidance on Audit Committees*, April 〈https://www.frc.org.uk/getattachment/6b0ace1d-1d70-4678-9c41-0b44a62f0a0d/Guidance-on-Audit-Committees-April-2016.pdf (2017.09.18)〉.

FRC (2016), *The UK Corporate Governance Code*, April 〈https://www.frc.org.uk/getattachment/ca7e94c4-b9a9-49e2-a824-ad76a322873c/UK-Corporate-Governance-Code-April-2016.pdf (2017.09.18)〉.

Public Company Accounting Oversight Board (PCAOB) (2015),Concept Release: Audit Quality Indicators, PCAOB Release No.2015-005, July 1 〈https://pcaobus.org/Rulemaking/Docket% 20041/Release_2015_005.pdf (2017.09.18)〉.

PCAOB (2017), PCAOB Release No.2017-001, The Auditor's Report on an Audit of Financial Statements When The Auditor Expresses an Unqualified Opinion and Related Amendments to PCAOB Standards, June 1 〈https://pcaobus.org/Rulemaking/Docket034/2017-001-auditors-report-final-rule.pdf (2017.09.18)〉.

Securities and Exchange Commission (SEC) (2017), Release No. 34-81916; File No. PCAOB-2017-01, Public Company Accounting Oversight Board; Order Granting Approval of Proposed Rules on the Auditor's Report on an Audit of Financial Statements When the Auditor Expresses an Unqualified Opinion, and Departures from Unqualified Opinions and Other Reporting Circumstances, and Related Amendments to Auditing Standards, October 23 〈https://www.sec.gov/rules/pcaob/2017/34-81916.pdf (2017.10.31)〉.

小俣光文 (2016),「第6章　イギリスにおける連携の状況」秋坂朝則編『監査役監査と公認会計士監査との連携のあり方』同文舘出版。

江頭憲治郎 (2015),『株式会社法第6版』有斐閣。

甲斐幸子 (2015),「米国公開企業会計監視委員会『監査品質の指標に関するコンセプト・リリース』①」『会計・監査ジャーナル』724号, 11月。

金融庁 (2016),『「会計監査の在り方に関する懇談会」提言─会計監査の信頼性確保のために─』3月8日 (http://www.fsa.go.jp/news/27/singi/20160308-1.html. 2017年9月24日閲覧)。

金融庁 (2017),「監査法人のローテーション制度に関する調査報告（第一次報告）の公表について」7月20日 (http://www.fsa.go.jp/news/29/sonota/20170712_auditfirmrotation.html. 2017年9月24日閲覧)。

公認会計士・監査審査会 (2015),「監査役等からの会計監査人に対する質問例～会計監査人とのコミュニケーションの活性化に向けて～」2015年7月 (http://www.fsa.go.jp/cpaaob/sonota/kouen/20151023/03.pdf. 2017年9月18日閲覧)。

公認会計士・監査審査会 (2017a),「平成29年版モニタリングレポート」7月 (http://www.fsa.go.jp/cpaaob/shinsakensa/kouhyou/20170726/2017_monitoring_report.pdf. 2017年9月27日閲覧)。

公認会計士・監査審査会 (2017b),「監査事務所検査結果事例集」7月 (http://www.fsa.go.jp/cpaaob/shinsakensa/kouhyou/20170726/1.pdf. 2017年9月27日閲覧)

日本監査役協会会計委員会 (2015),「会計監査人の評価及び選定基準策定に関する監査役等の実務指針」11月10日 (http://www.kansa.or.jp/news/briefing/post-342.html. 2017年9月18日閲覧)。

日本公認会計士協会監査基準委員会 (2015), 研究報告第4号「監査品質の枠組み」5月29日 (http://www.hp.jicpa.or.jp/specialized_field/files/2-24-4-2a-20150529.pdf. 2017年7月30日閲覧)。

日本公認会計士協会 (2017),「監査人の交代理由等の開示の充実に係る日本公認会計士協会の取組について」6月30日 (http://www.hp.jicpa.or.jp/ippan/about/news/files/5-99-0-2-20170630.pdf l. 2017年9月24日閲覧)。

町田祥弘 (2016),「監査人の交代にかかる被監査企業の意識」『産業経理』76巻1号, 4月, 65-79頁。

油布志行・渡邉浩司・髙田洋輔・中野常道 (2015),「「コーポレートガバナンス・コード原案」の解説〔Ⅲ〕」『旬刊商事法務』2064号, 4月5日, 35-43頁。

第9章

英米日における透明性報告書と監査品質の指標(AQI)

1 監査品質に関する報告とAQI

昨今，監査事務所に対する透明性の向上，情報公開の要請が世界的に高まっている。これに伴い諸外国では，監査事務所が透明性報告書（Transparency Report: TR）や監査品質報告書（Audit Quality Report）といった名称の報告書を公開する動きがある。諸外国のなかでも英国ではすでに，TRの作成・開示が英国上場企業の監査事務所に対して義務づけられている。アメリカでは，EU規制を受ける監査事務所がその提出用にTRを作成するほか，監査事務所による任意の取組みにより監査品質報告書が作成・開示されている。

日本でも，監査事務所が監査品質に対する自らの取組みをわが国の言葉で主体的に説明する報告書を開示する実務が始まっている。2015年にPwCあらた有限責任監査法人がわが国初の報告書を公表しており，翌2016年には大手監査法人が報告書の作成・開示で足並みをそろえる状況にある（2017年3月31日に金融庁が公表した監査法人の組織的な運営に関する原則（監査法人のガバナンス・コード）において，こうした報告書の開示が求められている）。

TRまたは監査品質報告書のなかには，AQIが含まれている。AQIとは，しばしばブラックボックスといわれる監査の中身について情報を与える指標であり，英国およびアメリカでは，どのようなAQI情報を開示すべきかについて，規制監督主体や監査事務所によるAQI開発の取組みや議論がなされている。

本章は，英国，アメリカ，そして日本に焦点をあて，TRや監査品質報告書が公開された背景および実務の状況を概観するとともに，そのなかで開示されているAQI情報について考察する。そのうえで，AQIの価値や今後の利用可能性について検討する。

＊本章の執筆にあたり，PwCあらた有限責任監査法人ディレクターの福島誠也氏，PwCあらた基礎研究所アソシエイトの亀岡恵理子氏にご協力いただいた。ここに記して深く感謝申し上げる。

2 英国におけるTRの内容とAQI

(1) 監査事務所の透明性に関するCGAAの提言と監査事務所による取組み

　2003年1月,監査および会計関連の問題にかかる調査グループ（Co-ordinating Group on Audit and Accounting Issues: CGAA）は,最終報告書（CGAA, 2003）を提出した。CGAAは,2000年代初頭にアメリカで発生した一連の監査不祥事を受けて,監査および財務報告にかかる英国の現行規制体制を点検することを目的に設置された調査グループである。最終報告書では,複数の事項にかかるCGAAの分析と提言が示されているが,うち,監査事務所の透明性に関しては主に以下の提言がなされている。すなわち,①上場企業を監査する監査事務所は,年次に報告書を任意開示することにより事務所の開放性および透明性の向上に努めること,②報告書には財務情報,ガバナンス/組織,および品質の3領域について記載すべきこと,③任意開示では不十分と判断された場合には報告書を強制開示化すること,である（CGAA, 2003, pp.50-53）。大規模監査事務所の大半は同提言に賛同を示し,年次報告書（Annual Report）[1]のなかで資料を追加することにより,開示情報の充実要請に対応した（POB, 2009, p.2）。

(2) TR強制公開の制度化

　2006年,欧州連合（European Union: EU）は,第8号会社法指令を改正する2006年法定監査指令（2006/43/EC）[2]を採択した。同指令 Article 40は,公益事業体（public-interest entities: PIEs）の監査を担当する監査事務所に対して,事業年度終了後3ヵ月以内に,組織,所有,ネットワークの形態,ガバナンス構造,品質管理システム,財務情報等の情報を含む報

---

1. 年次報告書は,英国において有限責任（Limited Liability Partnership: LLP）形態をとる監査事務所に対して開示が要求される。
2. 2006年法定監査指令はその後,2014年法定監査指令（2014/56/EU）へと修正された。

告書を公開させるよう，EU加盟国に求めた。これが，年次報告書とは別立てのTR公開実務の始まりと考えられる。

　指令を受けて英国では，FRCの公的監視委員会(Professional Oversight Board: POB)が，TRを公開させる監査事務所の範囲やTRの公開方法等について意見を求めるコンサルテーション文書の公開，およびそれに対するフィードバックコメントの検討プロセスを経た後, 2008年にThe Statutory Auditors (Transparency) Instrument 2008 (以下, Instrumentという)[3]を公表した。Instrumentは，指令Article 40にならい，TRに少なくとも記載すべき内容として以下の10項目を挙げている。

1) 監査事務所の法的構造および所有形態に関する説明
2) 監査事務所がネットワークファームの場合には，当該ネットワーク，ネットワーク内での法的・構造的取り決めに関する説明
3) 監査事務所のガバナンス構造に関する説明
4) 監査事務所内部の品質管理システムについての説明，および当該品質管理を担う部署による声明
5) 直近の業務モニタリング実施時期に関する記述
6) 監査事務所が監査報告書を発行しているPIEsのリスト
7) 監査事務所の独立性にかかる手続や実務に関する説明
8) 監査業務従事者が理論的知識，職業的専門家としてのスキルおよび価値観を相応に高いレベルで維持するよう担保するための監査事務所の方針や実務に関する記述
9) 関連する事業年度の財務情報
10) パートナーの報酬ベースに関する情報

Instrumentは2008年4月6日に施行され，以降，英国規制市場での証券取引を認められた英国企業の監査を担当する監査事務所はウェブサイトを通じて年次TRを公開することを義務づけられている。ただし，制度適用初年度にかぎりTR公開は任意とされたため，初年度にTRを公開した

---

3. https://frc.org.uk/getattachment/0f01cff5-6a78-4f5d-b366-b50fb896ad1f/TheStatutoryAuditorsTransparencyInstrument2008FINAL.pdf.

監査事務所は大手7法人にとどまった。翌年度の公開強制後は，年によってばらつきがあるものの，毎年30から40の監査事務所がTRを公開する状況となっている（FRC, 2015, p.1）。参考までに，図表9-1は英国6大監査事務所の2016年度版TRを一覧にしたものである。また，図表9-2では大手監査事務所の主要国における規模感等を示している。

　TR公開が強制され，開示項目も定められている英国であっても，開示されるフォーマットはさまざまであり監査事務所ごとに個性がある。たとえば，KPMGは2014年以降，TRを年次報告書に統合して公開しているため，頁数が抜きんでいる。他方，EYは2014年以降，TRを2分冊で公開している。FRC（2015, p.2）は，すべての情報を1つの文書に含める形が最も有用かつ効果的であるとの見解を示す一方で，各事務所が創意工夫したフォーマットでTRを公開することを阻む意図はなく，開示要件を満たしさえすれば一定のテンプレートに従わなければならないと考える必要はないとのメッセージを送っている。

■ 図表9-1　英国Big 6が公開している2016年度版TR

	PwC UK	Deloitte UK	KPMG UK	EY UK	BDO UK	GT UK
表題	Building trust through assurance, Transparency Report	Deloitte LLP Audit Transparency Report 2016	A clear insight, UK Annual Report 2016 (including the Transparency Report)	Transparency Report 2016 EY UK Volume1 Volume 2	Transparency Report 2016	Grant Thornton UK LLP. Transparency Report 2016. Quality, Ethics and Excellence
頁数	88	72	198	52（20+32）	58	48

出所：PwC UK（2016）；Deloitte UK（2016）；KPMG UK（2016）；EY UK（2016a）；EY UK（2016b）；BDO UK（2016）；GT UK（2016）．

■ 図表9-2　大手監査事務所のシェア

各国における業務執行社員＋職員数（上位6つの監査法人）（単位：人）

		日本	アメリカ		イギリス		ドイツ		フランス	
1	新日本（EY）	6,055	Deloitte	70,603	PwC	19,741	KPMG	9,533	Deloitte	9,400
2	トーマツ（Deloitte）	5,968	PwC	49,000	EY	19,424	PwC	9,417	KPMG	8,200
3	あずさ（KPMG）	5,337	EY	39,400	Deloitte	15,768	EY	8,075	EY	6,256
4	あらた（PwC）	2,040	KPMG	30,903	KPMG	12,764	Deloitte	5,346	PwC	5,000
5	太陽（Grant Thomton）	381	Grant Thomton	7,906	Grant Thomton	4,461	Moore Stephens International	1,985	Mazars	2,679
6	東陽（BDO）	210	RSM	7,731	BDO	3,696	Nexia International	1,921	Kreston International	1,727

出典：日　本　2015年度に各監査法人が提出した業務及び財産の状況に関する説明書類。
　　　アメリカ　"The 2016 AccountingToday Top100 Firms," AccountingToday, 2016
　　　イギリス　"Country survey," International Accounting Bulletin, P31, December 2015/January 2016.
　　　ドイツ　"Country survey," International Accounting Bulletin, P13, June 2015
　　　フランス　"Rankings," International Accounting Bulletin, P20, October 2015. 他。
注：日本以外については、日本では監査法人とは別法人であるグループ会社において営まれているアドバイザリー業務、税務等の事業に係る人員が含まれていることに留意が必要。

各国における上場企業の会計監査の寡占化の状況

国　　名	日本	アメリカ	イギリス	ドイツ	フランス
上場被監査企業等数に占めるBig4の割合	74%	99%	95%	90%	90%
上場被監査企業等数に占めるBig6の割合	81%	100%	98%	—	—

出典：日　本　日本取引所グループ「適時開示情報閲覧サービス」、QUICKより金融庁作成（2017.3）。
　　　アメリカ　"Auditor Market Share of the S&P 500" Audit Analytics, February 2017.
　　　イギリス　"FEATURE Audit fees surver," Financial Director, p.26, March 2015.
　　　ドイツ　DAX160企業のアニュアルレポート（2014）。
　　　フランス　"CACoCAC 2015 Etude sur les CAC du CAC 40 en 2014," Day One, September 2015.

出所：金融庁（2017）「監査法人のローテーション制度に関する調査報告（第一次報告）」7月20日。

(3) 6大監査事務所における2016年度版TRにおけるAQI

　英国では，監査事務所が公開したTRはFRC（POB）[4]によるレビューを受ける。FRC（POB）は，各事務所のTRを比較分析した結果，法定要件を満たしていないと考えられる点，次年度のTR作成にあたり改善すべき点を周知する目的で，レビュー報告書を公表している。これまでに公表された3つのレビュー報告書において，FRC（POB）は，レビューの回を重ねるごとにTRの質が向上しているとの認識を示している（POB, 2009; POB, 2010; FRC, 2015）。とりわけ監査品質に関連しては，POB（2010, p.2）において，①監査事務所内部の品質管理システムに関する定性的記載は十分あるものの，業績評価指標（Key Performance Indicators: KPIs）といった客観的指標の開示が不足していること，②大半のTRが監査品質の重要性に言及しているわりには，監査事務所間で品質を差別化し開示しようとする取組みが限定的であること，が指摘された。次のFRC（2015, p.2）では，①②ともに開示の改善がみられたものの，①についてはKPIsの開示は充実したものの，それらに照らして実際の業績がどうであったかまでは開示されていないこと，が新たな指摘事項として加わっている。

　FRCによるこうしたレビュー結果がある一方，英国の6大監査事務所（BDO, Deloitte, EY, Grant Thornton（GT），KPMG, PwC）から構成されるPolicy and Reputation Group（PRG）[5]は，多様な利害関係者との対話を重ねたうえで，2014年，上述の2008年のInstrumentで指定されたTRに少なくとも記載すべき10項目とは別に，監査品質を表すために測定および開示されうる指標として，以下の5つをAQIとして自主的に識別した（FRC, 2015, p.2 ; FEE, 2016, p.10）。

1) 外部による調査
2) 内部および外部の監査品質モニタリング結果

---

[4] FRCの下部組織として2004年に設立されたPOBはその後2012年に，FRCに組織一体化されて消滅した。

[5] PRGは，6大監査事務所が，各事務所ひいてはプロフェッション全体の評判に影響を与えうる喫緊の事項について議論するためのフォーラムである。

3）監査実務およびスタッフへの投資

4）投資家との対話

5）スタッフを対象としたアンケート調査

　6大監査事務所は，TRにおいてこれらAQIに関する情報を開示することに合意しているものの，その開示の仕方は画一的に定められたものではなく，各監査事務所の運営方法が異なることから事務所ごとに柔軟に対応することが望ましいとされている。図表9-3は，PRGで合意された上記①から⑤までのAQIカテゴリーごとに，各監査事務所が開示したAQIを，記述の性質を定性または定量の視点により区別して一覧にしたものである。

　このように英国では，PRGが合意した枠組みのもと，全項目の一覧が可能である。しかし，監査事務所間の横断比較という観点からは，以下の理由により困難が多い。第1に，図表9-3のとおり開示の充実度に差が

■図表9-3　2016年版TRで開示されている英国Big 6のAQI

	PwC UK	Deloitte UK	KPMG UK	EY UK	BDO UK	GT UK
外部による調査	●	●	●	●	◐	●
②-1 外部の監査品質モニタリング結果	●	●	●	●	●	●
②-2 内部の監査品質モニタリング結果	●	●	●	●	●	●
③-1 監査実務への投資	○	●	●	●	●	○
③-2 スタッフへの投資	●	●	●	●	◐	●
④投資家との対話	●	○	●	○	●	○
⑤スタッフを対象としたアンケート調査	●	●	●	●	◐	●

出所：PwC UK（2016）；Deloitte UK（2016）；KPMG UK（2016）；EY UK（2016a）；EY UK（2016b）；BDO UK（2016）；GT UK（2016）．

付記：表中番号は上記①から⑤までのAQIを表すが，②③については，②-1外部の監査品質モニタリング結果，②-2内部の監査品質モニタリング結果，③-1監査実務への投資，③-2スタッフへの投資と細分化している。また表中の網については，濃い網は定量情報と定性情報双方の開示，中濃の網は定量情報のみの開示，薄い網は定性情報のみの開示を表す。これらの判定結果は，各事務所に内容確認を求めたものではないため，作成者が異なる見解を有する可能性がある。また，これらの判定結果は，筆者が主観的に判断したものであるため，ほかの読者が異なる心証を有する可能性がある。

ある。第2に，③-1「監査実務」への投資や④「投資家との対話」といったAQIは定性情報が主であるため，客観的な比較評価は困難である。第3に，定量情報を伴う開示であっても，②-2「内部の監査品質モニタリング」や③-2「スタッフへの投資」といったAQIは，内部検査の方法や研修の内容そのものが監査事務所間で異なるため，単純な数値比較は意味をなさない。横断比較可能な項目があるとすれば，同一の外部機関が検査やモニタリングの主体である①「外部による調査」および②-1「外部の監査品質モニタリング結果」である。ただしこれについても，すべての監査事務所に同時一斉に外部検査が行われるわけではないため，外部検査のトレンドが変わるタイミングでは，情報の評価に慎重になる必要がある。最後に，⑤「スタッフを対象としたアンケート調査」については，PRGにより奨励質問が大方決まっているものの，アンケート調査の実施が年次なのか各年なのか，回答方法は5段階評価か3段階なのか，回答結果をすべて開示するのか好反応のみの回答を開示するのかなど，一様かつ網羅的な比較は容易ではない。

3 アメリカにおけるTRの内容とAQI

(1) TRおよびAQIにかかる取組み

2008年10月，アメリカの財務省（the Department of the Treasury）により監査プロフェッションに対する調査を行うよう指名されたAdvisory Committee on the Auditing Professionは，その調査結果を最終報告書（DOT, 2008）の形で公表した。そのなかには，監査プロフェッションが強固で活気ある発展を持続的に遂げるための勧告（recommendation）として，TRおよびAQIに関連する以下の勧告が示されている。

・【第Ⅷ章勧告3】PCAOBに対し以下を勧告。監査人，投資家，公開会社，監査委員会，取締役会，学者ほかと協議のうえ，重要なAQIを開発することが実現可能であるか，そして監査事務所にそれら指標

を開示させることが有効であるかを見定めること。また，AQIの開発および開示が実現可能であるとすれば，PCAOBがそれら指標をモニターすること（DOT, 2008, VIII:14）

・【第VII章勧告7】PCAOBに対し以下を要求するよう勧告。2010年から，大規模監査事務所に対して，(a)2006年法定監査指令Article 40 (Transparency Report)で要求されている情報（ただし，PCAOBが適切と考えたものに限る），(b)本報告書の第VIII章勧告3に従いPCAOBが見定めた重要なAQIとその有効性について記載した年次報告書を作成し公開させること。さらに2011年からは，大規模監査事務所に対して，公開はしないものの守秘の範囲で監査済財務諸表を提出させること（DOT 2008, VII: 20）

これら勧告を受けて，PCAOBはAQIプロジェクトを開始し，複数の利害関係者との対話を重ねるとともに，AQIや監査の透明性向上にかかる国際動向のレビューを行った。そして2015年7月，Concept Release on Audit Quality Indicatorsを公表し，そのなかでAQI候補計28個を提示した（PCAOB, 2015）。なお，アメリカではPCAOBとは別に，CAQもまたAQI開発に着手しており，PCAOBが提示したAQIとオーバーラップするものの，CAQ独自のAQIを提示している（CAQ, 2014）。

(2) 大手監査事務所によるTRおよびAQI開示の実務

2016年時点において，アメリカのBig 4は，年次で2タイプの報告書を公開している（図表9-4）。1つは「TR」であり，もう1つは監査事務所ごとに呼称を異にする「監査品質報告書」である。前者のTRがEU規制市場に譲渡可能証券を発行する企業を監査するためにEU規制上，アメリカの監査事務所にも公開が要求されるものであるのに対し，後者の監査品質報告書は各監査事務所による任意の取組みによって公開されているものである。

監査品質報告書が任意開示された背景には，監査委員会のモニタリング機能に対する社会的期待の高まりがある。アメリカでは2002年のSOX法

■ 図表9-4　アメリカのBig 4が公開している2016年度版TRおよび監査品質報告書

<table>
<tr><th colspan="2"></th><th>PwC US</th><th>Deloitte US</th><th>KPMG US</th><th>EY US</th></tr>
<tr><td rowspan="2">TR</td><td>表題</td><td>Pricewaterhouse CoopersLLP, 2016 Transparency Report</td><td>Deloitte US 2016 Transparency Report</td><td>KPMG LLP Transparency Report 2016</td><td>Transparency Report 2016</td></tr>
<tr><td>頁数</td><td>12</td><td>24</td><td>24</td><td>23</td></tr>
<tr><td rowspan="2">監査品質報告書</td><td>表題</td><td>Our focus on audit quality 2016</td><td>US Audit Quality Report. Our responsibility, our commitment</td><td>Our Investment in Audit Quality</td><td>Our commitment to audit quality. Information for audit committees, investors and other stakeholders</td></tr>
<tr><td>頁数</td><td>36</td><td>20</td><td>24</td><td>24</td></tr>
</table>

出所：PwC US（2016a）；PwC US（2016b）；Deloitte US（2016a）；Deloitte US（2016b）；KPMG US（2015）；KPMG US（2016）；EY US（2016a）；EY US（2016b）．

の制定により，監査委員会が監査人を監督し，財務報告の正確性に責任を負うことが明確化された。監査委員会と監査人との間でのコミュニケーションを促す規制当局の働きかけもあり，監査委員会から監査人に対して，監査品質に関する情報需要が高まった結果，監査事務所側の対応として監査品質報告書の任意開示につながったものと推察される。このような報告書の性質上，監査品質に関する各監査事務所の姿勢や主体的取組み等のAQI情報は，相対的にTRよりも監査品質報告書の方で充実している傾向がある。図表9-5は，PCAOBが提示した上述の28個のAQIに照らして，監査品質報告書の記載内容を一覧にしたものである。

　TRの強制公開が制度化されている英国に対して，アメリカではPCAOBによりAQI候補が提示されているとはいえ，それらは依然Concept Release段階にある暫定的なものである。このため，図表9-5のとおり，監査品質報告書のなかで開示するAQIについては，監査事務所により対応が異なる。監査事務所によって開示しているAQIもあれば，

Big 4のいずれも開示していないAQIもある。具体的には，監査人に属するAQIと監査プロセスに属するAQIについては，説明しやすいためか開示が進んでいる。一方，アウトプットである監査結果に属するAQIについては開示が乏しく，監査事務所が開示に慎重姿勢をとっている可能性がある。このように開示がそろわないAQIについて，監査事務所間の横断比較が困難であることはもちろん，Big 4のすべてが開示しているAQIであっても，開示情報の性質や開示の充実度に差があることから，英国同様に横断比較は困難である。

■図表9-5　2016年版監査品質報告書で開示されているアメリカBig 4のAQI

		AQI No.	PwC US	Deloitte US	KPMG US	EY US
監査人	Availability	1 Staffing Leverage	●	●		●
		2 Partner Workload	●			●
		3 Manager and Staff Workload	●	●		●
		4 Technical Accounting and Auditing resources	●		●	●
		5 Persons with Specialized Skill and Knowledge	●	●	◐	●
	Competence	6 Experience of Audit Personnel	●	●	●	●
		7 Industry Expertise of Audit Personnel				
		8 Turnover of Audit Personnel	●			
		9 Amount of Audit Work Centralized at Service Centers	●		●	
		10 Training Hours per Audit Professional	●	●	●	●
	Focus	11 Audit hours and Risk Areas				
		12 Allocation of Audit Hours to Phases of the Audit				

			PwC	Deloitte	KPMG	EY
監査プロセス	Tone at the Top & Leadership	13 Results of Independent Survey of Firm Personnel	■		■	■
	Incentives	14 Quality Ratings and Compensation	▨	▨		▨
		15 Audit Fee, Effort, and Client Risk				
	Independence	16 Compliance with Independence Requirements	■		▨	■
	Infrastructure	17 Investment in infrastructure Supporting Quality Auditing	▨	■		
	Monitoring & Remediation	18 Audit Firm's Internal Quality Review Results	■	▨	■	■
		19 PCAOB inspection Results	■	■	■	■
		20 Technical Competency testing				
監査結果	Financial Statements	21 Frequency and Impact of Financial Statement Restatements for Errors	■	■	■	■
		22 Fraud and other Financial Reporting Misconduct				
		23 Inferring Audit Quality from Measures of Financial Reporting Quality	▨			
	Internal Control	24 Timely Reporting of Internal control Weaknesses				
	Going Concern	25 Timely Reporting of Going Concern Issues				
	Communications between Auditors & Audit Committee	26 Results of Independent Surveys of Audit Committee Members			▨	
	Enforcement & Litigation	27 Trends in PCAOB and SEC Enforcement Proceedings				
		28 Trends in Private Litigation				

出所：PwC US (2016b)；Deloitte US (2016b)；KPMG US (2015)；EY US (2016b)。
付記：表中番号は，PCAOB提示のAQIを表す（PCAOB 2015,13）。また表中の網かけについては，濃い網かけは定量情報と定性情報双方の開示，薄い網かけは定性情報のみの開示，無色は該当情報のないことを表す。これらの判定結果は，各事務所に内容確認を求めたものではないため，作成者が異なる見解を有する可能性がある。また，これらの判定結果は，筆者が主観的に判断したものであるため，ほかの読者が異なる心証を有する可能性がある。

4 日本における監査品質に対する取組みを説明する報告書の内容とAQI

(1) 監査品質に対する取組みを説明する報告書公開にかかる近時の取組み

　2016年12月15日，金融庁は「監査法人の組織的な運営に関する原則」（監査法人のガバナンス・コード）（案）を公表し，2017年3月31日に最終化されたコードが公表された。このうち指針5－1では，以下の記載とともに監査品質に対する取組みを説明する報告書の例としてTR等への言及がある。

　「5－1．監査法人は，被監査会社，株主，その他の資本市場の参加者等が評価できるよう，本原則の適用の状況や，会計監査の品質の向上に向けた取組みについて，たとえば「透明性報告書」といった形で，わかりやすく説明すべきである。」。

　監査法人のガバナンス・コードは，先行する英国やオランダの事例も参照しつつ，日本の監査法人における監査品質向上の取組みを促進させることを意図している。コード制定後は，実務に具体的な運用が委ねられ，検討や改善が進むことになるが，その過程では，監査品質に対する取組みを説明する報告書の在り方の社会的な議論も行われるだろう。

　同コードが公表されるまで，日本では英国やアメリカのように，監査品質に対する取組みを詳細に説明する報告書の公開は求められていなかったが，監査法人の任意の取組みとして，コード（案）が公表される1年前の2015年12月にはすでに，PwCあらた有限責任監査法人（以下，PwCあらたという）が監査品質に対する取組みをわが国の言葉で主体的に説明するわが国初の報告書として「監査品質に関する報告書 Transparency Report 2015」を公開していた。そして翌2016年には，PwCあらたに加えて，9月にあずさ監査法人（以下，KPMGあずさという），12月に有限責任監査法人トーマツ（以下，Deloitteトーマツという）が，2017年1月には

新日本有限責任監査法人（以下，EY新日本という）がそれぞれ報告書を公開し，大手監査法人が足並みをそろえる状況となっている（図表9-6）。

■ 図表9-6　わが国大手監査法人の2015年版および2016年版監査品質に関する報告書

		PwCあらた	Deloitteトーマツ	KPMGあずさ	EY新日本
2015年版	表題	監査品質に関する報告書/Transparency Report 2015	—	—	—
	頁数	36	—	—	—
	主要目次	1．PwCあらたを取り巻く環境とその役割 2．当法人のミッションガバナンスと組織 3．品質管理 4．PwCネットワークについて 5．財政状況及び経営成績 6．上場会社等被監査会社リスト	—	—	—
2016年版	表題	監査品質に関する報告書/Transparency Report 2016	Tohmatsu Audit Quality Report 2016/監査品質に関する報告書2016	AZSA Quality 2016～監査品質向上への取組～	監査品質に関する報告書
	頁数	50	56	50	66
	主要目次	1．PwCあらたを取り巻く環境とその役割 2．当法人のミッション 3．ガバナンスと組織 4．PwCあらたの監査と品質管理 5．外部機関による検査等 6．被監査会社等からのフィードバックによる改善 7．PwCネットワークについて 8．財政状況及び経営成績 9．上場会社等被監査会社リスト	・エグゼクティブサマリー ・包括代表メッセージ ・監査事業本部長メッセージ ・監査チーム ・監査品質推進 ・監査イノベーション ・グローバル監査 ・品質管理体制 ・人材育成 ・職業倫理・独立性 ・ガバナンス ・歴史・文化 ・むすびに～デロイトグループCEOより	・理事長からのメッセージ～監査品質向上への取組～ ・専務理事 品質管理統轄からのメッセージ～財務情報の信頼性を支える監査品質の追及～ ・あずさ監査法人の監査品質 Ⅰ．5つの基本理念 Ⅱ．組織体制 Ⅲ．4つのディフェンスラインによる品質管理 Ⅳ．人材育成 Ⅴ．KPMGネットワーク Ⅵ．法人概要	Ⅰ．トップメッセージ Ⅱ．ビジョン Ⅲ．EYネットワーク Ⅳ．ガバナンス Ⅴ．品質管理 Ⅵ．人材育成 ・課題と対応 ・法人概要 ・上場会社等被監査会社 ・監査法人のガバナンス・コード(案)への対応状況

出所：PwCあらた（2015）；PwCあらた（2016）；Deloitteトーマツ（2016）；KPMGあずさ（2016）；EY新日本（2017）。

コード（案）公表後に報告書を公開したEY新日本は，コード（案）の項目が報告書のどこに記載されているか参照表を添付している。コードが最終化され公表された後，各法人はコードの対応状況を改めて別途開示しているが，その内容は既存の説明資料への参照を付しているものであり，コードがAQIの開示に及ぼした変化については2017年版の報告書を待つ必要がある。

(2) 大手監査法人によるAQI開示に対する取組み

上記の状況から，現時点で公表されている日本の報告書は，各監査法人の自発的な問題意識に基づく個別の努力の成果となっている。これらを比較するため，図表9-7は，PCAOBが提示した上述の28個のAQIに照らして，報告書の記載内容を一覧したものである。また，図表9-8では，これらの報告書の一部の項目を抜粋して示している。

■図表9-7　2016年版報告書で開示されているわが国大手監査法人のAQI

AQI No.			PwC あらた	Deloitte トーマツ	KPMG あずさ	EY 新日本
監査人	（人的リソースの）利用可能性	1. スタッフの比率			●	
		2. パートナーの作業負担				
		3. マネージャー及びスタッフの作業負担				
		4. 専門的な会計及び監査のリソース	●	●	●	●
		5. 専門的な技術及び知識を有する者		●	●	●
	能力 (Competence)	6. 監査専門要員の経験				
		7. 監査専門要員の業種に関する専門的知識				
		8. 監査専門要員の交代・離職				
		9. サービスセンターで集約化される監査作業の量			●	
		10. 監査専門要員1人当たりの研修時間	●		●	
	フォーカス	11. 監査時間とリスク領域				
		12. 監査の実施段階ごとの監査時間の配分				

監査プロセス	経営者の気風とリーダーシップ	13. 監査専門要員に対する独立的な調査の結果	■	■	■	■
	動機	14. 監査品質の評価と個人の報酬・給与	░	░	░	░
		15. 監査報酬，監査労力，クライアントのリスク				
	独立性	16. 独立性に関する要求事項の遵守	■	■	■	■
	インフラストラクチャー	17. 監査の質を支えるインフラストラクチャーへの投資	░	■	■	■
	監視及び改善	18. 監査事務所による内部の品質管理レビューの結果	■	■	■	■
		19. PCAOBによる検査結果	■	■	■	■
		20. 専門能力のテスト				
監査結果	財務諸表	21. 虚偽表示による財務諸表の修正再表示の頻度と影響				
		22. 不正及びその他の財務報告の不祥事				
		23. 財務報告品質の測定指標を利用した監査品質の測定				
	内部統制	24. 内部統制の重要な不備の適時の報告				
	継続企業	25. 継続企業問題の適時の報告				
	監査人と監査委員会のコミュニケーション	26. 監査委員会メンバーに対する独立的調査結果：RISAC			■	
	執行及び訴訟	27. PCAOB及びSECによる執行活動の傾向				
		28. 民事訴訟の傾向				

出所：PwCあらた（2016）；Deloitteトーマツ（2016）；KPMGあずさ（2016）；EY新日本（2017）。

付記：表中番号は，PCAOB提示のAQIを表す（PCAOB 2015,13）。また表中の網については，濃い網は定量情報と定性情報双方の開示，薄い網は定性情報のみの開示，無色は該当情報のないことを表す。これらの判定結果は，各事務所に内容確認を求めたものではないため，作成者が異なる見解を有する可能性がある。また，これらの判定結果は，筆者が主観的に判断したものであるため，ほかの読者が異なる心証を有する可能性がある。

■ 図表9-8　2016年版報告書のAQI項目の抜粋例

8　監査専門要員の交代・離職 （PwCあらたは，4法人中，唯一これを開示した）	13　監査専門要員に対する独立的な調査の結果 （Deloitteトーマツは，好結果を報告した）
人員数の推移 人員育成に関するこれらの取り組みの他に，従業員定着のためのさまざまな施策を行うことにより，当法人設立以来，人員数は順調に増加しています。 	品質に対するメッセージ等の浸透に関するアンケートの実施 品質に対するメッセージや行動が社員および職員に浸透しているかについてのアンケートを毎年実施し，浸透状況をモニタリングするとともに，結果を次の活動につなげています。 Q. マネジメントからのコミュニケーションには，常に監査品質が最優先事項であるとのメッセージが込められているか？ 
6　監査専門要員の経験 （KPMGあずさは，4法人中，唯一これを開示した）	10　監査専門要員1人当たりの研修時間 （EY新日本は管理手法まで簡潔に説明した）
04 監査チーム 監査業務の最前線で品質を支える 監査チームは，十分な企業の理解に基づいて，主体的に監査リスクを評価し，把握されたリスクに対応する監査手続を実施することで，監査業務を遂行する責任を負っています。特に，監査上の重要な論点については，経験豊富なパートナーが中心となって，批判的かつ大局的な視点から検討を行っています。 また，監査調書の査閲を通じた監査チーム内におけるOJTと議論の活性化により，監査チームメンバーの能力向上に取り組んでいます。 常勤プロフェッショナルの職階ごとの人員数，構成割合および平均経験年数（2016年6月末現在） 		人員数	構成割合	平均経験年数
---	---	---	---
パートナー，ディレクター	651	12.7%	19.1
シニアマネージャー，マネジャー	1,118	21.9%	10.9
シニア，スタッフ	3,340	65.4%	4.1
総計	5,109	―			**研修制度** 研修メニューには，職階別に求められる能力を養う職階別研修，専門性を高めるための分野別研修や専門別研修，グローバルに活躍できる人材を養成するグローバル人材研修，プロフェッショナルとして必要な職業倫理や職業的懐疑心を高める研修，コーチングやファシリテーション等の人的スキルを向上させる研修があります。 研修の履修状況は人財開発本部が総合的に管理し，継続的専門研修制度で定められている必要な単位数を満たしているかを確認しています。研修内容は，環境の変化や構成員の多様なニーズに応じて定期的に見直されます。また，研修の質の向上を図るため，受講者アンケートを実施しています。 

　日本では独自のAQI候補の提示がないが，PCAOB提示のAQI候補を用いて分解すると，大手監査法人間でおおむね似た開示状況にあることがわかる。これは，他法人の先行事例やそれぞれが所属する国際ネットワークのメンバーファームが公開する他国のTR/監査品質報告書の先行事例等を分析しての作成・公開であったためと推察される。

　また日本でもアメリカ同様に，監査法人により開示しているAQIに差がある。図表9-7をみると，アメリカと類似の傾向として，監査プロセ

スに属するAQIは開示が比較的充実しており、監査結果に属するAQIは開示が乏しい。これは、大手4法人は属する国際ネットワークの監査メソドロジーを採用しているうえ、品質管理体制に着目した外部検査等も経ており、仕組み（プロセス）の記述が比較的容易であるからと考えられる。さらに、アメリカもそうであったように、アウトプットに関連するAQIの開示には慎重にならざるを得ず、AQI開発にかかる議論の始まっていない日本では、その開示の充実にはアメリカよりもさらに時間がかかることになろう。

他方、アメリカと異なる傾向として、日本では監査人に属するAQIの情報開示が乏しい。今後開示すべきAQIの議論が進めば、いまより比較可能性が向上するかもしれない。ただし、事務所全体の総人数といった定量情報の単なる比較は個別の監査現場とは関係が薄く、あまり意味をなさないかもしれない。むしろ、パートナーを筆頭に組成される監査チームの人数や専門性、経験といった要素、その組み合わせによる優良なチームの組成、そして、そうしたチームを支援する事務所全体の体制といった情報が重要ではないかと思われる。いずれにせよ、いかなる情報が有用か、それらをどのような形で開示するのかは今後の各法人の努力によって改善がみられるであろう。

(3) PwCあらたの経年変化

これまで述べてきたとおり、AQIを監査事務所間で横断比較することは開示情報の性質や開示の充実度に差があることから現時点ではあまり意味がないように思われる。

では、同一監査事務所での経年変化はどうであろうか。図表9-9は、筆者が所属する監査事務所であり、本章の執筆時点においてわが国で唯一報告書を2年連続公開しているPwCあらたについて、PCAOBが提示した上述の28個のAQIを一覧したものである。

■ 図表9-9　PwCあらたの経年変化

AQI No.			2015年版TR	2016年版TR
監査人	（人的リソースの）利用可能性	1. スタッフの比率		
		2. パートナーの作業負担		
		3. マネージャー及びスタッフの作業負担		
		4. 専門的な会計及び監査のリソース	■	■
		5. 専門的な技術及び知識を有する者	■	□
	能力（Competence）	6. 監査専門要員の経験		
		7. 監査専門要員の業種に関する専門的知識		
		8. 監査専門要員の交代・離職		■
		9. サービスセンターで集約化される監査作業の量		
		10. 監査専門要員1人当たりの研修時間		■
	フォーカス	11. 監査時間とリスク領域		
		12. 監査の実施段階ごとの監査時間の配分		
監査プロセス	経営者の気風とリーダーシップ	13. 監査専門要員に対する独立的な調査の結果		■
	動機	14. 監査品質の評価と個人の報酬・給与	□	□
		15. 監査報酬，監査労力，クライアントのリスク		
	独立性	16. 独立性に関する要求事項の遵守	■	■
	インフラストラクチャー	17. 監査の質を支えるインフラストラクチャーへの投資	□	□
	監視及び改善	18. 監査事務所による内部の品質管理レビューの結果	■	■
		19. PCAOBによる検査結果	■	■
		20. 専門能力のテスト		
監査結果	財務諸表	21. 虚偽表示による財務諸表の修正再表示の頻度と影響		
		22. 不正及びその他の財務報告の不祥事		
		23. 財務報告品質の測定指標を利用した監査品質の測定		
	内部統制	24. 内部統制の重要な不備の適時の報告		
	継続企業	25. 継続企業問題の適時の報告		
	監査人と監査委員会のコミュニケーション	26. 監査委員会メンバーに対する独立的調査結果：RISAC		
	執行及び訴訟	27. PCAOB及びSECによる執行活動の傾向		
		28. 民事訴訟の傾向		

出所：PwCあらた（2015）；PwCあらた（2016）。

付記：表中番号は，PCAOB提示のAQIを表す（PCAOB 2015,13）。また表中の網については，濃い網は定量情報と定性情報双方の開示，薄い網は定性情報のみの開示，無色は該当情報のないことを表す。これらの判定結果は，作成者に内容確認を求めたものではないため，作成者が異なる見解を有する可能性がある。また，これらの判定結果は，筆者が主観的に判断したものであるため，ほかの読者が異なる心証を有する可能性がある。

上図のPCAOB目線での比較をするといくつかの変化が見られる。変化は，AQI 5（専門的な技術及び知識を有する者）の開示情報の性質変化，AQI 8（監査専門要員の交代・離職），AQI 10（監査専門要員1人当たりの研修時間）およびAQI 13（監査専門要員に対する独立的な調査の結果）の新規開示という人に関わる開示の追加である。

　監査法人の側では，1年目から2年目の間に，少なくとも2つの本質的な気付きがあった。初年度開示の後，第1の気付きとして，PwCあらたはさまざまな「ステークホルダーからのフィードバック」を得た。特徴的であったのは，ストーリーや起承転結を求める声や，企業に迎合せず監査法人の独立した立場や客観的な知見の価値を主張すべきとの声である。またこうしたフィードバックを受けるなかで，第2の気付きは「監査法人の内部」から生じた。PwCあらたは，「仕組み」の説明をしても，誰がそれを担っているのか，どうやって魂を入れているのかの「人」に関する説明をしないと対外的な説明をするうえで説得力がないことを実感した。

　これらを踏まえて2年目の報告書（2016年版）が刊行された。1年目の報告書において少なかった人材への説明が大幅に増加した。監査法人経営において人材の重要性を改めて認識した結果が，人材を中心にした報告書の再編と，従業員に対する独立的な調査の結果（従業員満足度）や退職率の開示へ自然とつながった。開示された従業員満足度や退職率は従業員やその家族の目にも触れるため，いままで以上に従業員満足度と退職率に配慮した経営へと配慮がむかうことになり，監査法人経営へ緊張感を与えることになろう。さらに，次年度における従業員満足度と退職率の開示は，過去1年間の諸施策の評価を表すことになり，人材に対する取組みがストーリーとして表現されることになろう。

　従業員満足度調査の質問項目は多数にわたり，図表9-10のように報告書においても全体的な満足度および監査品質に関する個別質問の調査結果の一部を開示している。このなかには，「私たちは，サービスの品質に関する明確な基準を定めています。」といった全体の方針に関する現場の認知度を問う質問に加え，「私の上司・先輩たちは，クライアントに品質の

■ 図表9-10　従業員満足度調査の開示（PwCあらた（2016））

従業員調査結果の概要

質問内容	2015年度	2016年度
PwCで勤務する際の全体的な満足度		
ピープル・エンゲージメント・インデックス	59%	63%
品質に関する個別質問（抜粋）		
私たちは，サービスの品質に関する明確な基準を定めています。	60%	67%
私の上司・先輩たちは，クライアントに品質の高いサービスを提供するために，部門を超えた協力的な行動を推奨されています。	64%	69%
私は，クライアントに対して品質の高いサービスを提供するために，新しい方法やより良い方法を考えることが推奨されています。	70%	74%

※各設問に対して，5段階評価のうち4『そう思う』以上とした回答者の割合

高いサービスを提供するために，部門を超えた協力的な行動を奨励しています。」のように，監査品質に取り組むために部門横断的に知見を有する人材と連携し，最適な成果を得るような現場レベルでの促しが，日常業務のなかで具体的な行動として浸透しているかどうかを問う質問が含まれている。さらに，「私は，クライアントに対して品質の高いサービスを提供するために，新しい方法やより良い方法を考えることが推奨されています。」のように他人からアドバイスをもらうだけでなく，自ら新しい方法やよりよい方法を考えることを促し，個人の創造性を踏まえた職業的懐疑心等の発揮を現場が尊重しているかどうかを問う質問も含まれている。

　監査法人の内部においては，個別質問に対する結果と全体的な満足度との科学的な関係性が統計解析されて，優先順位の高い指標に働きかける施策を部門別に実施し，経営執行部から各部門に所属するパートナーたちが改善の様子を定点観測し，日本のほかの企業の状況や他国のメンバーファームの状況と比較しながら，仮説と検証を繰り返しているが，そうした様子も開示しないと，監査品質につなげる様子がすべて伝わらないかもしれない。これは報告書の全体的なバランスを見ながら将来の課題として検討したい。

　また，定性的な記述の増強であるが故に「2年目の変化」として図表9

-9に明示的に表現されているものではないが，PwCあらた（2016）のあちこちに細かな改善が施されている。ダイバーシティも実現した新しい経営陣の様子は，各メンバーの「顔」や役割をより具体的に示している（p.13）。執行部が主体的に関与する審査会と経営委員会の関係は，1つの図に視覚的に整理されている（p.8）。さまざまな監査品質向上の取組みの説明も充実し，現在のPwCあらたに必要な第三者の知見を取り入れるために設置された公益監督委員会（p.14）や，当時新しく品質保全の仕組みとして導入した品質管理本部が監査チームと双方向のコミュニケーションを図るリーチアウト活動（p.41），各種点検において発見された問題の根本原因分析を行う新しい構造的な取組み（p.43）などが示されている。

5 監査品質に対する取組みを説明する報告書とステークホルダーとの対話

　監査品質に対する取組みを説明する報告書に関しては，英米日において監査事務所による任意公開の取組みから始まり，英国においてはすでに強制公開の制度化や公開されたTRに対して規制監督主体のレビューがなされている。またそのなかで開示されるAQIについては，英国では法令による開示項目の明示に加え，大手監査事務所間での合意に基づく記載項目の統一化の動きがある。アメリカでは規制監督主体により開示項目が開発されているところだ。本章では，開示されたAQIを情報の性質から一覧したが，開示情報の性質や開示の充実度の差から，横断比較はまだまだ困難な状況である。今後，横断比較を目的に開示情報の均質化を目指す動きもありうるが，無理に単純な均質化を目指すと，監査品質に対する取組みを説明する報告書は単なるデータブックと化し，AQIも無味乾燥なデータとなり，前後や因果や優先劣後の関係がわからなくなり，ひいてはステークホルダーをミスリードする危険もある。

　他方でAQIのなかには着眼点のよいものも少なくない。そして，通常の会社経営と同様に，監査法人経営においても，改善を行う意図をもった行動が，一時的にAQIを悪化させたり，あるいは実質的な変化が見えに

くかったりすることがあるだろうし，手段と結果の関係にあるAQIが入れ替わることもあるだろう。このあたりは，読み手の目線にあわせた説明が重要になるだろう。

　横断比較を目的に単に均質的なデータを並べるのではなく，監査品質とその改善に向けた個別の努力過程を説明するストーリーブックとして機能するようになれば，監査品質に対する取組みを説明する報告書はステークホルダーと監査事務所との対話を促す強力な補助ツールとなりえる。補助ツールを用いたうえでの対話は，さまざまな気づきを監査法人にもたらし，また監査法人へ品質改善の努力を促すインセンティブを与える可能性がある。

〈参考文献〉

BDO UK (2016), *Transparency Report 2016*.

Center for Audit Quality (CAQ) (2014), *CAQ Approach to Audit Quality Indicators*, April.

Co-ordinating Group on Audit and Accounting Issues (CGAA) (2003), *Final Report to the Secretary of State for Trade and Industry and the Chancellor of the Exchequer*, January 29.

Deloitte UK (2016), *Deloitte LLP Audit Transparency Report 2016*.

Deloitte US (2016a), *Deloitte US 2016 Transparency Report*.

Deloitte US (2016b), *US Audit Quality Report. Our responsibility, our commitment*.

EY UK (2016a), *Transparency Report 2016*-Volume1.

EY UK (2016b), *Transparency Report 2016*-Volume 2.

EY US (2016a), *Transparency Report 2016*.

EY US (2016b), *Our commitment to audit quality. Information for audit committees, investors and other stakeholders*.

Federation of European Accountants (FEE) (2016), *Overview of Audit Quality Indicators Initiatives, Update to December 2015 edition*, July.

Financial Reporting Council (FRC) (2015), *Transparency Reporting by Auditors of Public Interest Entities: Review of Mandatory Reports*, March.

Grant Thornton UK (GT) (2016), Grant Thornton UK LLP. *Transparency Report*

2016. *Quality, Ethics and Excellence.*

KPMG UK（2016）, *A clear insight, UK Annual Report 2016*（including the Transparency Report）.

KPMG US（2015）, *Our Investment in Audit Quality.*

KPMG US（2016）, *KPMG LLP Transparency Report 2016.*

Professional Oversight Board（POB）(2009）, *Transparency Reporting by the Largest UK Audit Firms Commentary on 2008 Reports*, June.

POB（2010）, *Transparency Reporting by Auditors of Public Interest Entities: Review of Mandatory Reports*, May.

Public Company Accounting Oversight Board（PCAOB）(2015), Concept Release on Audit Quality Indicators（PCAOB Rulemaking Docket Matter No. 041）, July 1.

PwC UK（2016）, *Building trust through assurance, Transparency Report.*

PwC US（2016a）, *PricewaterhouseCoopers LLP, 2016 Transparency Report.*

PwC US（2016b）, *Our focus on audit quality 2016.*

The Department of the Treasury（DOT）(2008）, *Final Report of Advisory Committee on the Auditing Profession*, October 6.

PwCあらた監査法人（2015）,「監査品質に関する報告書―Transparency Report 2015―」.

PwCあらた有限責任監査法人（2016）,「監査品質に関する報告書―Transparency Report 2016―」.

あずさ監査法人（2016）,「AZSA Quality 2016―監査品質向上への取組―」.

金融庁（2017）,「監査法人のローテーション制度に関する調査報告（第一次報告）」7月20日.

新日本有限責任監査法人（2017）,「監査品質に関する報告書」.

有限責任監査法人トーマツ（Deloitteトーマツ）（2016）,「Tohmatsu Audit Quality Report 2016―監査品質に関する報告書2016―」.

第10章

監査品質の指標(AQI)の利用に向けて

本書では，アメリカをはじめ諸外国において検討が進められているAQIに関する動向，およびアメリカのPCAOBが提案している28項目のAQIを中心に，AQIの背景となる先行研究・調査等の検討を行ってきた。また，第8章では，わが国における監査人の選任に関する法規および基準等の概要，第9章では，諸外国の大手監査事務所が公表している透明性報告書の記載動向の実態について論じてきた。
　本書における検討で明らかになったのは，PCAOBの提案する28項目等のすべてではなくとも，すでにAQIはさまざまな形で開示されてきているということである。それらの多くは，監査の品質を考えるうえで重要な事項であることから，従前より学術的な研究が重ねられてきている。そうした学術的な研究の基礎のうえに，制度的な提案がされていることに留意する必要がある。第1章でも述べたように，わが国においても，わが国の監査環境を基礎とした研究が進められ，それに基づくAQIの導入の可否が論じられなければならない。

　そうしたなかで，わが国においては制度的にみても，AQIの導入を検討が求められるタイミングを迎えているように思われる。
　1つには，2017年3月に監査法人のガバナンス・コードが公表され，それに基づいて，コードの採用を表明した監査法人によって，透明性報告書が公表されてきていることである。各監査法人の透明性報告書は，それぞれにまだ試行錯誤の段階にあるのかもしれないが，定性的な説明だけでは読者に対して十分な比較可能性を提供されないおそれがある。
　現在，わが国の監査法人から公表されている透明性報告書では，ITへの取組みや，グローバルなネットワーク，監査の品質に対する取組みの強化等を強調しているものがある。しかしながら，これらは力の入れ方の差異があるにしても，多くの法人ではかなり共通した取組みが進められているともいえよう。
　それに対して，たとえば，監査事務所レベルのAQIとして，監査事務所に所属する公認会計士および他の資格保有者等の人数，それらの人々の

監査業務の経験年数や担当業種，IT投資の状況や専門家の配置の状況，監査事務所における継続専門研修の内容や時間，あるいは，公認会計士・監査審査会による検査および日本公認会計士協会による品質管理レビューの指摘事項や監査事務所内部での内部監査の結果等については，透明性報告書への記載事項として，すぐにも検討することができる事項ではなかろうか。

　また，もう1つの動向としては，2017年10月に企業会計審議会監査部会において審議が開始された監査報告書の改革の議論がある。PCAOBのAQIの提案は，監査事務所レベルとともに，多くの項目は監査契約レベルでの開示が想定されている。これに対応するには，監査報告書の拡充の議論は大きな契機となり得るように思われる。実際，韓国では，会計不正への対応の一環として，監査報告書の添付書類において監査業務の段階ごとの監査時間を開示している。

　たとえば，各監査報告書の添付書類として，当該監査に関与した監査法人の継続監査期間や監査報酬，監査時間はもちろんのこと，担当監査チームにおける公認会計士とスタッフの比率や専門家の利用状況，それらの人々の当該契約への継続関与期間やこれまで経験してきた業種等，グローバルなネットワークに属する海外事務所の業務の利用状況，あるいは，監査事務所の審査においていかなる指摘事項があったのか等については，監査報告書の添付書類として盛り込むことを検討することもできるであろう。

　このように考えてくると，わが国においてもAQIの議論は十分に現下の課題ということができるのである。

　他方で，上記のような監査事務所レベルおよび監査契約レベルでのAQIを開示することについては，種々議論があることはわれわれも承知している。あるいは，そもそも一律にAQIを開示すること自体について，否定的な見解もあろう。

　たしかに，PCAOBの提案のうち，AQIを開示するために新たに監査事務所内の意識調査を実施するような項目については，本書の検討において

も，必ずしも肯定的な見解は示されなかった。また，継続企業の前提にかかる監査や内部統制監査に関して，外部に開示されない項目をAQIとして取りまとめて開示することについても，実施に移すには多くの課題があるように思われる。

　しかしながら，すでに監査事務所における品質管理または人事管理の資料として把握されている情報であれば，単に数値のみを開示するのではなく，誤解の生じないように定性的な説明を付して開示することを厭うべきではないのではなかろうか。AQIによってなにがわかるのか，というのは，開示する側が議論する問題ではなく，読者たる監査役等または資本市場における投資者たちが判断すべき問題であろう。

　実際に，監査役等が監査人から得られる情報として，現行の会社計算規則第131条によって求められている会計監査人の職務遂行に関する事項の通知では到底不十分であろうし，それ以外にも，監査役等とのコミュニケーションのなかで情報は提供されているといっても，監査人によってその程度に差異が生じるおそれもある。

　仮に，監査人の交代を検討する場合に，大企業であれば，監査人からの見積りや説明資料を要請するための専門性と交渉力を有していると解されるが，それ以外の企業においては，かなりの部分を公表資料を基に判断せざるを得ない状況にある。

　また監査法人が公表する透明性報告書の目的は，その名の通り，監査法人のガバナンス・コードにおいて求められた監査法人の品質管理および経営管理体制状況の透明化を図ることにある。また，監査報告書の改革の視点は，従来の監査業務がブラックボックス化していることについて透明化を図ること，すなわち，無限定適正意見といっても，かかる意見には一定の幅があると考えられるため，そこに到達するまでに監査人が重要と考えて対応した事項（監査上の重要な事項：Key Audit Matters）を監査報告書に記載させようとすることにある。そうであるならば，監査事務所レベルおよび監査契約レベルにおいて，AQIを利用して監査の品質に関する十分な説明を図ることは，それらの監査制度改革の議論と軌を一にする問

題であろう。

　もちろん，すべてのAQIをなんの議論もなく，海外の動向を受け入れて開示すべきというのではない。

　第1に，監査法人のガバナンス・コードが金融庁の主導のもとで導入されたのに対して，透明性報告書における開示項目としてのAQIの議論は，自主規制機関たる日本公認会計士協会において主導して行われるべきであろう。

　個別の監査業務におけるAQIについても，監査報告書の添付書類において開示するならば公的規制が必要となるが，まずは監査役等とのコミュニケーションのための文書における開示項目とするならば，自主規制の範疇で対応することも十分可能である。

　第2に，本書で示した学術的な検討をそれらの議論に活用する必要があろう。わが国の監査環境において，いかなるAQIが重要性を有し，他方でいかなるAQIが誤解を招くおそれがあるのかについて，海外の先行研究を踏まえつつ，わが国の監査研究の成果を基礎として議論を進める必要がある。

　本書における検討が，関係者におけるそれらの動向の検討に幾何かでも寄与するものであることを願うものである。また，多くの監査研究者，なかでも若手の研究者の諸君が，本書の検討を基礎として，制度および先行研究・調査等の適切な理解の上に立って，さらなるAQIないし監査の品質の研究に取り組まれることを期待したい。

報告書索引

国際機関

証券監督者国際機構(IOSCO)
Consultation Report: Transparency of Firms that Audit Public Companies ……… 12
Transparency of Firms that Audit Public Companies ……… 49
コンサルティングレポート ……… 12

日 本

金融庁
会計監査の在り方に関する懇談会による提言「会計監査の信頼性のために」……… 4

大手監査法人
AZSA Quality 2016～監査品質向上への取組～(KPMGあずさ) ……… 301
Tohmatsu Audit Quality Report 2016／監査品質に関する報告書2016(Deloitteトーマツ) …… 301
監査の品質指標を議論するための資料(Audit Quality : An IAASB Perspective) ……… 47
監査品質に関する報告書／Transparency Report 2015(PwCあらた) ……… 301
監査品質に関する報告書／Transparency Report 2016(PwCあらた) ……… 301
監査品質に関する報告書(EY新日本) ……… 301
「監査法人のローテーション制度に関する調査報告(第一次報告)」……… 4
監査法人のローテーション制度に関する調査報告(第一次報告)の公表について ……… 288
監査役等から会計監査人に対する質問例 ……… 264

アメリカ

公開会社会計監督委員会(PCAOB)
Release No. 2015-005: Concept Release on Audit Quality Indicators ……… 40, 41
SAG Meeting from June 24 - 25, 2014 Initiatives to Improve Audit Quality-Root Cause
　Analysis, Audit Quality Indicators, and Quality Control Standards ……… 28
SAG Meeting from June 24 - 25, 2014 Usage of Audit Quality Indicators ……… 28
SAG Meeting from November12 -13, 2015 Summary of SAG Breakout Discussions ……… 31
SAG Meeting from November12-13, 2015 Audit Quality Indicators Discussion Presentation … 31
SAG Meeting from November12-13, 2015 SAG Meeting Update on Audit Quality Indicators・31
SAG Meeting from November14, 2013 Audit Quality Indicators Update ……… 27
Standing Advisory Group Meeting Discussion — Treasury Advisory Committee's
　Recommendation Relating to the Feasibility of Developing Key Indicators of Audit Quality
　and Effectiveness ……… 19
Standing Advisory Group Meeting Discussion-Audit Quality Indicators ……… 21
Concept Release: Audit Quality Indicators, PCAOB Release No. 2015-005 ……… 6, 29
Rulemaking Docket Matter No. 37: Concept Release on Auditor Independence and Audit
　Firm Rotation ……… 5
コンセプト・リリース「監査の品質指標」……… 6, 29
監査事務所の強制的交代制に関連するコンセプト・リリース ……… 5

監査品質センター(CAQ)
"Audit Committee Roundtable on Audit Quality Indicators Discussion Hightlights" …… 34, 40, 41

319

CAQ Approach To Audit Quality Indicators ··· 269
「CAQのAQIへのアプローチ」·· 269
External Auditor Assessment Tool ·· 270
"New Report Highlights Efforts on Audit Quality Indicators and Explores the Path Ahead" ······· 38
The CAQ Approach to Audit Quality Indicators ······································· 35, 40, 41
「外部監査人評価ツール」·· 275
「監査品質指標―途中経過及び今後の方向性」·· 38

Big 4
PricewaterhouseCoopersLLP,2016 Transparency Report ····································· 293
Deloitte US 2016 Transparency Report ··· 293
KPMG LLP Transparency Report 2016 ·· 293
Transparency Report 2016 ·· 293
Our focus on audit quality 2016（PwC US）·· 293
US Audit Quality Report. Our responsibility, our commitment（Deloitte US）············ 293
Our Investment in Audit Quality（KPMG US）·· 293
Our commitment to audit quality. Information for audit committees, investors and other stakeholders（EY US）··· 293

その他
Final Report of the Advisory Committee on the Auditing Profession to the U.S. Department of the Treasury ·· 18

英　　国

英国財務報告評議会（FRC）
The Audit Quality Framework ·· 53
The Statutory Auditors（Transparency）Instrument 2008（POB）························ 290
「監査品質の枠組み」·· 11

オーストラリア・ニュージーランド

オーストラリア・ニュージーランド勅許会計士協会（CAANZ）
Clearer Transparency ··· 57

オランダ

オランダ勅許会計士協会（NBA）
Disclosure of Audit Quality Factors ··· 59
Practice Note: Disclosure of Audit Quality Factors ·· 12
「実務指針　監査品質要因の開示」··· 12

カナダ

カナダ公共会計責任委員会（CPAB）
Audit Quality Indicators: In Search of the Right Measures ··································· 61

シンガポール

シンガポール会計企業規制機関（ACRA）
Audit Quality Indicators（AQIs）Disclosure Framework ····································· 12
「AQIの開示の枠組み」·· 12

用語索引

A〜Z

AQI（➡「監査品質の指標」）参照
ACRA（➡「シンガポール会計企業規制機関」）参照
Big 4［アメリカ］のAQI ……………… 288
Big 4［アメリカ］の2016年度版TR ……… 297
CAANZ（➡「オーストラリア・ニュージーランド勅許会計士協会」）参照
CAQ（➡「監査品質センター［アメリカ］」）参照
Continuing Professional Development ……… 121
Coordinating Group on Audit and Accounting Issues ……………… 289
CPAB（➡「カナダ公共会計責任委員会」）参照
FAOA（➡「スイス連邦監査監督機構」）参照
FEE（➡「ヨーロッパ会計士連盟」）参照
FRC（➡「英国財務報告評議会」）参照
NBA（➡「オランダ勅許会計士協会」）参照
PCAOB及びSECによる執行活動の傾向（Trends in PCAOB and SEC Enforcement Proceedings）……………… 219
PCAOBによる検査結果（PCAOB Inspection Results）……………… 167
PwCあらたの経年変化 ……………… 305
SAG（➡「常設諮問会議」）参照
SECの執行活動パターンと独立性の外観規制 ……………… 223
Standing Advisory Group ……………… 7
Those Charged with Governance ……………… 10

あ

一般公開型（のAQI）……………… 248
英国Big 6が公開している2016年度版TR … 292
英国Big 6のAQI ……………… 294
英国財務報告評議会（FRC）……………… 11
オーストラリア・ニュージーランド勅許会計士協会（CAANZ）……………… 58
大手監査法人［日本］のAQI ……………… 302
大手監査法人［日本］の監査品質に関する報告書 ……………… 301
オランダ勅許会計士協会（NBA）……… 12

か

会計監査人の評価・選定基準項目例 ……… 263
開示すべき重要な不備の報告状況 ……… 202
開示方法に基づくAQIの分類 ……… 243
「外部監査に関する法律」［韓国］ ……… 124
カナダ公共会計責任委員会（CPAB）……… 62
　——パイロット・テスト（2012年）……… 61
ガバナンスに責任を有するもの（TCG）… 10
監査委員会開示型（のAQI）……………… 245
監査委員会メンバーに対する独立的な調査結果：RISAC（Results of Independent Surveys of Audit Committee Members）……………… 214
監査および会計関連の問題にかかる調査グループ（CGAA）……………… 289
監査業務時間と関連時間の傾向 ……… 128, 144
監査業務従事年数 ……………… 100
監査業務に関連する産業経験年数 ……… 100
監査契約の一定期間ごとの公開入札制度 … 15
監査時間 ……………… 77
監査時間とリスク領域 ……… 123, 129, 148
監査実務への投資（Metrics on investment in the audit practice）……………… 157
監査事務所内部による監査品質のモニタリング結果 ……………… 162
監査事務所による内部の品質管理レビューの結果（Audit Firms Internal Quality Review Results）……………… 162
監査専門要員1人当たりの研修時間（Training Hours per Audit Professional）……………… 118
監査専門要員に対する独立的な調査の結果（Results of Independent Survey of Firm Personal）……………… 132
監査専門要員の業種に関する専門的知識（Industry Expertise of Audit Personnel）……………… 105

321

監査専門要員の経験（Experience of Audit Personnel）……………………………………… 100
監査専門要員の交代・離職（Turnover of Audit Personnel）……………………………… 111
監査の実施段階ごとの監査時間の配分（Allocation of Audit Hours to Phases of the Audit）………………………………………… 128
監査の質を支えるインフラストラクチャーへの投資（Investment in Infrastructure Supporting Quality Auditing）……………… 156
監査品質センター［アメリカ］（CAQ）…… 34
──シンポジウム（2012年）……………… 33
「監査品質に関する業績の評価方法，及び当該業績評価が報酬に影響する程度を含めて，監査事務所がパートナーに監査品質に対する責任をもたせる方法」……………… 139
監査品質の指標（Audit Quality Indicators: AQI）………………………………………… 4
──としての課題………………………… 71
──開示の固有の問題点 ……………… 245
──情報の保証 ………………………… 251
──の開示実態 ………………………… 241
──の適否 ……………………………… 244
監査品質の評価と個人の報酬・給与（Quality Ratings and Compensation）…… 138
監査報告書の改革の議論 ………………… 315
監査報酬 …………………………………… 9
監査報酬，監査労力，クライアントのリスク（Audit Fees, Effort, and Client Risk）…… 144
監査法人のガバナンス・コード ……… 14, 314
監査法人の強制的交代制 ………………… 15
監査法人の長期間の関与（Audit firm tenure）……………………………………… 5
監査役等とのコミュニケーション ……… 9
監査役等による監査人選定・評価 …… 260
監査役等の権限 ………………………… 256
規制当局による検査結果 ………………… 167
業種における経験年数 ………………… 105
虚偽表示による財務諸表の修正再表示の頻度と影響（Frequency and Impact of Financial Statement Restatements for Errors）…………………………………… 180
継続企業問題の適時の報告（Timely Reporting of Going Concern Issues）…… 206
継続的専門的能力開発（CPD）………… 121
現在の地位での経験年数 ………………… 100

さ

サービスセンターで集約化される監査作業の量（Amount of Audit Work Centralized at Service Centers）………………………… 115
財務報告品質の測定指標を利用した監査品質の測定（Inferring Audit Quality from Measures of Financial Reporting Quality）………………………………………………… 193
事務所全体レベルの専門要員（national office personnel）の利用 ………………… 97
事務所のリーダーシップと経営者の気風 …… 132
修正再表示の再発行と監査報告書の撤回 …… 180
重大なリスク領域へのリソースの配分 …… 123
重要性（Materiality）…………………… 230
主要な（key）監査業務チームメンバーの作業負担 ………………………………………… 78
証券監督者国際機構（IOSCO）………… 000
上場会社監査事務所登録制度 …………… 10
常設諮問会議（SAG）…………………… 7
シンガポール会計企業規制機関（ACRA）…… 12
スイス連邦監査監督機構（FAOA）……… 55
──監査品質の指標の分析結果 ………… 55
スタッフの比率（Staffing Leverage）…… 73
制度等 ……………………………………… 71
先行研究・調査 …………………………… 70
専門的な会計及び監査のリソース（Technical Accounting and Auditing Resources）…… 89
専門的な技術及び知識を有する者（Persons with specialized skill or knowledge）… 89, 95
専門能力のテスト（Technical Competency Testing）…………………………………… 174
遡及処理 ………………………………… 182

た

当該監査事務所での経験年数 ………… 100
透明性規則 ……………………………… 274
透明性報告書 ……………………………… 14
独立性に関する要求事項の遵守（Compliance with Independence Requirements）…… 150

な

内部統制の重要な不備の適時の報告
　(Timely Reporting of Internal Control
　Weaknesses) ………………………………… 199
内部品質レビューの発見事項 …………………… 162

日本公認会計士協会 ……………………………… 317

は

パートナーとスタッフの作業量 ………………… 79
パートナーの作業負担
　(Partner workload) …………………… 78, 85, 87
パートナー1人当たりのスタッフの比率 ……… 73

品質管理のシステムの外部のレビューまたは
　検査の結果の通知事項 ……………………… 268

不正及びその他の財務報告の不祥事（Fraud
　and other Financial Reporting
　Misconduct) …………………………………… 186

ま

マネージャー及びスタッフの作業負担
　(Manager and staff workload) ………… 86, 89

民事訴訟の傾向（Trends in Private
　Litigation) ……………………………………… 225

や

ヨーロッパ会計士連盟（FEE) ………………… 219
　──外部機関による検査 …………………… 219

【執筆者紹介】（執筆順）

町田　祥弘　［第1章，第4章（AQI: 0, 10, 11, 12），第6章（AQI: 24），第10章］
（編著者紹介を参照）

佐久間義浩　［第2章，第4章（AQI: 4），第5章（AQI: 13），第6章（AQI: 21, 22）］
東北学院大学経営学部　准教授

髙田　知実　［第3章，第4章（AQI: 1, 2, 3, 5），第6章（AQI: 23）］
神戸大学大学院経営研究科　准教授

浅野　信博　［第4章（AQI: 6, 8, 9），第6章（AQI: 26）］
大阪市立大学大学院経営学研究科　准教授

宮本　京子　［第4章（AQI: 7），第5章（AQI: 15, 16, 18），第7章］
関西大学商学部　教授

林　　隆敏　［第5章（AQI: 14, 20），第6章（AQI: 25, 29）］
関西学院大学商学部　教授

松本　祥尚　［第5章（AQI: 17, 19），第6章（AQI: 27, 28）］
関西大学大学院会計研究科　教授

和久　友子　［第8章］
有限責任あずさ監査法人　パートナー

井野　貴章　［第9章］
PwCあらた有限責任監査法人　品質管理担当執行役

【編著者紹介】

町田　祥弘（まちだ　よしひろ）
青山学院大学大学院会計プロフェッション研究科・教授　博士（商学）（早稲田大学）。

早稲田大学商学部卒業，早稲田大学大学院商学研究科博士後期課程単位取得退学。
東京経済大学経営学部専任講師，助教授を経て2005年より現職。
Warwick University（英国）客員研究員（2002～2003年）
日本監査研究学会監事，日本内部統制研究学会理事，日本ディスクロージャー研究学会常任理事，企業会計審議会臨時委員（監査部会）。

〈主要著書〉
『公認会計士の将来像』共著（同文舘出版，2015年）
『逐条解説で読み解く 監査基準のポイント』共著（同文舘出版，2013年）
『内部統制の法的責任に関する研究』編著（日本公認会計士協会出版局，2013年）
『会計士監査制度の再構築』共編著（中央経済社，2012年）
『わが国監査報酬の実態と課題』共著（日本公認会計士協会出版局，2012年）
『実証的監査理論の構築』共著（日本監査研究学会リサーチ・シリーズⅨ）（同文舘出版，2012年）
『内部統制の知識』（日本経済新聞出版社，2007年）
『会計プロフェッションと内部統制』（税務経理協会，2004年）他。

平成29年12月25日　初版発行　　　　　　　　　　　　略称：AQI

監査品質の指標（AQI）

編著者　Ⓒ　町　田　祥　弘
発行者　　　中　島　治　久

発行所　**同文舘出版株式会社**

東京都千代田区神田神保町1-41　　　　　〒101-0051
電話　営業(03)3294-1801　　　編集(03)3294-1803
振替 00100-8-42935　　　　　http://www.dobunkan.co.jp

Printed in Japan 2017　　　　　　　　　　　製版：一企画
　　　　　　　　　　　　　　　　　　　　印刷・製本：三美印刷

ISBN978-4-495-20691-8

JCOPY〈出版者著作権管理機構　委託出版物〉
本書の無断複製は著作権法上での例外を除き禁じられています。複製される場合は，そのつど事前に，出版者著作権管理機構（電話 03-3513-6969，FAX 03-3513-6979，e-mail: info@jcopy.or.jp）の許諾を得てください。